ELIS O'R NANT
Cynrychiolydd y Werin

Elis o'r Nant

Cynrychiolydd y Werin

Vivian Parry Williams

Diolch:
Dymunaf ddiolch yn ddiffuant i nifer a fu'n gefn i mi dros nifer o flynyddoedd tra oeddwn yn ymchwilio i hanes gwrthrych y gyfrol hon.

Yn bennaf, diolch i Beryl fy ngwraig am ei hamynedd diddiwedd dros y cyfnod y bûm yn ymweld ag archifdai Gwynedd, Dolgellau, a Chonwy, Llandudno. Diolch iddi hefyd am gyflenwi'r holl baneidiau yn ystod yr oriau hwyr uwch cyfrifiadur yn fy swyddfa fechan adref.

Rhaid imi hefyd gydnabod gwasanaeth staff yr archifdai a'r Llyfrgell Genedlaethol am eu cymwynasau arferol wrth dendio ar greadur mor ymchwilgar â minnau.

Diolch hefyd i'r cyfeillion hynny a gyflenwodd ambell lun i'r gyfrol. Hoffwn gyfeirio'n arbennig at un cyfaill annwyl a fu'n f'ysgogi i ddal ati ar adegau anodd, sef Rheinallt Llwyd, Aberystwyth. Fel un o Ddolwyddelan ac edmygydd mawr o'r gwrthrych a'i ddaliadau, roedd ganddo reswm da dros fy annog i ddyfalbarhau.

Llawer o ddiolch i bob un fu'n ymwneud â lansiad y gyfrol ac am hwyluso'r noson honno. Diolch hefyd i Myrddin a staff Gwasg Carreg Gwalch am bob cymorth a chyngor wrth ei chyhoeddi.

I orffen, diolch i Gyngor Llyfrau Cymru am nawdd at gyhoeddi. Heb hynny, ni fyddai'r bywgraffiad hwn o 'gynrychiolydd y werin' wedi gweld golau dydd.

Argraffiad cyntaf: 2014

Cyhoeddwyd gan Wasg Carreg Gwalch,
12 Iard yr Orsaf, Llanrwst, Conwy, LL26 0EH.
Ffôn: 01492 642031 Ffacs: 01492 641502
ebost: llyfrau@carreggwalch.com
lle ar y we: www.carreggwalch.com

Rhif rhyngwladol: 978-1-84527-502-0

Mae'r cyhoeddwr yn cydnabod cefnogaeth ariannol
Cyngor Llyfrau Cymru

Cynllun clawr: Eleri Owen

Cynnwys

Rhagymadrodd

Cyfnod cythryblus iawn oedd diwedd y ddeunawfed ganrif a'r rhan fwyaf o'r bedwaredd ganrif ar bymtheg yng Nghymru, gyda llawer o achosion o wrthryfela yn erbyn trefn yr oes. Cafwyd terfysgoedd ym mhob cwr o'r wlad, yn eu mysg yr amrywiol helyntion rhwng 1793 ac 1801 yn ymwneud â phrinder ymborth o'r de i'r gogledd. Gwelwyd helyntion dybryd yn codi oherwydd anghyfiawnderau'r oes, megis y prisiau afresymol o uchel ar fwyd a thrafferthion y tollbyrth. Roedd y deddfau cau tiroedd comin yn destun poendod i dyddynwyr tlawd, wrth i'r Senedd basio bron i gant o ddeddfau'n awdurdodi amgáu 80,000 hectar o dir Cymru. Darllenwyd y Ddeddf Derfysg, a galwyd ar filwyr arfog ar sawl achlysur i geisio rheoli tyrfaoedd o'r werin bobl a fu'n gwrthryfela yn erbyn gorthrymder y tirfeddianwyr a llywodraeth y dydd.

Daeth termau fel Rhyfel y Sais Bach, *Scotch Cattle,* Siartwyr a Rebecca yn rhan o ieithwedd bob dydd radicaliaid y cyfnod a'r trais a ganlynai brotestiadau yn rhywbeth cyffredin yn yr oes derfysglyd honno. Byddai tlodi enbyd yn gwmni cyson i fwyafrif y trigolion a rhannau helaeth o dir y wlad ym meddiant ychydig dirfeddianwyr cyfoethog. Fe ellir disgrifio'r cyfnod hwn fel oes y rhyfeloedd yn Ewrop, ac oes y gwrthryfela a phrotest yng Nghymru. Creodd y fath awyrgylch fagwrfa barod ar gyfer radicaliaid tanbaid fel Ellis Pierce, a ddaeth yn fwy adnabyddus dros Gymru gyfan yn ddiweddarach fel 'Elis o'r Nant'.

Yn sicr, dyna'r fath o oes y ganed Ellis Pierce iddi ar y 29ain o Ionawr, 1841 yn Nhanyclogwyn, Cwm Wybrnant, dafliad carreg o'r Tŷ Mawr lle ganed cyfieithydd y Beibl i'r Gymraeg, yr Esgob William Morgan tua 1541. Roedd yr Wybrnant yn agos at ei galon ac yn ddiau, dyna'r ysbrydoliaeth y tu ôl i'w lysenw, Elis o'r Nant.

I geisio cyfleu darlun mor gywir â phosibl o natur a chymeriad Ellis Pierce a'i farn hollol ddiflewyn-ar-dafod am bynciau'i ddydd, cynhwysir nifer o ddyfyniadau o'i ohebiaeth dros y blynyddoedd i'r wasg Gymreig, gan gadw at iaith a sillafiad y gwreiddiol bob amser.

Fel y dywed gohebydd *Y Brython* mewn teyrnged ar dudalen flaen y papur wythnosol i Elis o'r Nant, wedi ei farw ddiwedd mis Gorffennaf 1912, 'Ni wyddom ddigon o fanylion ei hanes i ysgrifennu math yn y byd ar fywgraffiad iddo, ac ni cheisiwn.' Felly, dros ganrif yn ddiweddarach, dyma ymgais i unioni'r cam hwnnw a does ond gobeithio bod awdur y gyfrol hon yn gwneud cyfiawnder ag un o'r cymeriadau mwyaf lliwgar a welodd Dyffryn Conwy, a Chymru, erioed.

Pennod 1

Braslun o gefndir Elis

Gwahenir plwyfi Penmachno a Dolwyddelan yn yr Wybrnant gan afon o'r un enw a saif y Tŷ Mawr, man geni yr Esgob William Morgan, ar ochr Penmachno o'r afon, gyda Thanyclogwyn ychydig lathenni draw ym mhlwyf Dolwyddelan. Lle digon anghysbell yw pen uchaf Cwm Wybrnant, dros fil o droedfeddi uwch lefel y môr, gyda'r ddau blwyf a enwid, ynghyd â Betws-y-coed, i gyd tua thair milltir o daith dros lwybrau serth oddi yno. Yn 1841 roedd amryw o dyddynnod a ffermydd eraill o amgylch y cwm, gyda theuluoedd yn Nhŷ Mawr, Tŷ Coch, Pwll Garth, Cae Gwaew, a Thalar Gerwin gerllaw, a chartrefi eraill yn is i lawr y dyffryn i gyfeiriad Betws-y-coed. Ond mae'n sicr nad oedd angen llawer o gwmni pobl eraill ar ein gwrthrych yn ei ddyddiau cynnar yn Nhanyclogwyn, wrth sylwi ar ystadegau cyfrifiad 1841 plwyf Dolwyddelan. Yno y trigai Ellis Pierce, pedwar mis oed, gyda'i rieni Thomas ac Elizabeth, a phedair chwaer a thri brawd. Ond byddai cyfrif llawn o'r teulu yn dangos tylwyth llawer mwy, wrth wybod i Ellis fod yr ieuengaf ond un o deulu o bedwar ar bymtheg o blant Thomas Pierce. Roedd pump ohonynt yn blant i wraig gyntaf Thomas, a'r gweddill, gan gynnwys Ellis, yn blant i'w ail wraig Elisabeth y gwelir ei henw ar gyfrifiad 1841. Roedd Elisabeth yn hanu o linach Robert Vaughan, Hengwrt (1592?-1666) ar ochr ei thad, William Vychan, Blaenglasgwm, Penmachno. Fel y gwelir yn nes ymlaen yn y gyfrol hon, etifeddwyd y diddordeb ysol mewn llyfrau a hanes gan Elis o'r Nant, un o ddisgynyddion yr hynafiaethydd, casglwr llyfrau a pherchennog y llyfrgell enwog o sir Feirionnydd.

Dechreuodd y diddordeb ychwanegol a feddai Elis mewn llên gwerin yn gynnar iawn yn ei fywyd, wrth iddo ef a'i frodyr a'i chwiorydd lluosog wrando ar straeon eu rhieni ac oedolion eraill Cwm Wybrnant, y rhai a ddeuai ynghyd yng nghartrefi'r naill a'r llall gyda'r nos i adrodd y straeon hynny. Yn unigedd Cwm Wybrnant fe ddaeth yn gyfarwydd ag enwau rhai o gymeriadau hynod Nant Conwy, cymeriadau a ddaeth yn wrthrychau nifer o'i gyhoeddiadau ymhen amser. Yno hefyd y bu i Elis a'i deulu gael eu harswydo gan ambell stori hud a lledrith am fwganod a dewiniaeth a drosglwyddwyd o genhedlaeth i genhedlaeth gan drigolion y Cwm. Yr oedd y dyddiau difyr o gwmpas y pentan yn Nhanyclogwyn yn dal yn ei gof ymhen blynyddoedd wedyn wrth iddo ysgrifennu am rai o'i brofiadau. Ond eto, roedd yn athronyddol ei sylwadau: 'Rhaid cymeryd i ystyriaeth fod y difyrion a'n difyrrai ni yn blant, ac yn bobl, hirnos gaeaf yr adeg a fu wedi diflannu yn llwyr erbyn y dyddiau hyn ...'

Clywir adlais o'r cyfnod hwnnw wrth iddo ddarlunio'r difyrrwch a brofid ar aelwyd eu cartref ar nosweithiau'r gaeaf:

> Ni fyddai gennym wedi i'r dydd gilio, ond dringo i ben y pentan – un neu chwaneg ar ben pob pentan a'r gweddill ar ystolion – dim goleuni ond tân coed neu fawn ... Deuai yr oll hyd mae cof ac adgof yn y cwestiwn – i'r meddwl a chynhyrchai y cyfryw hwyl ... ac a'n cadwent yn ddiddig yn ystod nosweithiau hirion y gaeaf, cyn myned i'r gwely, ac ar ôl myned i'r gwely, cyn cysgu o honom.

Amaethwr oedd Thomas Pierce, tad Elis, yn ceisio crafu rhyw lun o fywoliaeth o bridd tenau erwau Tanyclogwyn, gyda chymorth rhai o'r plant hynaf. Yn amlwg, yr oedd hi'n anodd cael deupen llinyn ynghyd dan y fath amgylchiadau. Fel hyn y cyfeiriodd Elis at yr ucheldir hwnnw mewn ysgrif flynyddoedd yn ddiweddarach:

> Ni raid i mi ddyweyd fod yr hyn a gynhyrchai arwynebedd y ddaear yn yr ucheldir yn hollol wahanol i'r cynnyrch a wna ei ymddangosiad yn yr iseldir, neu y dyffrynnoedd. Gan mai fel yna y mae, mi ganiatewch i mi fel un yn byw 'Tucha'r llidiarda', dyna fel y gelwid ni gan drigolion yr iseldir, beidio son dim ond am gynnyrch yr ucheldir, gwlad y 'Tylwyth Teg'. Gwyr pob un sydd yn hysbys o'r ucheldir mai brwyn, llafrwyn, pigfrwyn, eithin merliws, grug a chynnyrch gwyllt o'r fath a ddaw allan o ddaear yr ucheldir.

Byddai Elis wedi gorfod gwneud ei ran gyda rhai o orchwylion y fferm yn gynnar iawn yn ei oes, hyd nes marw ei dad yn 1851 a'r bachgen yn ddeng mlwydd oed erbyn hynny. Symudodd y fam weddw a'r teulu i dyddyn Tanybwlch yn Nolwyddelan wedi marwolaeth Thomas Pierce ac yn ystod y gaeaf dilynol llwyddodd Elis i gael mynediad i ysgol David Williams ym Mhenmachno, lle y cafodd rhyw lun o addysg am dair blynedd. Yn ystod ymchwiliad y Comisiwn Adrannol i gyflwr addysg yng Nghymru yn 1847 – canlyniadau a fedyddiwyd fel 'Brad y Llyfrau Gleision' – dinoethwyd sawl gwendid yng nghyfundrefn addysg ardaloedd fel Penmachno ar y pryd. Gwelir yn adroddiad yr ymchwilwyr i ddwy ysgol fodoli yn y plwyf y flwyddyn honno, un ohonynt y *Penmachno Church School*, gyda dim ond tri ar ddeg o ddisgyblion ynddi. Nid oedd canmoliaeth o gwbl i safon y dysgu yn yr ysgol, gyda dim ond tri o'r tri ar ddeg o blant yn gallu darllen. Cyn-ffermwr oedd David Williams, yr ysgolfeistr, heb fath o gymwysterau ac efallai i hynny gyfrannu tuag at yr annibendod a nodwyd. Dim ond £10 y flwyddyn oedd cyflog yr ysgolfeistr a hynny heb godi ceiniog ers 1730, gant a dwy o flynyddoedd ers sefydlu'r ysgol gyntaf yn y plwyf. Dyna'r arian a adawyd yn ewyllys Roderic Llwyd, bonheddwr o Hafodwyryd, un o blastai'r plwyf, ar gyfer darparu addysg i dlodion Penmachno. Ond i'r ysgol honno yr âi Elis, er gwell neu er gwaeth ac mae'n amlwg, beth bynnag am wendidau'r ysgol, fod y bachgen wedi elwa rhywfaint o'r ychydig addysg a dderbyniodd. Serch hynny, digon gwamal oedd ei farn am safon yr addysg. Meddai, flynyddoedd yn ddiweddarach, 'Nis gellir ymffrostio ein bod wedi cyrraedd un gradd, nac un cam ymhellach yn ein manteision addysg ... Fel y mae yn naturiol meddwl yr oedd yr ychydig ymennydd a feddem yn rhwym o orwedd yn farw yn y penglog, neu ddwyn rhyw fath o gynnyrch naturiol, fel y gwnâi y ddaear a droediem.'

Ac yntau mor hoff o ddarllen, roedd y prinder deunydd darllen mewn lle mor anghysbell â Chwm Wybrnant yn destun poendod iddo ac fe achwynai, 'Ni feddem ni lyfrau, nac un math o fath yn y byd o newyddiadur i'n difyrru, Ni ddeuai un i'n cyffiniau ...'

Yn 1854, ac yntau'n dair ar ddeg oed, fe ddioddefodd Elis salwch difrifol a'i cadwodd yn ei wely am bum mlynedd. Mae'n debygol mai clefyd gwynegon oedd yr anhwylder hwnnw; fe'i gadawodd gyda choes gam a fu'n anhawster blin iddo weddill ei oes. Yn ystod cyfnod ei salwch fe ymdrechodd a llwyddo i ddiwyllio'i hun, gan ddarllen pob llyfr y gallai gael gafael arnynt. Wedi treulio cymaint o amser yn orweddog ac oherwydd ei nam corfforol, nid oedd bellach yn ddigon iach i weithio fel gwas fferm fel cynt ond bu'n ffodus i gael gwaith fel clerc pwyso yn chwarel Cwt y Bugail yng Nghwm Penmachno. Oherwydd pellter y chwarel o'i gartref ac oherwydd ei anhwylder yntau, rhaid ond dyfalu mai aros gydol yr wythnos yn un o'r barics pwrpasol ar gyfer y gweithwyr ar y safle fyddai Elis, yn hytrach na theithio'n ôl ac ymlaen bob dydd, fel y gwnâi mwyafrif helaeth y gweithwyr. Er mai dim ond tri swllt ar ddeg (65 ceiniog) yr wythnos oedd ei gyflog ar y dechrau, bu'n ffodus iawn o gael ychwanegu at ei addysg dan ofal y goruchwyliwr yno. Evan Evans, brodor o dde Cymru a llenor penigamp oedd y goruchwyliwr hwnnw ac fe fu'n gymorth mawr i'r clerc newydd.

Gyda chefnogaeth Evan, dechreuodd Elis lenydda, gan ddechrau ysgrifennu i bapurau newyddion wythnosol y cyfnod megis *Baner ac Amserau Cymru*, neu'r *Faner* ar lafar. Bu'n ohebydd cyffiniau Llanrwst y papur am dros hanner canrif, gan ysgrifennu i nifer o bapurau a chylchgronau eraill yn ystod y cyfnod hwnnw hefyd. Roedd yn newyddiadurwr diflewyn-ar-dafod a daeth yn amlwg iawn mewn dadleuon ar bynciau llosg y cyfnod megis addysg, gwelliannau cymdeithasol a phwnc y tir, materion a oedd yn agos at galon Elis a'i gyfoedion. Byddai offeiriaid yr eglwys wladol dan y lach yn aml ganddo ac Elis, fel Thomas Gee – perchennog y *Faner*, yn gefnogwr brwd o blaid datgysylltu'r Eglwys Anglicanaidd yng Nghymru. Ni châi'r tirfeddianwyr osgoi gwenwyn ei ysgrifbin ychwaith ac ni fethai ar unrhyw gyfle ddangos ei ddicter tuag at y landlordiaid cyfoethog. Oherwydd hynny, fe dynnodd sawl nyth cacwn i'w ben, cymaint felly fel y bu iddo orfod ymfudo i America yn 1870 i osgoi erledigaeth ei elynion, gan ddychwelyd ychydig llai na phedair blynedd yn ddiweddarach.

Yr oedd Elis yn llenor toreithiog ac yn awdur sawl cyhoeddiad, y mwyafrif ohonynt yn ymdrin â chwedlau a hanesion rhamantaidd Dyffryn Conwy. Ceir cofnod cynnar amdano yn y *Faner* ar y 19eg o Hydref, 1867 yn ennill allan o saith ymgeisydd yng nghyfarfod llenyddol chwareli Rhiwbach a Chwt y Bugail, Penmachno, ar draethawd 'Rhagoriaethau a diffygion y chwarelwyr fel dosparth'. Beirniad y gystadleuaeth honno oedd Evan Evans, rheolwr Cwt y Bugail a chyflogwr Elis. Bu'n cystadlu'n gyson yn adrannau llenyddol nifer o eisteddfodau a daeth yn fuddugol yn yr Eisteddfod Genedlaethol ac yn ei dro gwasanaethodd yntau fel beirniad eisteddfodol, gan gynnwys y Genedlaethol yn achlysurol. Daeth yn aelod cynnar o arwest adnabyddus Glan Geirionnydd, gŵyl lenyddol a sefydlwyd yn 1863 gan Gwilym Cowlyd, Owen Gethin Jones a Threbor Mai, tri o feirdd blaenllaw Dyffryn Conwy, ac fe'i penodwyd yn gofiadur gorsedd y sefydliad ymhen amser.

Etholwyd Elis yn gynghorydd plwyf yn Nolwyddelan ar sefydlu'r cynghorau hynny yn 1894 a bu'n glerc i'r cyngor o'r dechrau. Bu hefyd yn cynrychioli'r pentref fel aelod o Gyngor Dosbarth Geirionnydd am gyfnod byr ar ddechrau'r ugeinfed ganrif. Er bod cyfrifoldebau'r cyngor hwnnw yn eithaf eang, mewn cyfnod pan oedd materion megis carthffosiaeth a chyflenwadau dŵr i ardaloedd Nant Conwy yn hollbwysig, prin iawn oedd presenoldeb cynrychiolwyr y pentrefi yng nghyfarfodydd Geirionnydd. Ond yr oedd Elis yn naturiol gydwybodol ac yn bresennol ym mhob un o'r cyfarfodydd. Byddai cyflenwadau dŵr glân yn fater o bwys mawr i'r trethdalwyr yr adeg honno, gydag achosion o heintiau'n ymwneud â diffyg cyflenwadau o ddŵr pur a diffyg carthffosiaeth yn broblem enfawr ar y pryd. Bu hefyd yn gwasanaethu fel aelod o Fwrdd y Gwarcheidwaid yn ardal Nant Conwy am gyfnod. Trafodir ei waith yn y meysydd hyn, ynghyd â'i ymroddiad tuag at wleidyddiaeth leol a chenedlaethol, oll yn fanylach yn y penodau sydd i ddilyn.

Ceir darlun cwmpasog o Elis mewn cerdd a welir ar doriad o bapur newyddion *Y Genedl Gymreig* mewn casgliad o nodiadau amdano yn y Llyfrgell Genedlaethol yn Aberystwyth. Ni ddatgelir enw'r bardd gyda'r gerdd (a gynhwysir isod yn ei ffurf wreiddiol). Mae'r gerdd yn cyfeirio'n gyfrwys at helyntion Elis gyda 'Cadwaldr y Clogwyn' – stori a gyhoeddwyd ganddo yn y *Faner* yn 1882 ac a fu'n gyfrifol am iddo orfod wynebu cyhuddiad o athrod yn ei erbyn mewn llys barn. Cawn hanes llawn yr helynt a'r achos mewn pennod arall hefyd. Dyma ddywed yr erthygl amdano:

> Y mae rhyw 'Swift' wedi bod er's tro, yn rhoddi 'brasluniau o enwogion Ffestiniog a'r Amgylchoedd' yn y Genedl Gymreig, y rhai hefyd sydd yn creu cyn lawer o ddyddordeb, fel y darlunnir cymeriad lled hynod o Dolyddelan, yr hwn fu yn preswylio yn Sir Oneida tua deuddeng mlynedd yn ôl:

Un bychan, coch, brathiog,
Llym teneu, chwyrn, cipog,
Nofelydd o fri:
Gwych handlwr hen erfyn,
Cydwelyn y Clogwyn,
Fe dd'wedir i mi.
Mi glywais rhai troion fod rhywrai yn siŵr
Yn credu mai *Fenian* peryglus yw'r gwr,
A thybir nad papyr, ond *dynamite* cryf,
Yw cynnwys y 'sgrepan a garia mor hyf;
Er hynny, nid Gwyddel yn arfer trin
Y *dynamite* cryf a'r *infernal machine*,
Yw y brathiog, teneu, a geir yn y llun;
Ond cofier er hynny, cyn tynnu'n groes,
Neu rhoddi i wrthrych y braslun loes,
Mai Alpha ac Omega E---- o'r N-----
Yw llygad am lygad a dant am ddant.

Cymeriad lliwgar, diddorol oedd Elis o'r Nant, gyda barn bendant ar sawl un o bynciau llosg ei ddydd ac fe safai'n gadarn dros hawliau'r unigolyn. Roedd yn ddyn a garai ei filltir sgwâr, ei chwedlau a'i thraddodiadau ac fe roddodd ei stamp unigryw ei hun ar bopeth yr oedd yn gysylltiedig ag ef gydol ei oes. Yn ddi-os, dyma un y gellid ei ddisgrifio'n gywir fel 'Cynrychiolydd y Werin'.

Pennod 2

Dechrau corddi'r dyfroedd

Fel y soniwyd eisoes, yn ystod y cyfnod y bu'n gweithio fel clerc pwyso yn chwarel Cwt y Bugail, Cwm Penmachno y cafodd Elis ei flas cyntaf ar lenydda, gyda chefnogaeth Evan Evans, goruchwyliwr y chwarel. Gan nad oes cofnodion o'r cyfnod na rhestr fanwl o enwau gweithwyr Cwt y Bugail wedi goroesi, rhaid damcaniaethu ynglŷn â hyd ei wasanaeth i gwmni'r chwarel.

Mae'n debygol fod Elis wedi cyrraedd ei ddeunaw oed cyn iddo ddechrau gweithio am iddo fod yn gaeth i salwch blin ers pan oedd yn ei arddegau cynnar. Wedi ei farwolaeth yn 1912 cafwyd gwybodaeth iddo dreulio hanner can mlynedd o'i oes fel gohebydd i *Baner ac Amserau Cymru*; gellir dyfalu felly mai oddeutu canol yr 1860au y gadawodd Elis y chwarel. Yn ôl *Y Bywgraffiadur Cymreig*, dywedir iddo ysgrifennu'n gyson i'r *Faner* o 1865 hyd 1900. Yn sicr, yr oedd yn ohebydd newyddion Dolwyddelan i'r papur hwnnw yn 1868, er nad oedd yn defnyddio'i lysenw ar y pryd. Gwelir ambell lythyr o'i law ymhell cyn y dyddiad hwnnw ond nid oes erthygl o'i eiddo i'w gweld yn y *Faner* yn y dyddiau cynnar hynny, neu o leiaf ni welir ei enw o gwbl yng ngholofnau'r papur, fel sydd i'w gael yn ddiweddarach. Gellir tybio, wrth gwrs, mai gohebydd ar raddfa fechan iawn oedd Elis ar y dechrau ac yn gweithio'n ddi-dâl, fel sawl gohebydd newyddion lleol heddiw, ac nad oedd wedi dechrau defnyddio'i lysenw adnabyddus ar waelod ei adroddiadau yr adeg hynny. Ceir awgrym yn nes ymlaen yn y gyfrol hon mai anfon ei ohebiaeth yn ddi-dâl i newyddiaduron a chylchgronau'r cyfnod a wnâi Elis. Cyfrannai erthyglau o newyddion lleol i'r *Faner* dan benawdau megis 'Newyddion Dolyddelan [*sic*]', 'Penmachno a'r Cylchoedd', 'Llanrwst a'r Cylchoedd' ac 'Ebion o Nant Gonwy'. Yr oedd rhai wythnosolion eraill yn derbyn gohebiaeth ganddo hefyd, gan gynnwys *Llais y Wlad* a'r *Cymro, Cymru, Y Traethodydd* a'r *Geninen*, ynghyd â chyhoeddiadau eraill. Gwelir ei waith hefyd ymysg colofnau newyddion lleol y *Cambrian News*, yn

Saesneg. A dweud y gwir, digon tebyg oedd swm a sylwedd ei ysgrifau i'r papurau newyddion i gyd ar y cyfan, gydag ambell eithriad yn achlysurol. Yn ystod ei gyfnod yn America ac wedi ei ddychweliad o'r wlad honno, bu hefyd yn cyfrannu erthyglau ac eitemau o newyddion i un o bapurau wythnosol Cymraeg yr Unol Daleithiau, *Y Drych*.

Ceir awgrym fod Elis wedi anfon llith i rifyn cynnar o'r *Faner* o ddarllen llythyr dan y pennawd 'Hen Dy Dr Morgan' yn rhifyn y 9fed o Ebrill, 1862. Llofnodwyd y llythyr (sy'n ceisio creu dadl ynglŷn â pha blwyf y saif Tŷ Mawr Wybrnant ynddo, sef man geni cyfieithydd y Beibl i'r Gymraeg) gan 'E.N.', llofnod sy'n awgrymu'n gryf mai Elis o'r Nant biau'r geiriau. Mae diwyg a chynnwys y llythyr yn ogleisiol iawn ac yn batrwm o'r hyn a ddaeth yn ddiweddarach o ysgrifbin Ellis Pierce a aned, fel y soniwyd eisoes, yn Nhanyclogwyn gerllaw cartref yr esgob.

Yng ngholofn newyddion lleol ei fro yn y *Faner* dan y pennawd 'Dolyddelen', cafwyd blas pendant o'i atgasedd tuag at deulu Castell Penrhyn mor gynnar â mis Medi 1868. Parhaodd yr atgasedd hwnnw hyd ddiwedd ei oes a bu'n faen tramgwydd i Elis wrth i Arglwydd Penrhyn a'i gefnogwyr geisio dial arno oherwydd ei sylwadau miniog amdanynt yn ei ohebiaeth i'r wasg. Er na ddefnyddiwyd y ffugenw adnabyddus a ddaeth yn rhan o fywyd Nant Conwy, a

Chymru yn ddiweddarach, ar waelod y golofn, yr oedd ei stamp unigryw i'w weld ar bob gair o'r llith. Trafod etholiad 1868 wna'r ysgrif, gan sôn am Love Jones-Parry, Madryn yn sefyll dros y Rhyddfrydwyr yn etholiad Arfon, a hynny yn erbyn y Tori, Douglas-Pennant, Castell Penrhyn. Yn ôl y gohebydd, roedd Love Jones-Parry

> ... wedi meddiannu holl Nant Conwy â sêl a brwdfrydedd mawr, ac y mae pawb yn barod i dori allan mewn gorfoledd wrth ganfod arwyddion o doriad y wawr a choleddu y gobaith fod tebygolrwydd y gwaredir y sir o grafanagau gormesol teulu Castell y Penrhyn. Nid yw trigolion y parthau hyn heb wybod am lawer o ffeithiau annymunol i'w teimladau, a hollol groes i'w hegwyddorion proffesedig mewn cysylltiad ag Arglwydd Penrhyn. Nid oes ond ychydig flynyddoedd wedi myned heibio er pan omeddodd ganiatáu tir i'r Methodistiaid i adeiladu capel bychan yn Ysbytty Ifan. Gwrthododd yng ngwyneb yr apeliad mwyaf taer ac ymbilgar, â rhesymau teg o ddirfawr angen y cyfryw adeilad. Trodd glust fyddar at y cyfan, ac ymddygwyd tuag at eu cais fel pe buasent yn fodau afresymol! Gobeithio y bydd i bob un yn y sir gofio y ffeithiau hyn, ac ystyried pwy sydd yn teilyngu cael, ac i bwy y dylai roddi ei

bleidlais yn yr etholiad agoshaol. Y mae y Toryaid bob amser yn ymddwyn tuag at gylchoedd isaf cymdeithas yn llawn mor amharchus ag yr ymdygent tuag at eu cŵn.

Er mai swyddogion a chlerigwyr yr eglwys wladol a'r bonedd oedd gwrthrychau dicter Elis yn ei golofnau ran amlaf, byddai ei gyfoedion llenyddol a newyddiadurol o dan y lach o dro i dro hefyd. Fel y dywedwyd amdano mewn teyrnged yn *Y Geninen*, 'Bu mewn aml ysgarmes ddadleuol ar dudalennau y *Faner* a gwahanol newyddiaduron eraill; a byddai raid iddo gael ei "faen i'r wal," boed a f'o; a throchai mewn brwmstan cyn amled a'r *ink* du, gan mor finiog a phoethlym yr ysgrifennai.'

Er mai'r ffugenw 'Gohebydd' a welir dan golofn newyddion Dolwyddelan yn rhifyn yr 2il o Ragfyr, 1868 o'r *Faner* sy'n adrodd helynt yn ymwneud â buddugoliaeth etholiadol Love Jones-Parry dros Arglwydd Pennant o Benrhyn, hawdd yw gweld mai o law Elis o'r Nant y daeth y geiriau hynny:

Dolyddelen: Boreu y Frwydr – helynt yr etholiad – gan Gohebydd. Newyddion Cymreig: Penmachno: Tach. 24ain ar noswaith y *poll* o ddeutu hanner nos, pan gyrhaeddodd y newydd fod Cadben Jones-Parry, Madryn wedi cael buddugoliaeth llwyr a hollol, taniodd y pentref fel golau nwy, a'r cannoedd pobl yn bloeddio 'Parry for ever!' daeth dau neu dri o *gamekeepers* Arglwydd Pennant allan o dafarndy, gollyngent allan ergydion o lawddryll, ac anafwyd dau; ond daethant yn well nag y buasai neb yn disgwyl oddi wrth y fath ymgais erchyll. Enw yr hwn a ollyngodd yr ergyd ydyw Hunter. Yr oeddynt yn cael eu cychwyn tua Chaernarfon heddiw, ond nid i gario er anrhydedd eu meistr, ond i'r carchardy, er eu sicrhau a'u diogelwch hyd ddydd y prawf. Gohebydd.

Ceir awgrym o'r fath o ohebiaeth gignoeth a ysgrifennai Elis yng ngholofn y golygydd 'At ein Gohebwyr' yn yr un rhifyn. Yn y golofn fechan honno byddai'r golygydd yn ceisio darbwyllo'r gohebwyr a fyddai'n anfon llythyrau na chaent eu cyhoeddi o'r rhesymau pam na ellid eu cynnwys. Diffyg gofod yn y papur oedd un o'r rhesymau arferol; diffyg diddordeb y darllenwyr mewn pwnc a drafodwyd fyddai rheswm arall. Ond yn achos Elis o'r Nant, a anfonodd lythyr i'r *Faner* ar gyfer rhifyn yr 2il o Ragfyr, cafwyd ateb byr a diflewyn-ar-dafod gan y golygydd wrth iddo ddatgan 'Ellis Pierce – Rhy bersonol.' Un o bedwar llythyrwr a wrthodwyd oedd Elis yr wythnos honno. Yn amlwg, nid oedd y llythyrwr wedi ei blesio ac fe fanteisiodd ar ei golofn 'Dolyddelen a'r Cylchoedd' yn rhifyn y 12fed o Ragfyr o'r papur i ateb y golygydd. Roedd y golofn eisoes yn llawn dicter tuag at ei elynion. Dan y pennawd 'Cyfarfod Toryaidd' mae'n diweddu gyda'r geiriau 'Dyna chwi yr hyn ydyw y Toryaid a'u hegwyddorion pydredig' a cheir geiriau cyffelyb dan y pennawd '*Tory Squib*'. Ond wrth ailadrodd geiriau'r golygydd wythnos ynghynt, 'Ellis Pierce – rhy bersonol!' gwelir iddo geisio gwadu mai ef oedd awdur y llythyr hwnnw:

> Holo! Mr Gol., nid oeddwn i ddim yn meddwl fod neb wedi bod, nac yn bod, yn y byd, yn dwyn yr enw da yna ond myfi, hyd nes y gwelais y sylw uchod yn eich rhifyn diweddaf, yn y 'At Ein Gohebwyr'. Ond rhag y digwydd i rywun dybied fy mod wedi gwneud ymgais i roddi rhywun yn y *pickle*, yr wyf yn dymuno ymddiheuro, a dyweyd nad yr un person yw ef a mi!

Er i Elis lofnodi pob darn o'i ohebiaeth gynnar i'w golofnau o newyddion lleol yn y *Faner* gyda'r gair 'Gohebydd', gwelir ei fod wedi llofnodi llythyr ym mis Mehefin 1867 gyda'r ffugenw a ddaeth mor adnabyddus yn ddiweddarach, sef Elis o'r Nant. Ateb llythyr blaenorol gan un a alwai ei hun yn 'Hen Wydd' oedd Elis a geiriau'r ateb yn nodweddiadol o'i ohebu cignoeth. Ychydig yn ddiweddarach, ni allai faddau iddo'i hun wrth ymateb i lythyr yn y *Faner* am yr undeb lenyddol a sefydlwyd ym mhen uchaf Dyffryn Conwy. Roedd ei lythyr yn llawn ensyniadau pigog am yr undeb a'i haelodau ac yn rhagflas o'r ymgecru a fyddai'n gymaint rhan o'i gymeriad a'i lithoedd yn y wasg dros y blynyddoedd i ddod. Llofnododd y llythyr hwnnw hefyd gyda'i ffugenw Elis o'r Nant, gan gynnwys ei gyfeiriad ar y pryd, sef chwarel Cwt y Bugail lle y gweithiai fel clerc pwyso, ac fel y damcanwyd uchod, mae'n bur debygol mai yn y barics pwrpasol yno y lletyai Elis dros nosweithiau'r wythnos.

Hyd at 1875 daliai Elis i arddel yr arwyddair 'Gohebydd' ar ddiwedd ei golofn o newyddion lleol Dolwyddelan ond daeth newid yn y drefn tra oedd yn gohebu i golofn 'Llanrwst a'r Amgylchoedd' yn y *Faner* ym mis Medi 1875. Dan yr ysgrif honno ceir y llofnod 'Elis o'r Nant' am y tro cyntaf ac felly y bu ar waelod ei golofnau newyddion lleol i gyd wedi hynny. Ni chuddiai dan enw cudd unrhyw 'ohebydd' cyffredin wedi'r dyddiad hwnnw a daeth yr enw Elis o'r Nant yn gyfarwydd i filoedd ac yn enw a fyddai'n dwyn sylw trwy Gymru ac i rannau o America yn ddiweddarach.

Yn ei golofn reolaidd yn y *Faner*, 'Dolyddelan a'r Cylchoedd', dan y ffugenw Gohebydd, ddwy flynedd cyn iddo'i hun benderfynu cefnu ar Ddolwyddelan a'i gymdeithas, roedd Elis yn trafod chwareli llechi'r Unol Daleithiau, gan ddiweddu ei lith gyda'r geiriau athronyddol, 'Credwyf y bydd yn lle rhagorol i gannoedd o chwarelwyr Meirion ac Arfon i ymfudo yno cyn hir.' Byddai ar flaen y gad yn aml yn ei ohebiaeth wedi hyn yn annog ymfudiaeth o Gymru i America.

Mae'n bwysig ceisio creu darlun o sefyllfa tenantiaid ffermydd a thyddynnod Dyffryn Conwy a Dolwyddelan (yn y bedwaredd ganrif ar bymtheg yn benodol) yng nghyd-destun hanes Elis o'r Nant a'i gyfoedion. Rhaid ceisio deall hefyd pa fath o awyrgylch a fodolai yn y cylch yn ystod y cyfnod, gan ystyried fel y byddai tlodi'r oes a gormes y landlordiaid yn drech na sawl tenant. Yr oedd sefyllfa wleidyddol Cymru y cyfnod hwn, gyda thwf y gefnogaeth i'r Blaid Ryddfrydol ymysg y werin bobl, yn sicr o fod wedi cynddeiriogi'r tirfeddianwyr. Byddai'r dial o du'r bonedd, oherwydd buddugoliaethau'r ymgeiswyr Rhyddfrydol yn etholiad seneddol 1868, yn parhau am flynyddoedd wedyn.

Ceir awgrym o'r rhesymau dros ymadawiad nifer fawr o drigolion Dolwyddelan ac ardaloedd cyffelyb o'u cynefinoedd mewn llythyr a anfonwyd i'r *Faner* gan un a ysgrifennai dan y ffugenw 'Annibynnwr'. Eto, y mae stamp Elis o'r Nant yn ymddangos yn gryf yn y geiriau chwyldroadol. Ymddangosodd y llythyr yn rhifyn dydd Sadwrn y 13eg o Chwefror, 1870 dan bennawd 'Dolyddelen':

> Y mae y gorthrwm mawr a gymerodd le yn y plwyf hwn y flwyddyn ddiweddaf wedi effeithio yn

> rhyfedd ar y preswylwyr. Y mae y rhan fwyaf o'r ffermwyr wedi colli pob ymddiried yn eu cartrefi a'u meddiannau. Mewn canlyniad i'r holl droi ymaith a fu yma, a'r holl godiadau direswm yn y tiroedd a'r tai, y mae pawb yn teimlo rhyw ansicrwydd ynglŷn â phob peth yn bresennol. Gyda'r diflastod mwyaf y mae y ffermwyr yn troi eu tiroedd, ac nid oes ysbryd yn neb o'r ffermwyr Rhyddfrydig i anturio i gwneud unrhyw welliantau ar eu tyddynnod ... y mae lliaws o'r ffermwyr goreu a chyfoethocaf sydd yma wedi ymlenwi ag ysbryd ymfudiaeth, yn hytrach na chymeryd eu gorthrymu a'u maeddu o blegid eu hegwyddorion. Gwell ganddynt newid gwlad, na newid proffes a barn. Y mae cynrychiolydd wedi myned drosodd i'r America y dyddiau diweddaf, sef Eli Evans, pregethwr gyda'r Methodistiaid Calfinaidd, i edrych am ardal gymwys i ni ymfudo iddi, lle y cawn dir da yn eiddo i ni ein hunain a'n plant tra rhedo dwr.

Yna, fe enwir y gelyn mawr ar y pryd, sef y stad a oedd yn berchen ar y rhan fwyaf o diroedd Dolwyddelan a'r pentrefi eraill o amgylch stad Arglwydd Willoughby, Gwydir, Llanrwst:

> Ac hefyd cawn ryddid i actio cydwybod, heb ofni dial Gwydyr, nac ymyrraeth Judasiaid ... y mae o

leiaf wyth o'r tyddynwyr cyfoethocaf a mwyaf pwysig yn yr ardal hon yn bwriadu gadael y plwyf hwn cyn gynted ag y ceir yr amcan uchod o gwmpas. Mewn canlyniad i'r ysgogiad hwn, ni bydd raid i ystiwardiaid Gwydyr fyned i'r drafferth eleni o anfon eu rhybuddion i ymadael i'r gweddill sydd yn crynu mewn ofn o dan eu cilwgau didostur. Pan y mae ardal fel hyn wedi myned yn gaeth – diolch i Dduw am fod i ni fyd rydd – a bod i ni ryddid i newid ardal ... Yn y pen draw, y mae y chwyldroadau diweddar yn rhwym o wneyd mwy o ddrwg i Lord Willoughby nag i'w dyddynwr.

Beth bynnag fyddai gorchwylion Eli Evans yn America, ni fu yno'n hir o ddarllen adroddiad yn *Y Drych*, dyddiedig y 26ain o Fai, 1870 a ddywed: 'Oddiwrth eich Gohebydd yn E.N (N.Y.) ... Y Parch Eli Evans, Dolyddelan yn hwylio oddi yma yfory, gyda y *City of Boston*.'

Nid tenantiaid stad Gwydir a stadau eraill Cymru yn unig a berswadiwyd i ymfudo ychwaith. Yr oedd awyrgylch ormesol y cyfnod wedi cael effaith ar unigolion radical megis Elis o'r Nant hefyd. Awgryma Evan David Jones yn ei ysgrif amdano yn *Y Bywgraffiadur Cymreig Hyd 1940* mai 'drwy ei ysgrifau beiddgar gwnaeth iddo'i hun elynion erlidgar. Yn 1870 bu raid iddo gilio i Utica.' Oedd, roedd Elis wedi tynnu sawl blewyn o drwynau'r sefydliad eglwysig a bonedd y cyfnod ac yn sicr, yr oedd llawer o'i elynion am ei waed. Efallai mai ei ddull ef o geisio dial ar y bonedd a'r tirfeddianwyr cyfoethog oedd drwy annog y werin bobl i ymfudo oddi wrth ormes a chreulondeb yr oes. Yng ngolwg Elis, byddai hynny wedi golygu prinder gweithwyr yn chwareli llechi teulu'r Penrhyn, gan eu hamddifadu o'r llafur rhad a oedd yn gwasanaethu ar stadau a thiroedd y bonedd. Ymhen ychydig amser, byddai Ellis Pierce ei hun yn dilyn llwybr y miloedd o Gymry ymfudol ac yn troi cefn ar ei famwlad.

Ar yr 20fed o Ebrill, 1870, ar ddiwedd ei golofn wythnosol 'Dolyddelen a'r Cylchoedd' yn y *Faner,* cynhwysai ei ffarwél â darllenwyr y golofn, am gyfnod o leiaf:

> Anerchiad Ymadawol
> fel gohebydd o'r parthau hyn am ryw ddeng mlynedd o amser. Coffa da am lawer hwyr y bum yn ddiwyd gyfansoddi ysgrif o ddigwyddiadau y cylchoedd i'r FANER, ac yn cael mwynhad ac adloniant neillduol wrth fwrw hen offeiriad gormesol i'r *pickles*. Nid oes dim sydd yn well na fflangellu a ffonodio caredigion trais a gormes. Digon ydyw dyweyd ddarfod i mi ysgrifennu hanesion gwahanol mewn cysylltiad â gwahanol enwadau crefyddol, a'r hen fam yn hollol ddiduedd;

ac os darfu i rai fy nghanfod yn ochri, yr oedd hyny i'w gyfrif yn syml i'r ffaith nad oeddwn yn meddu digon o wybodaeth am yr hyn yr oeddwn yn ysgrifennu o barth iddo, neu i'w briodoli i amherffeithrwydd y defnyddiau a fyddwn wedi ei gael. Yr wyf yn gwybod yn hollol dda fy mod wedi tramgwyddo a cham-foddio llawer gyda'r ychydig a ysgrifennais, ac nid oes dim i'w wneyd â hwynt hwy; a chan nad ysgrifennwyd dim ond yr hyn oedd yn wir angenrheidiol, nis oes dim cymhelliad yn galw am sebon meddal i esmwytho yr archollion, ac i dynnu ymaith yr halen a gyfrannwyd yn helaeth ar gig noeth y brodyr parchedig. Mae yn deg i mi addef modd bynnag, fod llawer o ddiffygion a ffaeleddau yn perthyn i mi a'm gohebiaeth ... nid oes gennyf ond dymuno maddeuant am hyny, a gobeithio y bydd i'ch darllenwyr gael y fraint o ddarllen gohebiaethau ar ddigwyddiadau y cylchoedd o hyn allan, fel y sylwais yn barod, gan ryw ohebydd a llai o ffaeleddau yn dwyn cysylltiad ag ef na mi. Bydd yn hyfryd gennyf finnau eu darllen, ac os byw ac iach, draw yn y Gorllewin, i ba le y byddaf wedi cychwyn cyn y daw y llinellau hyn drwy y wasg. Ar ôl hyn bydd fy nghysylltiad â'r FANER, fel gohebydd, o'r parthau yma wedi darfod, ond nid wyf yn meddwl peidio ysgrifenu yn lled gyson o'r Gorllewin. Bwriadaf anfon gair i chwi a'ch darllenwyr o

> Queenstown. Gyda hyn dyma fi yn canu yn iach, gyda'r dymuniadau goreu i bawb, heb eithrio parsoniaid a chlochyddion, bondigrybwyll!
>
> Gohebydd.

Ac felly, gyda'i eiriau dirmygus tuag at ei elynion yn diweddu ei gyfraniad i'w golofn yn y *Faner*, ffarweliodd Ellis Pierce â'r wythnosolyn a oedd wedi rhoi rhwydd hynt i'w ohebu ymfflamychol. Byddai'r wasg Gymreig gymaint â hynny'n dlotach o golli ei sylwadau brathog am gyfnod o bron i bedair blynedd. Ond wedi dweud hynny, fe anfonodd sawl cyfraniad newyddiadurol i'r *Faner* yn sôn am ddigwyddiadau yn ymwneud â'i wlad fabwysiadol dros y cyfnod hwnnw.

Pennod 3
America ac yn ôl

Ychydig wythnosau wedi cyhoeddi erthygl Elis yn y *Faner* ar yr 20fed o Ebrill, 1870 ynglŷn â'i fwriad i ymfudo i America, ymddangosodd llythyr gan y Parchedig Gwesyn Jones, gweinidog yn Utica, dan y pennawd 'Gair Oddi Wrth Gwesyn yn America'. Trafod cymdeithas a sefydlwyd yno 'er cyfarwyddo a chynorthwyo ymfudwyr i sefydlu yn y mannau mwyaf tebygol iddynt allu gwneyd cartref cysurus am ychydig o draul, ac mewn amser byr' oedd y llythyrwr, gan ychwanegu'n hyderus, 'Y mae yma ddigon o fannau y gall dynion gael cartref cysurus ond talu ychydig am dano.' Mae'n debygol fod Elis wedi gwneud y darpariaethau angenrheidiol ar gyfer ei dderbyn a'i letya ymhell cyn cychwyn o Walia, er nad oes modd darganfod manylion penodol i'r perwyl hwnnw ac fel y nodir eisoes, yr oedd yr wybodaeth am y ddarpariaeth ar gyfer croesawu ymfudwyr o Gymru yn hysbys ers tro i Elis, yn sicr.

Anodd yw ceisio dirnad y rhesymau dros benderfyniad Elis i ymfudo – ac i ogledd America yn benodol. Ni wyddys a oedd teulu neu gyfeillion wedi ei gymell i adael Nantconwy i ddechrau byw o'r newydd yn America ai peidio, nac ychwaith pam y dewisodd y rhan arbennig honno o'r byd. Fe ellir damcaniaethu iddo gael ei hudo gan adroddiadau o wlad yr addewidion a'r llewyrch mawr y sonnid amdano gan alltudion a ddychwelsant i'r hen wlad yn achlysurol.

Wedi darganfod enw'r llong yr hwyliodd Elis arni o ddociau Lerpwl, diddorol yw'r wybodaeth fod y llong *Mimosa* – a fu'n gyfrifol am gludo'r fintai gyntaf o Gymry i Batagonia – yn debygol o fod wedi angori yn y dociau tua'r un adeg ag yr hwyliodd Elis oddi yno. (Roedd y *Mimosa* wedi cyrraedd yn ôl wedi taith o Bahai ar y 9fed o Ebrill, 1870.) Bum mlynedd ynghynt yr oedd y llong hwyliau fechan honno wedi cychwyn o'r union ddociau yn Lerpwl gyda thros gant a hanner o ymfudwyr o Gymru arni, ond i wlad lle nad oedd yr un Cymro wedi ymsefydlu ynddi cyn hynny yr hwyliai'r *Mimosa* – i Batagonia yn yr Ariannin ac fe wynebodd y teithwyr dewr oedd ar ei bwrdd ddyfodol ansicr a chaled.

Cyfeirir ar ddechrau'r gyfrol hon at y ffaith fod Elis

wedi tynnu'n groes i lawer o'i gyfoedion drwy gyfrwng ei ysgrifbin yn y wasg Gymreig a bod nifer ohonynt am ei waed. Awgrymir gan rai y byddai hynny wedi bod rheswm da dros encilio o'i gynefin. Er i'r *Bywgraffiadur Cymreig* ddweud mai oherwydd iddo ysgrifennu 'ysgrifau beiddgar gwnaeth iddo'i hun elynion erlidgar' ac y 'bu raid iddo encilio i Utica yn yr Unol Daleithiau', nid oes tystiolaeth bendant o gwbl i brofi hynny. Fel y gwelir yn y man, yr oedd cofnodwr y *Bywgraffiadur* wedi gwneud camgymeriad parthed cyrchfan Elis yn ei wlad fabwysiedig ac er mai Utica oedd y man cyntaf iddo ei gyrraedd, nid yno yr ymsefydlodd Elis ond yn swydd Otsego. Efallai i'r cofnodwr wneud camgymeriad ynglŷn â'i resymau dros ymfudo hefyd ond, yn ddiamau, fe dynnodd Elis sawl blewyn o nifer o drwynau trwy ei 'ysgrifennu beiddgar' *wedi* ei ddyfodiad yn ôl i Ddolwyddelan yn niwedd 1873 hyd ei farwolaeth yn 1912.

Efallai i erthyglau hirfaith gan bobl eraill a gyhoeddwyd yn y *Faner* yn 1867, dair blynedd cyn ei ymadawiad, ddylanwadu ar ei ddewis o gyrchfan dros Fôr Iwerydd. Dan y pennawd 'Y Gohebydd Yn Ei Ôl' ar dudalen flaen y papur ar y 4ydd o Fedi, 1867 clustnodwyd yr holl ofod i groesawu un o'r gohebwyr eraill yn ei ôl i swyddfa Thomas Gee yn Ninbych ac i gynnwys peth o'i hanes yn America. Cafwyd hefyd adroddiad lled faith oddi mewn i'r rhifyn hwnnw o hanes 'Cyfarfod Ymadawol y "Gohebydd", yn Utica, N.Y.' ynghyd â llythyr hir gan un 'Obedog o Vôn' a oedd wedi ymsefydlu yng Nghaliffornia. Ymysg ei ddisgrifiadau lliwgar, canmoliaethus o'i wlad fabwysiedig gwelir y geiriau canlynol: 'Y mae yn y cymmydogaethau hyny lawer iawn o Gymru cynhes galon, yn byw yn gysurus ddigon o ran eu hamgylchiadau. Nid oes ddim yn fwy o bleser ganddynt na gwneyd eu goreu i groesawu Cymro newydd ddyfod o'r hen wlad.' Felly, rhaid ond dyfalu mai cael ei gyfareddu gan adroddiadau am y croeso a gaed yn y wlad bell honno ac am lwyddiant yr unigolion mentrus a wnaeth i Elis benderfynu pacio'i fagiau ac ymfudo i America, fel degau o filoedd o Gymry o'i flaen ac ar ei ôl.

Bu'r blynyddoedd rhwng 1850 ac 1870 yn rhai prysur iawn o ran ymfudiaeth o Gymru i'r Unol Daleithiau. Er mor anodd ceisio dadansoddi'r ystadegau, credir i o leiaf drigain mil o Gymry groesi Môr Iwerydd o Lerpwl am America dros yr ugain mlynedd hynny. A dweud y gwir, nid yw hyn ond diferyn bychan mewn cefnfor mawr o'i gymharu â'r naw miliwn o ymfudwyr a hwyliodd o borthladd Lerpwl dros gyfnod o gan mlynedd, rhwng 1830 ac 1930. Serch hynny, roedd colled o drigain mil o'i phoblogaeth, o un porthladd yn unig, yn ergyd fawr i Gymru ac yr oedd Elis o'r Nant yn un a gyfrannodd tuag at y golled honno am gyfnod, mewn mwy nag un modd.

I gadarnhau'r ystadegau uchod parthed ymfudiaeth, yr oedd adroddiad yn y *Faner* ar y 30ain o Ebrill, 1870, tua'r un adeg ag ymadawiad Elis, yn datgelu: 'Mae ymfudiaeth o Liverpool wedi dechreu eleni gyda bywiogrwydd anghyffredin, ac yr oedd nifer yr ymfudwyr a adawsent yr afon yn ystod yr wythnos ddiweddaf yn fwy nag mewn unrhyw wythnos er's llawer o flynyddoedd.' Ychwanegwyd enwau'r llongau, gyda thair yn hwylio ar y dydd Mawrth yn cynnwys cyfanswm o bron i ddwy fil o ymfudwyr yn teithio arnynt a niferoedd tebyg ar y dyddiau eraill – ac eithrio dydd Gwener a dydd Sul. Yr oedd amryw o'r llongau yn galw yn Queenstown (Corc) yn Iwerddon, gydag un teithiwr penodol, Elis Pierce o Ddolwyddelan, ar fwrdd un ohonynt. Er bod Elis wedi gohebu i'r *Faner* am tua deng mlynedd cyn ei ymadawiad am America, ni cheir gair o ffarwél iddo yn un o rifynnau'r papur sy'n arwain at y dyddiad tyngedfennol hwnnw. Ni welir ychwaith yr un gair o werthfawrogiad am ei gyfraniad helaeth i golofnau'r *Faner* dros yr un cyfnod.

Yn ei ddull dadleuol ei hun, yr oedd Elis wedi manteisio ar bob cyfle fel gohebydd i geisio bwrw'i atgasedd ar y bonedd a'r landlordiaid yn benodol. Yr oedd yn ymwybodol o'r dial a'r gormes a ddioddefodd nifer o denantiaid teulu'r Penrhyn yn dilyn etholiad 1868 pan gollodd mab Arglwydd Penrhyn, Douglas

Pennant, ei le fel aelod seneddol etholaeth Arfon wedi buddugoliaeth Love Jones-Parry. Yn groes i ddymuniad y landlord, roedd nifer o denantiaid Penrhyn wedi dangos eu hochrau'n hollol glir a chefnogi'r Rhyddfrydwr ac o'r herwydd wedi teimlo grym llid Penrhyn wrth i nifer gael eu troi o'u ffermydd a'u tyddynnod. Wedi dioddef dicter y landlordiaid, gwelai sawl tenant y cyfle i berchenogi tir fel symbyliad i ymfudo; cafodd nifer eu denu i ardaloedd a oedd eisoes yn gymunedau Cymreig, megis Cambria, Pennsylvania, Gallia yn Ohio ac Oneida yn Nhalaith Efrog Newydd. Yr oedd arwyddocâd arbennig i'r lle olaf a nodir, yng nghyd-destun Ellis Pierce.

Yn sicr, nid ar chwarae bach y penderfynai pobl ymfudo ond yr oedd amryw o resymau dros gymryd y cam mawr hwnnw. Un ohonynt oedd y tlodi a berthynai i nifer o drigolion Cymru – a gweddill Ewrop o ran hynny. Byddai llawer o'r ymfudwyr wedi dioddef yn enbyd dan orthrwm gwleidyddol a chrefyddol ac yn eiddgar am gael dechreuad newydd yn rhydd o erledigaeth y gormeswyr. Yn ddi-os, byddai Ellis Pierce wedi cyffwrdd rhywfaint â'r profiadau hynny gydol ei oes. Roedd llawer wedi clywed am gyfoeth gwledydd megis yr Unol Daleithiau, Canada ac Awstralia ac yn daer am gael blasu tamaid o'r llewyrch hwnnw, gan gynnwys Elis.

Ymysg nifer fawr o hysbysebion yn ymwneud ag

ymfudiaeth ym mhapurau newyddion y cyfnod, yr oedd un hysbyseb reolaidd yn ymddangos yn y *Faner* yn ystod y cyfnod a arweiniai at ymfudiaeth Elis yn datgan fod '*Ellis Pierce, Printer &c. Dolyddelan*' yn asiant ymfudiaeth ar ran Allan Brothers, cwmni llongau'r Allan Line. Hwyliai nifer o'u *Royal Mail Steamers* o ddociau Lerpwl i'r Unol Daleithiau a Chanada bob wythnos ond yr oedd sawl cwmni arall yn cystadlu am y gwaith o gludo darpar ymfudwyr o'r un porthladd hefyd a'r prisiau am deithio dros Fôr Iwerydd yn amrywio o £3.15 swllt (£3.75) am *steerage* sylfaenol cwmni Gomer Roberts, i £18 am gael y fraint o fwynhau moethusrwydd honedig y *saloon* ar fwrdd un o *steamers* yr Allan Line. Cludai'r *National Line* deithwyr i Efrog Newydd hefyd, yn eu *saloons*, am 10, 12 a 15 gini, 'yn ôl y cyfleusderau'.

Yr oedd ambell asiantaeth yn cynnig gwasanaeth i ofalu am fuddiannau'r ymfudwyr cyn cychwyn ac wedi cyrraedd eu cyrchfan – am bris, wrth gwrs. Byddai Elias J. Jones, *Passenger Broker &c.* yn hysbysebu'n rheolaidd ei fod

> o herwydd y fath gynnydd yn ei fasnach ymfudol, wedi cymmeryd tŷ helaeth arall yn yr un heol, at yr hwn oedd ganddo o'r blaen, fel o hyn allan y bydd yn alluog i letya gymaint arall o ymfudwyr a chyfeillion a fydd yn ymweled â Liverpool ... Ceir pob

> hysbysrwydd yn ddi-oed o berthynas i brisoedd iselaf y cludiad i AMERICA, a gwledydd eraill, drwy anfon llythyr yn Gymraeg neu Saesneg i'r cyfeiriad uchod. Bydd hefyd le i bawb a ddewisant gogino eu hymborth eu hunain am ddim, ac hefyd ystordy rhad i'w holl LUGGAGE.

Yr oedd Elias Jones hefyd yn addo cyfarfod â phawb ar eu dyfodiad i Lerpwl a'u hebrwng yn ddiogel drachefn i'w *berths* ar y llongau. Fel ar hysbysebion cyffelyb eraill cofnodwyd rhestr o enwau gweinidogion yr Efengyl a gymeradwyai wasanaeth Elias Jones a'i gwmni. Ar waelod yr hysbyseb ychwanegwyd y geiriau a fyddent i'w croesawu gan y mwyafrif o ymfudwyr o Gymru yn ystod y cyfnod hwn, gan gynnwys Elis o'r Nant: 'Cofiwch mai nid Tafarndy yw "Cartref yr Ymfudwyr".'

Do, hwyliodd cynifer â naw miliwn o ymfudwyr o ddociau Lerpwl rhwng 1830 a 1930, yn llawn gobeithion am fywyd newydd mewn gwledydd pell. Ond ai mordaith ynteu artaith a wynebai'r ymfudwyr hynny wrth iddynt fentro dros Fôr Iwerydd yn y bedwaredd ganrif ar bymtheg?

Yn aml, hyd at ddiwedd y 1850au, byddai mordeithiau'n cael eu gohirio am ddyddiau a'r teithwyr yn gorfod lletya mewn gwestai gorlawn, budr, cyn hwylio. Câi teithwyr eu twyllo gan rogwyr a byddai bagiau niferus yn cael eu dwyn. I wneud pethau'n waeth, cymerai mordaith hyd at bymtheg diwrnod ar hugain i'w chwblhau, a hynny ar long hwyliau ddigon bregus ar brydiau. Oherwydd y cyfleusterau cyntefig, dioddefai'r ymfudwyr o salwch môr difrifol, yn enwedig ar dywydd garw Môr Iwerydd. O ganlyniad i ddiffygion y cyfleusterau, yn ogystal â'r niferoedd helaeth o deithwyr a gâi eu gwasgu ar fyrddau'r llongau hwyliau hyn, gwasgerid heintiau megis teiffws a cholera a byddai sawl un o'r ymfudwyr yn trengi cyn cyrraedd gwlad yr addewid. O ganol y 1860au ymlaen daeth gwelliant bychan i'r sefyllfa pan welwyd agerlongau yn dechrau disodli'r hen longau hwyliau, gyda gwell cyfleusterau ar gyfer y teithwyr cyn iddynt adael Lerpwl, yn ystod y fordaith, ac ar ôl cyrraedd pen y daith. Erbyn cyfnod ymfudiaeth Elis yn 1870 yr oedd bron pob teithiwr yn mynd ar agerlong, a'r daith ei hun yn cymryd rhwng saith a deg diwrnod.

Cychwynnodd Ellis Pierce ar ei fordaith anturus o ddociau Lerpwl am bedwar o'r gloch y prynhawn ar y 12fed o Ebrill, 1870 ar fwrdd y *Nemesis*, un o longau cwmni Cunard. Gan nad oes dim wedi ei gofnodi ganddo parthed ei gyd-deithwyr, ni wyddys a oedd yn teithio ar ei ben ei hun ynteu a oedd ganddo gwmni. Galwodd y llong ym mhorthladd Queenstown (Corc) yn Iwerddon i godi parseli a llythyrau, cyn hwylio ymlaen i gyfeiriad America. Mewn hysbyseb yn y *Liverpool Mercury* ar ddiwrnod cyntaf y fordaith gwelir prisiau cludiant i Efrog Newydd ar amrywiol Royal Mail Steamers cwmni Cunard. Yn ddibynnol ar safon y caban a ddewisid, amrywiai'r tâl cludiant o 16 gini, 17 gini a 21 gini (gini – £1.5c). Ni wyddom pa un a ddewisodd Elis.

Ymhen dim o dro ar ôl gadael Lerpwl, yr oedd Elis yn brysur yn ysgrifennu erthygl ar gyfer y *Faner* yn sôn am ei brofiadau cynnar ar y fordaith. Roedd 'hon yn un o'r agerlongau cyflymaf a berthyn i linell y Cunard – wedi cyflawni rhai o'r mordeithiau blaenorol mewn naw i ddeg o ddyddiau'. Disgrifiodd sut y teimlai llawer o'i gyd-deithwyr effeithiau'r fordaith, gan ddioddef o glefyd y môr, a bu'n rhaid iddo yntau orfod rhoi'r gorau i'w 'sgriblo ychydig i'r *FANER*' gan iddo deimlo'i 'hun yn llawn, os nad saith clafach na'r clafaf'! Manteisiodd ar y cyfle i ddangos ei werthfawrogiad am y caredigrwydd a ddangoswyd tuag ato pan ymadawodd â Chymru:

> Y mae yn dda gennyf hysbysu fy nghyfeillion yn y Cylchoedd, fy mod yn eithaf llawen a chalonnog hyd yn hyn, ac yn dymuno cyflwyno fy niolchgarwch yn y modd mwyaf gwresog am waith fy nghyfeillion yn dangos eu teimladau da tuag ataf, a hyny ar ôl i mi gychwyn.
>
> Yr wyf yn gobeithio yr esgusodir fi pan roddwyf englyn byrfyfyr i mewn a gyfansoddwyd ar fy

nghychwyniad gan y bardd, Ieuan Glanlledr.

Ellis sy'n gadael ei deulu – a morio
I Amerig o Gymru:
Gwyneb y môr fo yn gwenu,
Ac awel dawel o'i du.

Mae'n gorffen gydag ymddiheuriad i'w ddarllenwyr: 'Yr oedd gennyf lawer o bethau ereill eisieu eu dyweyd, ond rhaid i mi ymatal, gan fod arnaf eisieu ysgrifenu rhyw hanner dwsin o lythyrau ereill, felly rhaid terfynu, hyd nes y cyrhaeddaf yr ochr draw.' Ac fel petai i atgoffa darllenwyr y *Faner* o'i gyfraniad i'r papur, llofnododd y llythyr gyda'r geiriau hiraethus 'Hen Ohebydd y Faner'.

Cyrhaeddodd y *Nemesis* borthladd Efrog Newydd am naw o'r gloch yr hwyr ar yr 22ain o Ebrill, 1870 wedi deg diwrnod o hwylio, fel y proffwydodd Elis yn ei lythyr i'r wasg. Ni allwn ond synhwyro pa fath o argraff a wnaeth y golygfeydd o'r ddinas fawr honno a'i holl brysurdeb ar Elis o'r Nant. Yn sicr, byddai'n agoriad llygad iddo ac yntau wedi cynefino yn nhawelwch Dyffryn Lledr dros y blynyddoedd blaenorol. Nid oes gennym gofnod yn dweud pwy oedd yno i'w gyfarfod, os oedd unrhyw un o gwbl, nac ychwaith pa fath o ddarpariaethau a wnaed iddo gael llety am gyfnod wedi ei ddyfodiad i America. Roedd digonedd o waith ar ffermydd, mewn diwydiant, neu waith adeiladu rheilffyrdd i newydd-ddyfodiaid y cyfnod ond byddai llawer yn methu dygymod â'r symud i wlad newydd ac yn aml clywid am rai yn dychwelyd adref, os oedd y modd ganddynt i wneud hynny. A dyna union dynged Elis o'r Nant, ymhen amser. Mae'n debygol na chawn fyth wybod a oedd rhywun yn aros i groesawu Elis wedi iddo roddi ei droed ar y tir estron hwnnw am y tro cyntaf. Daw tystiolaeth o'i lythyrau mai yn nhref Utica yr ymsefydlodd, am amser byr o leiaf, ond eto, ni wyddys gyda phwy nac ymhle yr arhosodd yno.

Yn ôl ei addewid, anfonodd Elis lythyr i'r *Faner* wedi cyrraedd yr Unol Daleithiau a chyhoeddwyd hwnnw yn rhifyn dydd Sadwrn yr 21ain o Fai, 1870. Ar y sail mai yn Utica yr ymsefydlodd gyntaf, credai rhai yng Nghymru – yn anghywir – mai yn y dref honno y bu gydol ei amser yn America ond symud ymlaen oddi yno yn fuan wnaeth Elis. Efallai iddo gael ei ddadrithio gan yr ysbryd cosmopolitan a deimlodd wrth grwydro strydoedd Utica ac iddo gael ei gamarwain cyn cychwyn o Gymru mai tref hollol Gymraeg ei hiaith oedd hi? Dyma ddywed ei lythyr cyntaf o America:

UNOL DALEITHIAU YR AMERICA A'R HENIAITH:

Dyma fi yr ochr arall i'r Werydd, a'm traed yn hen dref urddasol Utica. Pan oeddwn yr ochr yna yn

Nghymru, yr oedd fy nghyfeillion ac eraill yn darlunio dinas Utica a'r cylchoedd fel hen sefydliad Cymreig braidd heb neb cenedl arall yn byw yma. Dywedid i mi hefyd fod yr iaith Gymraeg, yn dilyn buchedd a moesoldeb eu tadau, ac yn cadw i fyny grefyddau eu hen dadau yn null eu hynafiaid. Ond tipyn o gamgymeriad oedd hyny. Mae yn anhawdd iawn i un wybod pan yn rhodio drwy y ddinas ac yn siarad yn awr ac eilwaith â'i thrigolion, fod yma gynifer ag un Cymro o fewn y dref; Saesneg a siaredir gan bob un o'r Cymry ag sydd yma, oddigerth y rhai hyny ag sydd wedi dyfod o'r Hen Wlad er's blwyddyn neu ddwy. Bum ddoe yn yr Ysgol Sabbathol yn nghapel y Methodistiaid. Capel bychan digon destlus, ac o wneuthuriad lled gadarn, ond cynulliad bychan. Pan ddywedais hyn wrth yr athraw, atebai fod ganddynt ysgol awr y diwrnod hwn mewn cymhariaeth. Gwahoddwyd fi i ddosbarth un o'r enw Mr S. Griffiths, bonheddwr ag sydd wedi cyrraedd safle lled uchel yn y dref, gyda masnachwr dillad o'r dosbarth blaenaf, ond digwyddodd ei fod yn absennol; felly aethum innau i ddosbarth arall, ac yr oeddwn yn rhyw dybio fy mod wedi myned i'r dosbarth mwyaf Cymreig yn yr ysgol, neu wedi y cyfan, yr oedd yno amryw yn meithio peidio siarad Saesneg y naill gyda'r llall; a phan ddelai yr arolygwr heibio, nid oedd un gair

Cymraeg i'w gael ganddo ef, Saesneg bob gair. Pan yn dyfod allan o'r ysgol siaradai y meibion a'r merched, neu yn ol y term polite y boneddigion a'r boneddigesau, Saesneg o'm deutu yn mhob cyfeiriad, a'r unig beth yn Gymraeg fe ddywedir i mi yr ymostynga y boneddigesau Cymreig i'w wneyd mewn rhai ysgolion ydyw darllen eu hadnodau, ac yna pob peth arall yn yr iaith fain. Yr oeddwn yn siarad y dydd o'r blaen â boneddiges ieuangc o Gymraes, yn alluog i siarad Cymraeg yn lled dda. Yr oedd ei theulu wedi ymfudo i America ryw bedair blynedd ar bymtheg yn ol, ac wedi ymsefydlu ar fferm ryw ddeuddeg milldir oddi yma. Rhyw bedair blynedd yn ol bu farw ei thad, yn ddilynol i hyny bu hi a'i mam a'i brodyr yn amaethu y tyddyn yr un modd ag ar y cyntaf hyd o fewn ychydig, pryd y prynodd un o'r brodyr y cyfan, ac y mae hithau a'i mam yn bresennol wedi ymneillduo i'r dref i fyw ar eu harian. Dywedai ei bod yn fynych iawn pan yn yr Ysgol Sabbathol yn methu deall ystyr geiriau Cymraeg heb droi i'r Saesneg, a phan yn ymddiddan yn Gymraeg, y byddai yn aml yn colli y geiriau angenrheidiol i gario yr ymddiddan yn mlaen, a chwanegai ei bod wedi wedi bod yn ei Chymraeg hyd o fewn ychydig wythnosau, a'i bod yn awr yn dechreu gwneyd un ymdrech egnïol i adennill yr hyn a gollodd. Go dda, onid e, ddarllenydd. Fe allai

> y dylwn ddyweyd fod golwg tra llewyrchus wedi y cyfan ar yr achos Cymreig yn nhref Utica. Cynnelir achos Esgobyddol, a'r brodyr Esgobaidd wedi adeiladu un fwy heb fod nepell. Yma y mae y Parch Rhys Gwesyn Jones yn gweinidogaethu. Nid oes gan y Methodistiaid weinidog o gwbl. Y mae yma lawer iawn o Gymry wedi ymddiefrydu i wneyd peth gwaeth na thaflu ymaith eu hiaith. Ceir yma rai sydd yn rhodio llwybr y fall, ac yn treulio eu hamser yn y tafarnau, ac i ymyfed i ormodedd.

Ymddengys felly, yn ôl geirfa ymosodol Elis o'r Nant uchod yn ei sylwadau cyntaf ar drigolion ei wlad fabwysiedig, nad oedd angen hogi dim ar y bensel finiog yr arferai ei defnyddio'n ôl yn yr Hen Wlad!

Cynhaliwyd cyfrifiad cenedlaethol yn America yn fuan iawn ar ôl i Elis gyrraedd y wlad ac ymysg ystadegau'r cyfrifiad hwnnw, dyddiedig y 10fed o Fehefin, 1870 cofnodwyd enw Ellis Pierce fel gwas fferm 25 oed mewn lle o'r enw Unadilla Forks, Plainfield, swydd Otsego, Talaith Efrog Newydd. (Ai camgymeriad y cyfrifwr fu nodi'r oedran anghywir, ynteu a ddywedodd Elis gelwydd am ei oed tybed? Roedd yn 29 oed ar y dyddiad hwnnw mewn gwirionedd.) Y penteulu yn y tŷ y trigai Elis ynddo ar y pryd oedd Richard Richards, ffermwr 32 oed ac yntau hefyd yn enedigol o Gymru, fel Margaret ei wraig 45 oed. Yno hefyd yr oedd bachgen saith oed o'r enw William Roberts, a aned yn America. Ar restr busnesau swydd Otsego yn 1872-3, cofnodwyd fod Richard Richards yn gynhyrchydd llaeth ac amaethwr ar 140 erw ac yn berchen ar ugain buwch.

Felly dyna ddarganfod lleoliad Elis a'i alwedigaeth yn yr Unol Daleithiau o fewn cwta fis wedi iddo lanio yn y wlad. Erbyn hyn, nid oes modd gwybod a oedd rhai o'r teulu Richards yn perthyn neu'n gyfeillion i Elis ac nid oes gwybodaeth ar gael ychwaith am hyd ei gyfnod fel gwas fferm gyda Richard Richards. Yr oedd yn newid byd llwyr i Elis orfod dilyn gorchwylion y swydd honno ac yntau, oherwydd ei anhwylder corfforol, wedi gorfod troi cefn ar amaethu pan oedd yn blentyn. Yn ddiamau, roedd yn waith trymach o lawer na'r hyn yr oedd wedi arfer ag o fel clerc chwarel a gohebydd.

Cymuned fechan yn agos i dref Plainfield yw Unadilla Forks ac yn y cyfnod dan sylw, sef 1872-3, dim ond oddeutu pedwar cant oedd yn byw yno ac felly byddai Elis wedi teimlo'n ddigon cartrefol, ymhell o fwrlwm y ddinas. Roedd tirwedd swydd Otsego yn siŵr o fod at ei ddant hefyd, gyda bryniau a mynyddoedd o amgylch dyffrynnoedd hardd a thir ffrwythlon y sir yn ei atgoffa o ddyffrynnoedd Lledr a Chonwy a oedd mor agos at ei galon. Rhywbeth arall a fyddai'n debygol o blesio'r Cymro bychan o

Ddolwyddelan oedd clywed yr iaith Gymraeg yn cael ei siarad gan nifer o'r trigolion, gyda dylanwad y Cymry yn eithaf cryf yno yr adeg hynny, a sawl cyfenw Cymreig i'w cael yn yr ardal. Ond byddai'n rhaid iddo deithio i bentref cyfagos Plainfield Center i gael gwasanaeth crefyddol ymneilltuol yng nghapel yr Annibynwyr. Dyma ddywed un adroddiad o'r cyfnod am y math o gymdeithas a fodolai yn ardal fabwysiedig Elis o'r Nant tua'r adeg yr oedd yn trigo yno: '*This is a fertile and prosperous township chiefly devoted to dairying ... Plainfield Center is a hamlet, the seat of a Welch colony that still preserves its native language*.'

Beth bynnag oedd dyletswyddau Elis ar fferm Richard Richards, ni chollodd yr awydd i ysgrifennu. Ymhen dim o dro wedi cyrraedd America, yr oedd ei ysgrifbin wedi bod wrthi'n brysur yn llunio ail lythyr i'r *Faner*, yr hwn a gyhoeddwyd yn rhifyn y 1af o Fehefin, 1870. Yr oedd Elis yn llawn canmoliaeth am ei wlad newydd. Dechreua'r llythyr fel a ganlyn:

> Wedi byw yn y wlad am ychydig, yr wyf yn cael mai gwlad i amaethwyr yn fwy nag i un dosbarth arall ydyw America. Ni welais well lle erioed i'r dosbarth hwn. Y mae yma ugeiniau o ffermwyr mewn sefyllfa annibynnol, yn werth eu miloedd – yn millionaires, chwedl y Sais ... wedi casglu digon, ac yn byw ar eu harian, a'r rhai dan sylw oll, dealler, wedi dyfod i'r

> wlad gydag ychydig ugeiniau o bunnau – rhai gydag ychydig bunnoedd, ereill ag ychydig sylltau, ond llawer heb un ffyrling pan ddaethant yma gyntaf.

Ac fel petai'n ymddwyn fel swyddog ar ran y mudiad ymfudol, ychwanega:

> Y mae yma le odiaeth hefyd i ferched i wasanaethu gyda ffermwyr. Ni ofynnir iddynt gwblhau un galedwaith ond godro ychydig. Buasai yn ddigon hawdd cael lle i hanner cant, neu fwy, o ferched Cymreig i wasanaethu gyda ffermwyr Cymreig yng nghylchoedd Utica ... Nid yw merched Iangcïaidd yn foddlawn i wneyd dim ond ymwisgo, a rhodio yn warsyth a ffroenuchel ar hyd yr heolydd.

Wythnos yn ddiweddarach, mewn llythyr arall i'r *Faner* dan y pennawd 'America. Pwy, a pha le i ymfudo yma', dywed Elis fod lle 'rhagorol i asiedyddion, plasterwyr, seiri meini, *stonecutters, &c*, ac y maent oll yn cael cyflog rhagorol: ond y dosbarth ag y mae yma y lle goreu ydyw meibion a gweision ffermwyr', gan ychwanegu fod y cyflog yn amrywio o ugain i ddeg dolar ar hugain y mis. Wedi canmol safonau byw a'r bobl gymwynasgar y deuai ar eu traws, cawsai gyfle i daro'r post i'r pared glywed yn ei lith hanner colofn o hyd. Yn amlwg, yr oedd cysgod gormes y bonedd yng

Nghymru yn dal i bwyso ar ei feddwl wrth iddo geisio eu dilorni. Meddai am ei gydwladwyr newydd:

> Ni welais erioed bobl mwy cymwynasgar a chymdeithasgar i fyw yn eu plith. Nid oes dim yn orthrymus, dim tuedd i edrych i lawr ynddynt ar y person a fyddo yn mhell islaw iddynt yn eu amgylchiadau bydol – dim byd yn chwaneg ynddynt i ddifrïo a sarhau y rhai a fyddant yn gweithio o danynt trwy lefain yn aristocrataidd a thra-arglwyddaidd yn y fan yna, neu yn y fan acw ... Dim o'r ysbryd ymddyeithro, a gosod rhyw Himalaya rhyngddynt a'r person fyddo ychydig dlotach ac islaw iddynt mewn swyddogaeth.

Erbyn diwedd mis Mehefin yr oedd y trydydd llythyr o law Elis o America wedi cyrraedd y *Faner* a hwnnw eto dan yr un pennawd â'r llythyr blaenorol. Cychwynna'r llith gyda neges arall fod yno ddigon o gyfleoedd i forwynion fferm yn America a gwaith ar gael yn Nhalaith Efrog Newydd i ferched fynd i wasanaethu 'a bydd iddynt gael mwy na chynifer dair gwaith o bris am eu llafur'. Wedi canmol trefn y wlad i'r entrychion yn ei ohebiaeth flaenorol i'r papur, aiff ymlaen i rybuddio'r darpar ymfudwyr rhag ambell *ruffian* a drigai mewn taleithiau eraill, megis Kansas. Cynhwysa'r llythyr wirioneddau ar agwedd arall o fywyd Americanaidd y cyfnod, ffordd o fyw a oedd yn cynnwys trais, ysbeilio a llofruddiaethau, a oedd yn dra gwahanol i'r hyn a adawodd Elis ar ei ôl yng Nghymru, beth bynnag am orthrwm y tirfeddianwyr cyfoethog yno. Yn sicr, nid oedd canmoliaeth i Kansas, nac anogaeth ganddo i'w gyd-Gymry ymfudo i'r dalaith honno: 'Dyna i ti, ddarllenydd, ychydig o ddiffygion y dalaith nefolaidd, nefoladwy, y darllenem am dani tra yn Nghymru. Yr oedd fy hen gyfaill Gwilym Prysor wedi dymuno arnaf ddyweyd y drwg yn gystal a'r da am y lle hwnnw fel pob lle arall, ac felly rwyf yn penderfynu gwneyd.'

I brofi nad oedd wedi colli dim ar ei chwant i ysgrifennu i'r wasg, ymddangosodd llythyr arall o'i law yn y *Faner* dridiau yn ddiweddarach, yn rhifyn dydd Sadwrn y 25ain o Fehefin, 1870, yn disgrifio'r math o ardal y trigai ynddi ar y pryd:

Amaethyddiaeth ar Fryniau Plainfields

> ... Fe allai y bydd rhai yn barod i ofyn yn mha gwr o'r byd Gorllewinol, y mae bryniau Plainfield, Saif Plainfield ryw ugain neu ddwy filldir ar hugain i'r De o Utica yn swydd Otsego. Ymyla ar gongl fwyaf gorllewinol swydd Madison. Ni welais erioed barth mwy bryniog na Plainfield, a'r cymmodygaethau o ddeutu am rai milldiroedd. Nid ydyw y naill na'r llall

> o honynt ond ychydig yn nes i'r cymylau na'u gilydd; mewn gair, y maent oll o'r un uchder, ... y mae math o ddyffryn bach yn cyfyngu rhwng pob bryn ... heb ond ychydig o dir gwastad i'w gael arnynt oddi gerth dyffryn Forks, yr hwn sydd o ran lled rywbeth yn gyfartal i ddyffryn Llanrwst ... Yn wir, y mae rhyw hudoliaeth farddonol yn hen fryniau glwys Plainfield ... Yr wyf yn ysgrifenu yn awr heb fod yn mhell o Plainfield Centre, yn gyfagos i fryn lled helaeth.

Aiff ymlaen i drafod enwau rhai o'r bryniau, gan gyfieithu Crumb Hill i 'Fryn y Briwsionyn' a disgrifio'r borfa a'r tyfiant yno:

> Gwelir y gwartheg godro a'r aneri yn ymlusgo drwy y gwellt yn y goedwig, a phan yn pori, bydd y glaswellt yn cyrhaedd i fyny hyd at eu clustiau ... ac nid anaml y gwelir copäau y bryniau hyn wedi eu bendithio yn helaeth â choed afalau a gerllyg, pa rai sydd bob blwyddyn yn orlwythog o ffrwythau dymunol a melus.

Cyhoeddwyd ail ran ei erthygl am ddulliau amaethu America yn rhifyn yr 2il o Orffennaf o'r *Faner*, gan ychwanegu mwy o ganmoliaeth i natur y tiroedd a'r cynnyrch yno. Canmola hefyd y lle fel 'nefoedd i ferched ... ond y mae yn lle uffernol iawn i rai o honynt hefyd; y mae gwraig y gŵr a gyfeiriais ato yn gweithio fel ceffyl melin.' Wrth gloi ei ysgrif, ymddiheura am flerwch y llith: 'Y mae y *mail* yn cau a minnau heb ddim amser i daflu golwg dros yr hyn a ysgrifennais. Y mae yn chwith iawn gennyf fyw heb weled y Faner.'

Daeth eitem arall o'i law a gyhoeddwyd yn y *Faner* ddydd Sadwrn, yr 2il o Orffennaf. Wedi trafod rhagor ar ddulliau ffermio Plainfield, ceir awgrym ganddo am natur ei lety yn y pentref hwnnw: 'Mae y gwr sydd yn meddu rheolaeth y wneuthurfa gaws lle yr wyf fi yn aros yn eithaf bodlawn i bob tyddynwr hufen gael digon o laeth at ei wasanaeth ac i'w gorddi i ddwyn allan ymenyn i'w ddefnyddio i ddiwallu teulu ... ond gofalu peidio gwerthu dim.'

Ar y 24ain o Awst, 1870 dan y pennawd 'America. Cnydau Gwair a Gwenith 1870' cyhoeddwyd y rhan gyntaf o erthygl arall o'i eiddo yn y *Faner*. Mae'n amlwg iddo fod, yn ei eiriau ei hun, 'yn lled brysur' gan ddatgan mai dyna'r rheswm am yr oediad yn ymddangosiad yr erthygl, neu 'lythyr' fel y'i galwai:

> Lled debyg hefyd na fydd y llythyr hwn o ddyddordeb i neb ond amaethwyr, ond y mae y ffaith fy mod yn symud, byw, ac yn bod, yn mhlith amaethwyr, a'i bod hi weithian yn tynnu at ganol y cynhaeaf gwair yn nghymmydogaeth Unadilla

> Forks, a Plainfield ... Y mae misoedd Mai a Mehefin wedi bod yn boeth a sych neillduol yr ochr yma i'r dwfr eleni, mor boeth a sych nes y mae y ddaear wedi crasu ac agenu.

Cwyna fod y tymheredd wedi cyrraedd 95 gradd 'annioddefol' yn y cysgod ac na fydd yn anghofio'r gwres llethol hwnnw byth: 'Yr oeddwn i ac un arall allan drwy y dydd y diwrnod hwnw, ac yr oeddym ein dau yn teimlo fel pe buasem bron a chynneu gan mor danbaid a ffyrnig yr ymsaethai pelydrau yr haul yn erbyn pob rhan o'n corph. Teimlem ein hunain yn toddi ...' Ceir disgrifiad manwl o amgylchiadau'r tywydd crasboeth ganddo, ynghyd â mwy o fanylion yn ymwneud â dulliau amaethu a chnydau ei fro fabwysiedig newydd.

Gan mor faith ei erthygl am gnydau gwair a gwenith 1870, cadwyd yr ail ran tan y rhifyn dilynol o'r *Faner* a ymddangosodd ar yr 31ain o Awst. Gan ystyried mai ychydig iawn o drafodaeth a geid am ffermio yn ei golofnau yn y newyddiaduron Cymreig, mae'n syndod sut y bu i Elis ymddiddori gymaint yn y pwnc hwnnw wedi ymfudo i America. Wrth gwrs, yr oedd wedi gorfod newid cwrs ei alwedigaeth tuag at fyd amaeth yno, ond dichon ei fod mor frwd tuag at ffermio i roddi gymaint o'i amser i ohebu ar y pwnc. Wrth ddarllen ei lithoedd, a sylwi ar yr holl ystadegau a gynhyrchwyd yn ei ohebiaeth o America, daw yn amlwg mai cyfieithu'r hyn a ddarllenai ym mhapurau newyddion a chylchgronau Saesneg y wlad honno oedd Elis; yn sicr, dyna oedd ffynhonnell ei wybodaeth drylwyr am sefyllfa amaethu America yn 1870. Wedi trafod cynnyrch gwair a gwenith a chnydau eraill nifer o daleithiau, o Kansas i Califfornia, gorffenna ei golofn gyda'i eiriau athronyddol arferol:

> *At fy nghyfeillion.* Y mae yn dda gennyf eich hysbysu oll fy mod yn fyw ac yn iach, a chewch lythyr oddi wrthyf cyn bo hir. Nid oes gennyf ond dyweyd fod yn hynod ofidus gennyf fod affairs amaethwyr yn Capel Curig a Dolyddelen mor dywyll; ond na hidier ffanen, y mae digon o diroedd gwell yr ochr hon i'r werydd i'w cael.

Yr wythnos ddilynol, dan y pennawd 'Y Cynhauaf Gwair yn America', cyhoeddodd y *Faner* fwy o waith Elis ar ddulliau amaethu America. Gwna gymariaethau â'r math o ffermio a wnaed gartref yng Nghymru a chanmola ddulliau mecanyddol America yn arbennig, gan eu cymharu â phladuro hen ffasiwn Cymru:

> Mor wahanol ydyw y cynhauaf gwair yma i eiddo yr 'Hen Wlad', yn enwedig ar lethrau afrywiog a charegog sir Gaernarfon, draw tua hen ardal

Dolyddelen, a bryniau noethlwm Penmachno ac Ysbytty Ifan, ac oddi yno draw hyd hen weirgloddiau gwlybion ac eollyd (yn cynnwys cnwd o wair o ryw brin fodfedd hyd) Capel Curig a Beddgelert, a rhwng hen fynyddoedd Meirion ... Ar y Flats fodd bynnag, y mae ganddynt beiriant i droi gwair, pa un a dynnir gan geffyl. Defnyddir ceffyl hefyd i gribinio gwair, yr hon sydd yn gorwedd yn wastad ar y ddaear, gyda dannedd o ddeutu pedair troedfedd o hyd.

Ceir awgrym o'r amser y cymerai i lythyrau gyrraedd y wasg yng Nghymru o America ar brydiau ar ddiwedd un llythyr, gyda'r dyddiad Awst 11eg, 1870 arno. Ni ymddangosodd hwnnw yn y *Faner* tan y 10fed o Fedi ac mae ei gynnwys yn ogleisiol. Ar ôl sôn mwy am ragoriaethau amaethu mecanyddol America o'u cymharu â phladurio a chribinio â llaw yng Nghymru, manteisia Elis ar y cyfle i roi'r gyllell i mewn, yn ffigurol, yn ei hen elynion yng Nghymru:

> Byddai yn fendith anrhaethol i dyddynwyr cyfoethog (*gentlemen farmers*) a thirfeddianwyr bach aristocrataidd Cymru ddyfod at y bonheddwr hwn (sef W. C. Richards) i gael gwers pa sut i ymddwyn tuag at gylchoedd isaf dynoliaeth, a pha fodd i actio fel dynion mewn cymdeithas ... Rhaid i

mi derfyny ar hyn, er nad wyf wedi dyweyd hanner yr hyn sydd gennyf. Cewch lythyr etto yn fuan.

Parhaodd i gyfrannu yn eithaf rheolaidd i'r *Faner* am rai wythnosau, hyd at ei gyfraniad olaf yn 1870, a'r cyfraniad hwnnw i'w weld yng ngholofnau'r papur ar y 29ain o Hydref. Da yw gweld i Elis gymryd seibiant o'i ohebiaeth yn ymwneud ag amaethu ac iddo droi at fater a oedd yn sicr yn fwy at ei ddant, sef cyhoeddi, a phapurau newyddion yn benodol: 'Bum am wythnos yn ddiweddar mewn swyddfa papur newydd o'r enw *Mercury*, ond dim byd tebyg, deallwch, i'r *Liverpool Mercury* ...'

Wedi wythnosau o ohebu i'r *Faner*, daeth y newid hwn fel chwa o awyr iach i'r darllenwyr cyffredin yng Nghymru, yn sicr. Rhaid i ninnau ofyn y cwestiwn, beth oedd Elis o'r Nant yn ei wneud mewn swyddfa papur newyddion yn Richfield Springs, heb fod ymhell o Unadilla Forks a Plainfield, lle bu'n gweithio fel gwas fferm am gyfnod wedi cyrraedd America? A pham y treuliodd wythnos yn y swyddfa honno? A oedd yn ceisio am swydd fel gohebydd gyda'r papur? Wedi darllen rhagor o'i erthygl, anodd credu y byddai cyhoeddiad gyda chylchrediad mor fychan yn cyflogi gweithwyr llawn amser. Diddorol yw darllen sylwebaeth Elis am y papur penodol hwnnw a'i sylwadau miniog am un o bapurau wythnosol Cymru:

Cyhoeddiad bychan wythnosol ydyw, yn dyfod allan bob dydd Sadwrn, tebyg i *Gronicl Cymru*, o ran maintioli, ac yn meddu, fe allwn dybio, lai o gylchrediad na'r papuryn hwnw – pum cant! Llenwir y papuryn talentog, a holl ddoeth hwn bob wythnos trwy docio o bapurau ereill gyda siswrn bob boreu, yn benna yr *Utica Herald* a'r *Daily Observer* – papur Democrataidd ydyw yr olaf a gyhoeddir yn yr un ddinas, ac mor dafod-ddrwg ac anfoneddigaidd bob tamaid a'r erthyl bapur a gyhoeddid mewn tref yn Nghymru, cyn i mi gychwyn o Gymru, yr hwn sydd erbyn heddyw, yn fwy na thebyg, wedi rhedeg yr yrfa ogoneddus a osodwyd o'i flaen ac wedi ymdroelli gyda'i yrfa i lawr, i lawr, i isel dir osteg.

Ar ôl disgrifio'r drefn o gyhoeddi'r papur a dangos cryn ddiddordeb yn y gweithgareddau, ni chlywir gair wedyn am yr ymweliad hwnnw â swyddfa'r *Mercury*.

Ymddangosodd nifer o lythyrau gan Gymry alltud yng ngholofnau'r *Drych*, papur Cymraeg wythnosol a gyhoeddwyd yn America. Un llythyr a fyddai o ddiddordeb mawr i Elis, yn sicr, oedd yr un a anfonwyd gan hen gymydog iddo, y Parchedig Eli Evans, ac a gyhoeddwyd yn rhifyn y 26ain o Fai, 1870 a ddatgelai ei fod yn 'hwylio oddi yma fory, gyda y *City of Boston*'. Nid oedd hynny ond ychydig amser wedi i Elis roi ei droed ar dir America am y tro cyntaf. Soniwyd eisoes am lythyr a ymddangosodd yn y *Faner* ar y 13eg o Chwefror, 1870 yn datgan fod y Parchedig Evans wedi cychwyn i America i chwilio am ardal i ymfudo iddi. Byddai'n ddiddorol cael gwybod a fu i'r ddau gyfarfod yn yr Unol Daleithiau, cyn i'r gweinidog gychwyn ar ei daith yn ôl i'r hen wlad.

Er i erthyglau a llythyrau rif y gwlith gan nifer o alltudion o Gymry ymddangos ar dudalennau'r *Faner* yn rheolaidd, syndod o'r mwyaf yw gweld na fu gair arall gan Elis yn y papur am rai misoedd ar ôl cyfraniad y 29ain o Hydref, 1870. Yna, ar y 30ain o Awst, 1871 cyhoeddwyd erthygl ganddo dan y pennawd 'AMERICA. RHYFEDD! RHYFEDD! RHYFEDD!'. Ar ddechrau ei lith mae'r awdur yn datgan ei feddyliau yn hollol glir:

> Nis gallaf fwrw ymaith yr ysfa ysgribyddol sydd yn corddi ynwyf, ac yn fy symbylu yn awr ac eilwaith i anfon pwt i chwi. Yr wyf wedi gadael fy ysgrifell a'm cod i gadw am ysbaid lled dda onid wyf? Dichon o ran hyny y buasai yn llawn cystal genych chwi a'ch darllenwyr pe buaswn wedi ymglymu wrth gysgadrwydd a thawelwch y dyddiau a aethant heibio; ond rhaid cofio fy mod innau yn gyffelyb i holl blant dynion, yn dymuno cael cwblhau gorchwyl ar rai adegau i foddhau fu hun, a hyny heb

ofalu dim o barth i foddhau pobl tu allan i fy hunan.

Bron y gellir dweud mai cyffes bersonol gan Elis yw'r geiriau uchod; cystal â dweud ei fod yn siomedig na fu llawer, neu ddim, hyd yn oed, o ymateb i'w ohebiaeth. Mae hefyd yn ceisio cydnabod nad yw'n wahanol i nifer o bobl eraill a'i fod yn hoffi datgan ei farn ambell waith ac nad yw'n poeni dim am farn pobl eraill amdano. Digon amwys yw cynnwys yr erthygl hon, gyda chymysgedd o bynciau'n cael eu trafod ganddo, o grefydd i wleidyddiaeth, gyda dos go dda o'r athronyddu arferol sydd mor nodweddiadol o Elis o'r Nant. Gyda'r math hyn o ohebu, byddai, mi fyddai wedi bod yn llawn cystal gan y darllenwyr pe *byddai* wedi 'ymglymu wrth gysgadrwydd a thawelwch y dyddiau a aethant heibio' yn sicr! Yr wythnos ddilynol, cyhoeddwyd parhad o'i erthygl i'r *Faner* a'r cynnwys yn trafod llafur a masnach yn America ar y pryd. Yn ei ddull arferol, yr oedd Elis yn daer o godi'r felan ar y darllenwyr, gan gyfeirio at farweidd-dra masnach a'r cyflog isel yn y chwareli, gan gyfeirio at sefyllfa rhai o fechgyn Ffestiniog yn 'teimlo'n afrwynog ac yn anhwylus' oherwydd y sefyllfa yno.

Er i Elis geisio tanseilio ymdrechion y Cymry a oedd yn ceisio sefydlu gwladfa Gymraeg ym Mhatagonia ar fwy nag un achlysur, gan fod yn llawn anobaith o weld y Gymraeg yn goroesi fel iaith fyw yn America, rhyfedd yw darllen y geiriau canlynol: 'Y mae y Cymry yn Utah, fel yn mhob lle arall, yn cadw eu cenedligrwydd yn eu hiaith.'

Yn ei lythyr cyntaf i'r *Faner* yn y flwyddyn 1872, dan y pennawd 'America: Cwrs Teimlad Y Wlad Ar Ol Y Rhyfel' dechreua'r llith fel a ganlyn: 'Pan yn cymmeryd i fyny fy ysgrifben fel hyn am y waith gyntaf yn y flwyddyn 1872 i ysgrifenu gair i'r FANER, nid ydwyf yn bwriadu traethu yn athronyddol, golygiannol, na dychmygol.' Ond, yn anffodus i ddarllenwyr y papur, dyna'n union a gafwyd ganddo, gydag Elis yn traethu'n hir am effaith y rhyfel cartref Americanaidd ar y wlad, ymysg nifer o bynciau digon sych eraill. Er iddo ddatgelu'n baradocsaidd ei fod 'yn byw lle nad oes un Cymro, ac y mae yn fil gwell gennyf hyny mewn ystyron; ond mewn goleuni arall, y mae yn wir ofidus gennyf', nid yw'n enwi'r lle hwnnw, yn anffodus.

Ar ddiwedd yr erthygl, datgelir y rheswm am ddiffyg sbarc ei ohebiaeth gyntaf y flwyddyn honno, sef nad oedd yn ei lawn iechyd. Byddai ei waeledd yn cael sylw ganddo'n achlysurol, gyda thinc o iselder ysbryd yn gymysg yn ei eiriau o bryd i'w gilydd: 'Yr oeddwn wedi meddwl ysgrifenu chwaneg; ond yr wyf yn teimlo yn lled wael fy iechyd, felly rhaid dirwyn i fyny, a chanu yn iach i bawb, ac fe allai am byth.'

Er i Elis geisio darbwyllo Cymry o bob oedran i ymfudo i America, i brofi'r 'bywyd newydd, cyffrous' cyn ac wedi croesi'r Iwerydd ei hun, mynegodd ei deimladau'n hollol glir mewn erthygl hirfaith, athronyddol arferol i'r *Faner* ar y 6ed o Ebrill, 1872, gan ddweud tua diwedd ei lith:

> Nid ydyw o bwys genyf i ba le yr ymfudo neb. Ni fydd o un ddimau na chanfeden o elw i mi, ond fe ddymunwn i bawb ymfudo i rywle gallent "wneyd yn dda, a mwynhau y bywyd hwn yn ei wenau, a'i gysuron, a chael rhyddfynediad i wlad y gwynfyd yn y diwedd". Ond mae genyf ofn na chant y naill na'r llall ar sail fy numuniad.

Roedd y math hwn o ohebiaeth yn nodweddiadol o Elis o'r Nant gydol ei amser yn America. Gellir blasu'r chwerwder yn ei eiriau yn aml wrth iddo annog ei gyfoedion yn Nyffryn Conwy i gefnu ar eu ffordd o fyw, ac ar Gymru. Byddai'n hysbysebu rhinweddau America bob cyfle a gâi ac yn dymuno gweld miloedd o Gymry yn ymuno ag ef yno. Gan gofio amdano fel un â chariad mynwesol at Gymru a'r Gymraeg, fe wnaeth ei orau i danseilio'r henwlad a'i hiaith tra oedd ef ei hun yn alltud dros Fôr Iwerydd. Ond fel y soniwyd eisoes, roedd ganddo ei resymau penodol dros ymddwyn yn y fath fodd. Efallai iddo ddymuno gweld tenantiaid stadau'r bonedd a'r chwareli a berthynent i deulu'r Penrhyn yn ei ardal enedigol yn dioddef o brinder gweithwyr. Oedd, roedd wedi gwneud gelynion iddo'i hun yn Nyffryn Conwy, yn sicr, ac yn niogelwch America bell, y wlad honedig ddemocrataidd honno lle'r oedd gan yr unigolyn yr hawl i ddatgan ei farn heb ofni cerydd na chosb. A dyna oedd nefoedd i Elis!

Yn ddiweddarach ym mis Ebrill 1872, dan y pennawd 'America. Ffermydd a Thiroedd', datgelodd Elis yn ei lythyr i'r *Faner* ym mha le yr oedd yn lletya ar y pryd. Cawn wybod hefyd nad oedd ei iechyd yn dda: 'Yr wyf yn awr yn aros gyda theulu caredig o Gymry mewn cymmydogaeth lled Gymreig, er gwneyd cais i adnewyddu fy iechyd, pa un a niweidiwyd gan erwinder hinsawdd oer y gauaf.'

Aiff ymlaen i ddisgrifio rhywfaint ar fferm y perchennog, W. C. Richards a oedd yn enedigol o Lanegryn ger Tywyn, Meirionnydd ond wedi ymfudo gyda'i rieni pan oedd yn fachgen ifanc iawn. Roedd Richards yn un o 'ffermwyr gorau ... yr holl wlad' yn ôl Elis. Un o Lanuwchllyn oedd Mrs Richards ac yn un o gyfoedion Michael D. Jones, arweinydd mudiad gwladfaol Patagonia. Roedd y tyddyn, meddai, yn 'lle y gall [dyn] fyw mor annibynnol a dedwydd â brenin ... yn y parthau hyn – Plainfield a West Exeter, talaith Efrog Newydd'. Wedi trafod rhagoriaethau'r fferm a'r perchennog a'i wraig, troes ei erthygl hirfaith tuag at ei athronyddu arferol, gan gyfeirio'n benodol at ddiffyg addysg ar gyfer y bechgyn a'r merched ifainc o

Tanyclogwyn, Cwm Wybrnant, lle ganwyd Elis o'r Nant

Llys Elan (Willoughby House gynt) – cartref Elis o'r Nant

Elis o'r Nant
(llun drwy law Rhys Mwyn)

Thomas Gee, perchennog Y Faner

Un o 'ramantau' Elis o'r Nant

"CARIAD DOETH EI ENCILION."

"Y GWIR YN ERBYN Y BYD." /|\ "O IESU NA'D GAMWAITH."

Arwest Farddonol

GLAN GEIRIONYDD,

AR ADFAIL LLYS TALIESIN,

Gorsedd Beirdd Ynys Prydain ar Ben Bryn y Caniadau,

Dydd Iau, Awst 22ain, 1907.

Agorir Corsedd y Beirdd ar Fryn y Caniadau ar awr Anterth. Arholiadau ar y Trifaen ar Lawnt Llys Taliesin o 10 hyd 11 Anterth. Agorir yr Orsedd ar Fryn y Caniadau am 11-30 Anterth.

Bydd hysbys mai Llys Prawf nid Cystadleuaeth ydyw yr Arwest. Nad ellir braint hawl a chyfallwy namyn yn yr Orsedd hon. Nad oes unrhyw Urdd yng Ngorsedd y Beirdd o gwbl ond a enillir trwy Brawf llwyddianus. Rhaid i bob un a ymofyno Urdd Gwarantedig brofi ei yni a'i amdrech am y Radd a geisir, a'r rhai llwyddianus a dderbynir yng Ngorsedd. Nid ydyw Gradd Gorsedd Cyfarch yn parhau ond am dair blynedd,—yn unig fel prawf gyfleustra, os nad ellir Braint Hawl yn ystod y tair blynedd ddilynol, collir y Radd Gyfarch. Ac os na enillir y Radd Gyfallwy yn ystod y tair blynedd dilynol i hyny, collir y Radd Hawl. Y Radd Gyfallwy sydd yn tragwyddoli yr Hawl a'r Anrhydedd.

Seibiant am luniaeth yn Lluest Taliesin am Un o'r gloch.

☞ *Dau o'r gloch—Arwest Farddonol a Chymmrodoriaeth Bhrddas.* ☜

Y TESTYNAU CYSTADLEUOL:—

1. Haner can' llinell gynghaneddol oreu, "Ymweliad y Brenin a Gwynedd." Gwobr Tlws Arian Gwerthfawr. Beirniad Dewi Mai o Feirion.

2. Englyn, "Clogwyn y Fuwch." Gwobr Ffon Igam ogem gan Isgoed. Beirniad Ifan Dafydd.

3. Enwau Adar cylch yr Arwest, fel eu henwir yn llafar gwlad y Trigolion. Gwobr 2s. 6c. gan Elis o'r Nant. Beirniad—Caerwyson.

4. Y Rhestr gyflawnaf o Enwau Lleoedd, Bryntiau, Pantiau, a Llanerchi, &c., cylch dwy filltir i Lawnt Taliesin, yn nhafodiaeth leol y trigolion, yn gywir fel y cynhenir pob enw yn y rhandir, pob llythyren i gael ei sain wreiddiol. Gwobr 2s. 6c. gan Elis o'r Nant. Beirniad—Ifan Dafydd, Trefriw.

5. Y Rhestr gyflawnaf o Enwau Beirdd a'u Cartrefi yn ystod y Can mlynedd diweddaf yn Nant Conwy. Gwobr 5s. gan Isgoed Jones. Beirniad—Elis o'r Nant.

6. Am yr Adroddiad goreu o ddernyn heb fod dros 30 llinell. Gwobr Tlws Arian. Beirniad—Caerwyson.

7. Y goreu gano Benillion gyda'r Tanau (dull y Gogledd). Gwobr 5s. Beirniad—Ioan Dwyryd.

Telynor:—Telynor Dall o Feirion.

Y'r oll o'r Cyfansoddiadau ac Enwau y rhai a ddymunant Adrodd i ddyfod i law y Beirniad ar neu cyn Awst 21ain, 1907.

Pris y Rhestr 1c., trwy y Post 1½c.

Maes Docyn 6c. Dyma y Ffynhonell a fedd yr Arwestwyr i dalu y treuliadau, ac erfynir ar bob un sicrhau tocyn cyn dyfod i'r Llawnt.

John Lloyd Roberts, Argraphydd, 16, Station Road, Llanrwst.

Rhestr testunau Arwest 1907

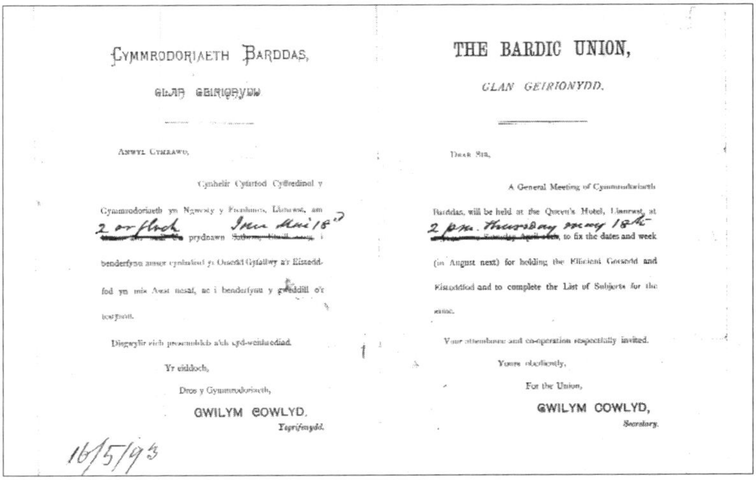

CYMMRODORIAETH BARDDAS,

GLAN GEIRIONYDD.

ANWYL CYMRAWD,

Cynhelir Cyfarfod Cyffredinol y Cymmrodoriaeth yn Ngwesty y [illegible], Llanrwst, am 2 o'r gloch Iau Mai 18fed prydnawn [illegible] i benderfynu amser cynhaliad yr Orsedd Gyfallwy a'r Eisteddfod yn mis Awst nesaf, ac i benderfynu y gweddill o'r testynau.

Disgwylir eich presenoldeb a'ch cyd-weithrediad.

Yr eiddoch,

Dros y Gymmrodoriaeth,

GWILYM COWLYD.

Ysgrifenydd.

16/5/93

THE BARDIC UNION,

GLAN GEIRIONYDD.

DEAR SIR,

A General Meeting of Cymmrodoriaeth Barddas, will be held at the Queen's Hotel, Llanrwst, at 2 p.m. Thursday May 18th to fix the dates and week (in August next) for holding the Ellicient Gorsedd and Eisteddfod and to complete the List of Subjects for the same.

Your attendance and co-operation respectfully invited.

Yours obediently,

For the Union,

GWILYM COWLYD,

Secretary.

Taflen yn ymwneud ag Arwest Glan Geirionydd

Beirdd y tybir iddynt fod yn gysylltiedig â'r Arwest. Elis o'r Nant yw'r ail o'r chwith ar ei eistedd.
(gyda diolch i Steffan ab Owain am y llun)

Llun yr Arwest o'r Illustrated London News, *26 Awst, 1865*

Gwilym Cowlyd, Prifardd Pendant Arwest Glan Geirionydd

DOLYDDELEN
ELLIS PIERCE
PRINTER,

DOLWYDDELEN VILLA
DOLWYDDELEN, R.S.O.

JANE EVANS,

COED-Y-FFYNON,
THE OLD ABBEY HOUSE

RICHARD THOMAS, Proprietor.

A GUIDE
TO
NANT CONWAY.
BY
Ellis o'r Nant.

Wynebddalen A Guide to Nant Conway *gan Elis o'r Nant c.1883. Sylwer ar y cartŵn o Elis, gan un o ddarllenwyr y llyfryn.*

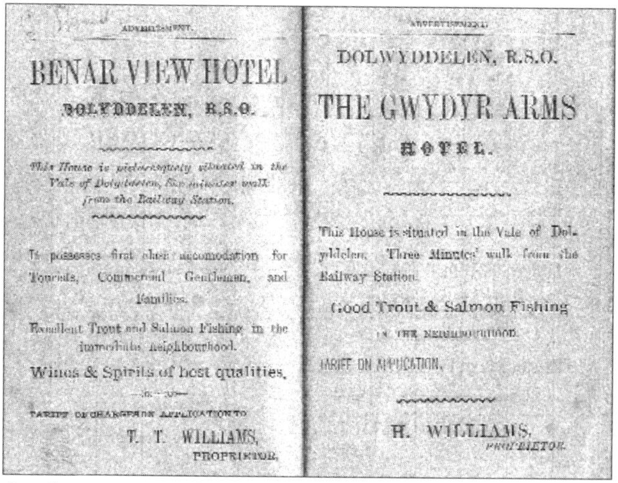

ADVERTISEMENT.

BENAR VIEW HOTEL
DOLYDDELEN, R.S.O.

This House is picturesquely situated in the Vale of Dolyddelen, five minutes walk from the Railway Station.

It possesses first class accomodation for Tourists, Commercial Gentlemen, and Families.

Excellent Trout and Salmon Fishing in the immediate neighbourhood.

Wines & Spirits of best qualities.

TARIFF OF CHARGES ON APPLICATION TO

T. T. WILLIAMS,
PROPRIETOR.

ADVERTISEMENT.

DOLWYDDELEN, R.S.O.

THE GWYDYR ARMS
HOTEL.

This House is situated in the Vale of Dolwyddelen. Three Minutes' walk from the Railway Station.

Good Trout & Salmon Fishing
IN THE NEIGHBOURHOOD.

TARIFF ON APPLICATION.

H. WILLIAMS,
PROPRIETOR.

Hysbysebion o A Guide to the Vale of Conway *gan Elis o'r Nant (d.d., Dolwyddelan c.1885.)*

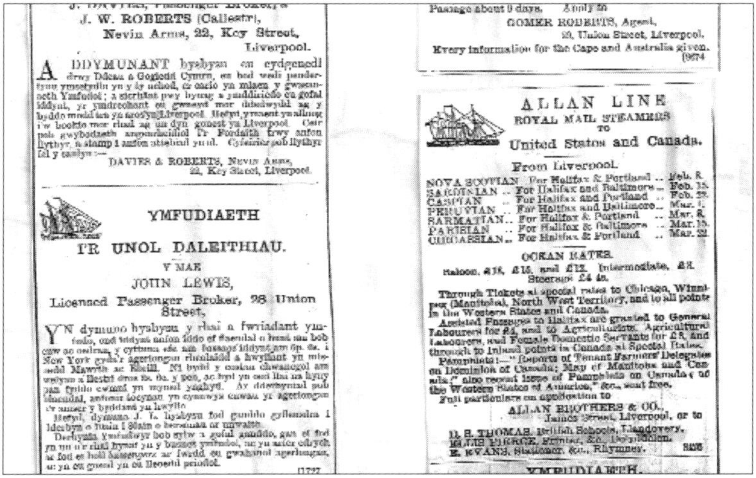

J. W. ROBERTS (Callestr),
Nevin Arms, 22, Key Street,
Liverpool.

A DDYMUNANT hysbysu eu cydgenedl [illegible]

DAVIES & ROBERTS, Nevin Arms,
22, Key Street, Liverpool.

YMFUDIAETH
I'R UNOL DALEITHIAU.
Y MAE
JOHN LEWIS,
Licensed Passenger Broker, 28 Union Street,

YN dymuno hysbysu y rhai a fwriadant ymfudo, [illegible]

[1727]

Passage about 9 days. Apply to
GOMER ROBERTS, Agent,
28, Union Street, Liverpool.
Every information for the Cape and Australia given.
[9674]

ALLAN LINE
ROYAL MAIL STEAMERS
TO
United States and Canada.

From Liverpool.

NOVA SCOTIAN	For Halifax & Portland ..	Feb. 8.
SARDINIAN ..	For Halifax and Baltimore ..	Feb. 15.
CASPIAN ..	For Halifax and Portland ..	Feb. 22.
PERUVIAN ..	For Halifax and Baltimore ..	Mar. 1.
SARMATIAN ..	For Halifax & Portland ..	Mar. 8.
PARISIAN ..	For Halifax & Baltimore ..	Mar. 15.
CIRCASSIAN ..	For Halifax & Portland ..	Mar. 22.

OCEAN RATES.
Saloon, £18, £15, and £12. Intermediate, £8. Steerage £4 4s.

Through Tickets at special rates to Chicago, Winnipeg (Manitoba), North West Territory, and to all points in the Western States and Canada.

Assisted Passages to Halifax are granted to General Labourers for £4, and to Agriculturists, Agricultural Labourers, and Female Domestic Servants for £3, and through to Inland points in Canada at Special Rates.

Pamphlets:—"Reports of Tenant Farmers' Delegates on Dominion of Canada; Map of Manitoba and Canada;" also recent issue of Pamphlets on Canada & of the Western States of America," &c., sent free.

Full particulars on application to
ALLAN BROTHERS & CO.,
James Street, Liverpool, or to
D. S. THOMAS, British Schools, Llandovery.
ELLIS PIERCE, Printer, &c., Dolyddelen.
E. EVANS, Stationer, &c., Rhymney.

YMFUDIAETH.

Rhai o'r nifer fawr o hysbysebion yn ymwneud ag ymfudo oedd yn ymddangos yn rheolaidd ym mhapurau newydd y cyfnod. Sylwer ar enw Elis fel asiant i gwmni yr Allan Line.

Agerlong Republic y teithiodd Elis arni yn ôl o Efrog Newydd, 8 Tachwedd, 1873

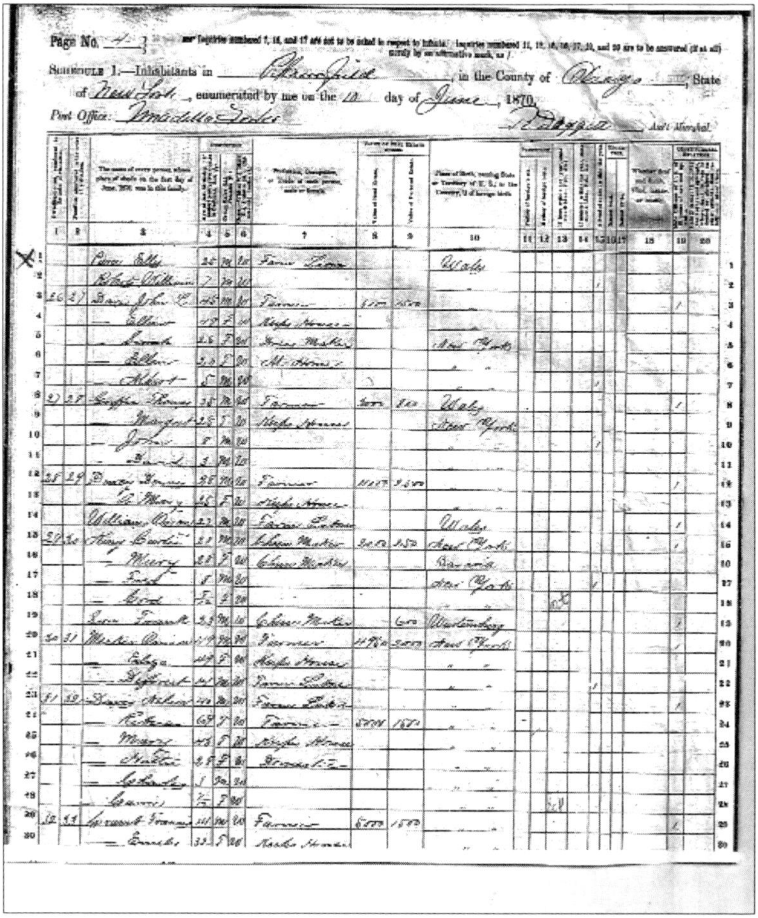

Page No. 4

Schedule 1.—Inhabitants in Plainfield, in the County of Otsego, State of New York, enumerated by me on the 10 day of June, 1870.

Post Office: Unadilla Forks

Ass't Marshal.

Cofnod o Ellis Pierce (Elis o'r Nant) ar ystadegau Cyfrifiad 1870 UDA, yn Unadilla Forks, Plainfield, swydd Otsego

Codi bwa mawr Pont Gethin i gludo'r rheilffordd drwy Ddyffryn Lledr

Gweithwyr Gethin Jones ar ei bont enwog, gyda'r ymgymerwr yn y canol yn y rhes flaen, c.1878

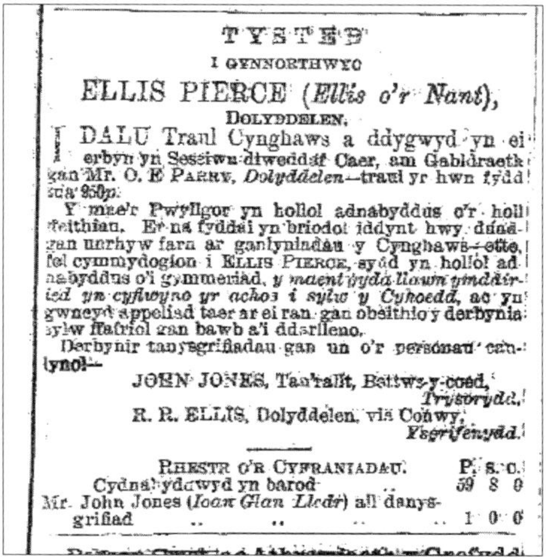

TYSTEB

I GYNNORTHWYO

ELLIS PIERCE (*Ellis o'r Nant*),

DOLYDDELEN,

I DALU Traul Cynghaws a ddygwyd yn ei erbyn yn Sessiwn diweddaf Caer, am Gablddraeth gan Mr. O. E PARRY, *Dolyddelen*—traul yr hwn fydd tua 250p.

Y mae'r Pwyllgor yn hollol adnabyddus o'r holl ffeithiau. Er na fyddai yn briodol iddynt hwy ddadgan unrhyw farn ar ganlyniadau y Cynghaws—etto, fel cymmydogion i ELLIS PIERCE, sydd yn hollol adnabyddus o'i gymmeriad, *y maent gyda llawn ymddiried yn cyflwyno yr achos i sylw y Cyhoedd*, ac yn gwneyd appeliad taer ar ei ran gan obeithio y derbynia sylw ffafriol gan bawb a'i ddarlleno.

Derbynir tanysgrifiadau gan un o'r personau canlynol—

JOHN JONES, Tan'rallt, Bettws-y-coed, *Trysorydd*.

R. R. ELLIS, Dolyddelen, via Conwy, *Ysgrifenydd*.

RHESTR O'R CYFRANIADAU.	P.	s.	c.
Cydnabyddwyd yn barod ..	59	8	0
Mr. John Jones (*Ioan Glan Lledr*) ail danysgrifiad	1	0	0

Ymddangosiad olaf Tysteb Elis o'r Nant, 27 Hydref 1883

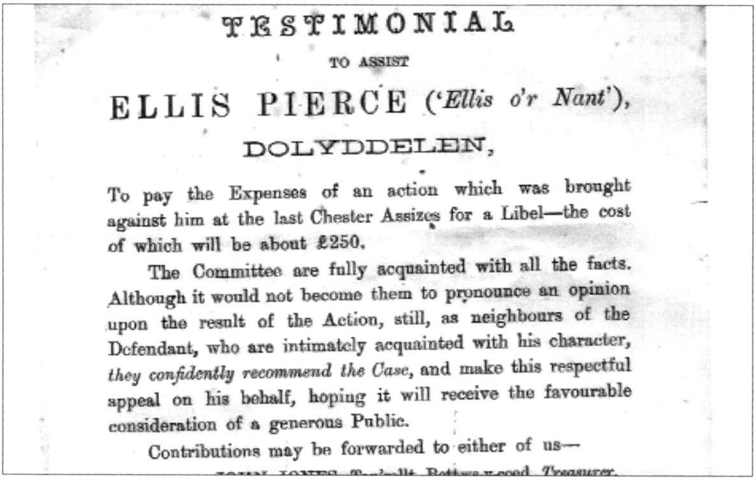

TESTIMONIAL

TO ASSIST

ELLIS PIERCE ('*Ellis o'r Nant*'),

DOLYDDELEN,

To pay the Expenses of an action which was brought against him at the last Chester Assizes for a Libel—the cost of which will be about £250.

The Committee are fully acquainted with all the facts. Although it would not become them to pronounce an opinion upon the result of the Action, still, as neighbours of the Defendant, who are intimately acquainted with his character, *they confidently recommend the Case*, and make this respectful appeal on his behalf, hoping it will receive the favourable consideration of a generous Public.

Contributions may be forwarded to either of us—

Copi Saesneg o'r hysbyseb i dysteb Elis o'r Nant
(gyda diolch i Dennis Miller)

TACHWEDD 7, 1883.

Tysteb y Parch. M. D. JONES, Bala.

Swyddogion y Pwyllgor.

CADEIRYDD—D. DAVIES, U.H., Maes-y-ffynnon, Aberdâr.

TRYSORYDD—Y Parch. J. LEWIS, Penarth House, Aston Park, Birmingham.

YSGRIFENYDDION—Y Parchn D. REES, Capel Mawr, sir Fôn; a J. DAVIES, Monk street, Aberdâr.

Daeth y tanysgrifiadau canlynol i law yn barod:—

	P.	S.	C.
D. Davies, Ysw., U.H., Maes-y-ffynnon ..	100	0	0
J. Lewis, Penarth House, Aston Park ..	10	10	0
H. T. Evans, Ysw., Neuadd, Aberaeron ..	10	10	0
Dr. Evans, Abertawe	5	5	0
R. Hughes, Ysw., U.H., Ynystawe, Treforris	5	5	0
W. D. Jeremy, Ysw., M.A., Llundain ..	5	0	0
W. Williams, Ysw., Ffestiniog	5	0	0
Parch. D. Rees, Capel Mawr, Môn.. ..	3	0	0
— E. P. Jones, PH.D., M.A., Mostyn ..	3	0	0
D. E. Williams, Ysw., U.H., Hirwaen, Aberdâr	2	2	0
Morgan Evans, Ysw., Oakford	2	2	0
Parch. E. Jones, Llwyncelyn	2	2	0
— J. P. Prytherch, Wern	2	2	0
— D. S. Davies, Bangor	2	2	0
G. B. Thomas, Ysw., Caernarfon	2	2	0
Mr. R. Jervis, Gerrard street, Birmingham ..	2	2	0
— D. Evans, 59, High street, Bala ..	2	2	0
— H. Evans, *printer*, Bala	2	2	0
Meistri. Gee a'i Fab, Dinbych	2	2	0
Parch. R. Mawddwy Jones, Gomer, America	2	2	0
— J. Davies, Soar, Aberdâr	2	2	0
E. Johnson, Ysw., Caer	2	2	0
Parch. S. Roberts, M.A., Conwy	1	10	0
Miss Jeanett Roberts, Bwlch Carneddog ..	1	10	0
J. Hughes, Ysw., Braichgoch, Corris ..	1	1	0
Parch. H. U. Jones, Rhes y-cae	1	1	0
— W. Edwards, Aberdâr	1	1	0
— J. Davies, Jetwen, Glandŵr ..	1	0	0
Mr. G. Griffith (*Gutyn Ebrill*)	1	0	0
Dr. Jones, Llandyssul	1	0	0
Mr. W. Jones, Shrewsbury	1	0	0
Parch. J. Garibaldi Thomas, Solva ..	1	0	0
— J. Roberts, Conwy	1	0	0
Mr. R. H. Fox, Liverpool	1	0	0
— J. Thomas Merthyr	1	0	0
Parch. L. P. Humphreys, Abercanaid ..	1	0	0
J. Lloyd, Ysw., Hersedd, Rhes y-cae ..	1	0	0
Miss Grace Roberts, Bowdon	1	0	0
— Jane Roberts, etto	1	0	0
Mr. W. Jenkins, Manchester	0	10	6
Dr. Davies, Hafod, Abertawe	0	10	6

Manylion Tysteb y Parch Michael D. Jones fel y'u cyhoeddwyd ar dudalennau'r Faner, *7 Tachwedd 1883*

Carreg fedd Elis o'r Nant ym mynwent Bryn y Bedd, Dolwyddelan

YMOSOD AR GASTELL.

Dafydd ab Siencyn yr Herwr.

PENNOD IX.

ROBIN ACHWR YN TYNNU GWAED O GRACH.

YR oedd Siencyn ar uchelfannau y maes yn yr adeg am yr hon yr oedd yn adrodd y chwedl. Nid oedd ond ychydig amser er pan ddarfu iddo ef a'i olynwyr fyned trwy y gorchestwaith anghymharol. Ni safodd ar hynny chwaith; ond gwnaeth hafog a dinistr ymhob cyfeiriad. Nid oedd ef a'i olynwyr, mwy na'r llwynogod, yn llafurio, nac yn gwneyd un math o waith gonest i ennill eu bywoliaeth. Herwyr oeddent oll, a gwylliaid, yn preswylio yn y coedwigoedd a'r clogwyni. "Coedwyr dewr cyhyd a'r dydd" oedd cymeriad pob un o honynt. Deuent allan yn y nos, nid yn unig i ymladd, ond i ysbeilio y brasaf o'r defaid a'r gwartheg, y tewaf o'r moch, a'r blodiau mwyaf ffrwythlawn a maethlawn.

Yr oedd hyn yn tynnu ymaith lawer oddiwrth boblogrwydd, a llawer mwy na hynny oddiwrth gefnogwyr sylweddol Dafydd yn y Nant, ac ymhob dyffryn a dôl lle galwai ar ei wibdeithiau ysglyfaethus. Nid oes neb yn foddlawn i arall anrheithio gwaith ei ddwylaw a chynnyrch ei dir y bu yn dwyn mawr boen i'w lafurio. Hyn, fodd bynnag, a wnai Dafydd a'i olynwyr yn barhaus. Hyn hefyd a wnai ac a wnaeth y Saeson trwy yr holl oesau. Hyn oedd ac a fu asgwrn y gynnen rhwng y ddwy genedl. Buasai heddwch a chymydogaeth dda yn ffynnu rhyngddynt oni bai am hynny.

Nid yw o un gwahaniaeth pa un ai un o'i gydgenedl ai estron chwaith a amddifada un o'i feddiannau, ac a ysbeilia un o'i iawnderau. Teimla un hyd yn oed yn llawn mwy ffyrnig at un o'i gydgenedl nag at estron. Ceir yr elyniaeth rhwng brodyr yn llawer mwy ffyrnig na rhwng estron a'u gilydd, wedi syrthio o honynt allan a'u gilydd. Cyfarfu un â dau siomiant yn y naill amgylchiad, tra dim ond un yn y llall. Mae cael ei ysbeilio gan gâr, neu un o gydgenedl, yn siomi ac yn twyllo un yn ei ddisgwyliad, tra nad yw felly gydag estron. Archoll ddyblyg a geir oddiwrth y naill, tra dim ond unplyg oddiwrth y llall.

Parodd yr anrheithiadau parhaus a wnaeth Dafydd a'i olynwyr ar feddiannau ei gydgenedl, i elyniaeth o'r fath ddyfnaf a chwerwaf ffynnu rhyngddynt. Gosodai hyn

Un o benodau rhamant Elis o'r Nant yn Cymru

Llun pensel o Elis o'r Nant gan Kelt Edwards yn 1910

ymfudwyr o Gymru:

> Y mae nifer mawr o honynt yn y dyddiau hyn yn analluog i ddarllen ac ysgrifenu, wedi eu dwyn i fyny braidd mor amddifad o addysg â'r lloi a'r ŵyn a godir a gyd-fegir â hwynt ar y tyddynnod. Y maent oll agos yn analluog i ddeall gair o Saesneg. Y mae hyn yn eu gosod mewn anfanteision dirfawr, yn fil mwy felly nag yng Nghymru, a pharthau lle mae y Cymry yng ngwlad y Sais. Pan oeddwn yn Utica, ddechreu haf y llynedd, byddwn yn arfer a dwys ofidio o herwydd anallu ieuengctid Cymru i ddeall a siarad Saesneg.

Mae rhywbeth yn baradocsaidd iawn yn y datganiad uchod. Ychydig wedi glanio yn America, beirniadodd Elis ambell fewnfudwr o Gymro, neu Gymraes, am feiddio anghofio eu mamiaith. Gwelir yma fod Elis wedi gwneud tro pedol ynglŷn â'i safbwynt parthed y Gymraeg. Yn ystod y misoedd canlynol, gwelwyd nifer o'i lythyrau i'r wasg Gymreig yn cynnwys agwedd sy'n ymddangos yn wrth-Gymraeg ar brydiau.

Mewn llythyr a anfonodd Elis o Richfield Springs ac a gyhoeddwyd yn y *Faner* ar y 15fed o Fai, 1872, datgelir manylion diddorol amdano ac am ei agwedd yn gyffredinol. Ei bwnc trafod oedd yr ymfudiaeth i Batagonia a hawdd gweld nad oedd ei agwedd tuag at y Gwladfawyr hynny wedi newid dim. Yr oedd eisoes wedi cyhoeddi ambell erthygl wrthwynebus yn y wasg Gymreig cyn iddo'i hun ymfudo i America a phob un yn beirniadu'r syniad o sefydlu Gwladfa Gymraeg ym Mhatagonia. Er iddo'i hun gael ei siomi wrth weld sut y troes nifer o Gymry Cymraeg at y Saesneg ymhen dim o dro wedi cyrraedd America, ni chafwyd gair o gefnogaeth ganddo tuag at freuddwyd Michael D. Jones ac eraill i sefydlu gwladfa ym mhen isaf y cyfandir. Er iddo ddangos ei gefnogaeth tuag at bopeth Cymraeg yng Nghymru, digon pesimistaidd oedd ei agwedd tuag at yr iaith. Yn ei lythyr yn y *Faner*, dangosa'n glir ei ddifaterwch a'i anobaith llwyr o weld y Gymraeg yn goroesi: 'Y mae y genedl Gymreig a'i hiaith eisoes yn genedl ac yn iaith farw ... Nid oes ond y dosbarth tlotaf, a nifer bychan o'r cyfryw yn teimlo dyddordeb.' Ychwanega farn a fyddai'n berthnasol i gyfnod llawer diweddarach: 'Y mae yr iaith a'r dueddfryd Seisnig wedi llyngcu i fyny holl feddyliau, a holl ysgogiadau, yr holl do ag sydd yn awr yn ymddatblygu o faboed i faintioli. Y mae yn well ganddynt yr iaith a'r dull Seisnig gyda phob peth.'

Mae'n debygol i olygydd y *Faner* gwtogi llawer ar lith Elis. Mewn dwy golofn faith, yr oedd y gohebydd wedi traddodi ar bynciau mor amrywiol â'r 'Wladfa Gymreig', 'Ffwlbri Enwogion Cymreig', 'Gerwinder Yr Hin', 'Masnach A Llafur' a 'C[h]refydd' a'r cyfan yn tueddu i fod yn hirwyntog. Roedd hefyd wedi cynnwys ambell frawddeg ddiflewyn-ar-dafod na fyddai'n dderbyniol gan y golygydd, yn ôl yr atodiad canlynol sy'n dilyn yr erthygl:

> Yr ydym wedi cymmeryd ein hyfdra i newid cryn lawer ar ysgrif ein gohebydd ffyddlawn o'r America, er ei gwneuthur yn fwy cyfaddas i'r colofnau, a mwy dyddorol i'n darllenwyr, ni a hyderwn. Tynasom rai cyfeiriadau a ymddangosai i ni yn rhy bersonol allan; a diau y bydd 'Elis o'r Nant' ei hun yn ddiolchgar i ni am wneyd hyny, ar ol ail ystyriaeth. Bydd yn dda gennym glywed oddi wrtho yn fynych.

Ond, yn amlwg, nid oedd Elis yn ddiolchgar o gwbl i'r golygydd hwnnw am ei hyfdra. Wedi gohebu i golofnau'r *Faner* yn gyson ers cyrraedd America, daeth diwedd ar ei lithoedd am gyfnod sylweddol. Mae'n eithaf tebygol iddo bwdu, wedi gweld yr oriau o waith ysgrifennu a ddanfonwyd ganddo i Gymru yn cael ei gwtogi a'i newid. Byddai'n sicr yn ystyried hynny'n sarhad ac yntau wedi bod yn gysylltiedig â'r papur ers cyhyd. Roedd yr awgrym yng ngeiriau'r golygydd parthed 'sylwadau personol' yn fater a fyddai'n dod yn faen tramgwydd i Elis o'r Nant a pherchenogion y papur ymhen ychydig flynyddoedd wedyn, fel y gwelwn maes o law.

Ond nid y *Faner* yn unig gawsai'r fraint o dderbyn

llythyrau ganddo'n achlysurol. Gwelir cofnod o lythyr o'i law i'r *Drych*, papur Cymry America, neu fel y dywedir dan enw'r papur, 'Newyddiadur Cenedlaethol at Wasanaeth Cenedl y Cymry yn y Taleithiau Unedig.' Ceir enghraifft o'r math o lythyr hirfaith a anfonai'n rheolaidd i'r *Faner* yng Nghymru ar dudalen flaen rhifyn y 4ydd o Fai, 1871 o'r *Drych* ac yn ei ddull nodweddiadol ei hun mae'n dewis codi dadl gyda gohebydd arall ar bwnc oedd at ei ddant: 'YR ORGRAFF GYMREIG: GAREDIG OL. ... Fel y darfu i mi ddarogan yn fy llythyr blaenorol ar y cwestiwn hwn, y mae Mr Ellis, yn *barod* wedi fy llusgo i, ac ef ei hun, i ail sŵn dadwrdd – bloddest Twr Babel ... Elis o'r Nant, Utica.'

Gwelir prawf o'i ddycnwch fel llythyrwr i'r gweisg yn yr ail lythyr ar yr un dudalen o'r union rifyn o'r *Drych*! Trafoda'r llythyr hwnnw bwnc arall oedd yn amlwg yn agos at ei galon:

> Yr Amaethwr Americanaidd: Dichon fod ambell un yn barod i gasglu oddiwrth dôn a rhediad fy llythyr blaenorol, fy mod yn ceisio darbwyllo yr anwybodus a'r dibrofiad yn y dull Americanaidd o ffarmio, fod bechgyn yr Hen Wlad yn gystal, os nad yn amgenach, i lafurio ar dyddyn yn America, na'r rhai sydd wedi gweithio ar hyd eu hoes ar dyddyn yn y wlad hon ... os bydd i bethau redeg yn mlaen yn y modd ac yn y cwrs presennol, bydd y to Ianciaid o

amaethwyr wedi diflannu yn lle gweithio. Yr wyf yn credu yn sicr fod y syniad yna yn un hollol gywir. Dyna fel yr wyf fi yn gweled pethau, fodd bynnag.
ELIS O'R NANT

Er iddo ganmol dulliau amaethu a chynnyrch Unadilla Forks a Plainfield, a chwyno am wres tanbaid yr haf yno, byddai ei ardal fabwysiedig yn dioddef gaeafau caled hefyd. Adroddodd Elis yn *Y Drych* yn 1872 ei bod 'Mor oer fel nad oes neb sydd yn cofio ei gyffelyb.' Yn ôl pob golwg, roedd lluwchfeydd eira'r drydedd wythnos ym mis Mawrth y flwyddyn honno mor arw fel yr ataliwyd teithio am rai dyddiau rhwng y Forks a West Winfield. Ynghyd â disgrifiad o'r tywydd yn yr ardal honno, ceir hefyd ddisgrifiad o'r fath o gymdogaeth y daeth Elis yn rhan ohoni yr adeg honno. Meddai'r cofnodydd, W. D. Richards: 'Y mae y gymydogaeth hon fel y mae yn hysbys i chwi yn fangre nodedig am ymlyniad y Cymry yn eu hiaith a'u neillduon Cymreig, ac nid ydynt yn colli tir yn awr mwy nag yn y dyddiau gynt, yn eu gweithgarwch gyda llenyddiaeth Gymreig.' Felly, yn amlwg, yr oedd Elis wedi dewis lle at ei ddant i ymsefydlu ynddo!

Ymysg y tameidiau newyddiadurol o ddiddordeb a ymddangosodd yn *Y Drych* tua'r un cyfnod ag y bu Elis yn America, ceir erthygl sy'n adlewyrchiad o'r hyn sy'n digwydd mewn sawl rhan o'r byd ar ddechrau'r unfed ganrif ar hugain! Hanes ydyw am fethiant ariannol ariandy mawr gyda thrafodaeth am bryderon economaidd y wlad, dan y pennawd 'Y Panic yn New York'. Yr oedd Elis wedi anfon sawl erthygl i'r *Faner* dros y cyfnod hwnnw gan gynnwys hanes yr argyfwng ariannol.

Yn yr un rhifyn o'r papur, gwelir rhestr testunau Eisteddfod Gadeiriol Utica a gynhelid ar y dydd cyntaf o 1874, gyda Llew Llwyfo yn feirniad ar y traethodau. Yr oedd testun cystadleuaeth rhif 7 yn siŵr o fod at ddant Elis o'r Nant, yn ddiamau, sef 'Y Cymro gwledig mewn gwlad estron'. A ymgeisiodd Elis tybed? Dyna gwestiwn nas gellir ei ateb:

Digon segur fu ysgrifbin Elis yn ystod 1873 heb fawr ddim o'i eiriau i'w gweld yn y wasg o gwbl. Fodd bynnag, ar yr 28ain o Dachwedd y flwyddyn honno, ymddangosodd llythyr yn *Y Drych* dan y pennawd 'Gair gan ELIS O'R NANT':

> *Fy ngwyneb tua Chymru – Fy nghyfaill W. C. Richards – Athrofa West Winfield – Pwysig, i chwarelwyr ac eraill.* Mr Gol. Fis yn ol ni thybiais y buaswn yn mynd yn ol i Gymru am rai blynyddoedd, ac y mae yn peri i mi dristwch calon fy mod dan rwymau i groesi y Werydd o herwydd gwaeledd iechyd. Yr oeddwn wedi addaw cymeryd gofal o ysgol ddyddiol heb fod yn mhell o Richfield

Springs, ond yn anffodus gorfodwyd fi i daflu y bwriad i fyny, trwy ymosodiad trwm gan fath o afiechyd ag sydd wedi bod yn malurio fy nghyfansoddiad er's yn agos i ddwy flynedd bellach. Ni ddarfu i mi erioed dreulio amser difyrrach erioed nag a dreuliais yn Richfield Springs. Ni ddarfu i mi erioed gyd-dynnu yn well mewn un man nag yno. Pobl hynaws a thirion ydynt, fel y mae yr Ianciaid yn mhob man; pobl ddeallus – anhawdd cyfarfod pobl yn deall ac yn gallu darllen natur yn well na Mr Griffin a Mr Walter, blaenoriaid yr Henaduriaid.

Ond waeth tewi, pobl hynaws ydyw ein cenedl ninau, oddieithr cyfarfyddir ag ychydig yma ac acw, prif ddyben y rhai ydyw cam-liwio a chamddarlûnio – rhedeg i fyny ac i waered, ac ymlenwi mewn chwedlau annuwiol i dduo cymeriad y diniwed. Yr wyf fi wedi cyfarfod â rhai felly yn y wlad hon. Ond yn anrhydeddus y byddo y dyddiau y cefais lawer cyfeillach felus gyda y bonheddwr W. C. Richards a'i deulu caredig. Yn fendigedig y byddo y dyddiau.

Yr oedd llawer o'r brodyr Ianciaidd wedi meddwl ei gael ef i redeg fel ymgeisydd am barth cyntaf Swydd Otsego, ond gwrthododd ddyfod allan, ac felly terfynodd pobpeth yn fethiant. ... Meddyliais am alw sylw bechgyn chwareli Vermont droion at Athrofa flodeuog West Winfield. Byddai

> yn anhawdd iddynt gael gwell a rhagorol addysg nag a gyfrennir yma. Y mae yr athrawon oll yn rhai gwir ddysgedig. Y prif athraw sydd fonheddwr tirion … Ni ofynnir ond pedair dolar am gysuron cartref, os byddis yn dewis byrddio gydag ef. Elis o'r Nant, West Winfield, N.Y.

Mae'r llythyr uchod yn ateb ambell gwestiwn parthed cyfnod Elis yn yr Unol Daleithiau. Datgelir mai yn niwedd 1873 y penderfynodd ddychwelyd yn ôl i Gymru, a hynny oherwydd afiechyd. Cawn wybod hefyd mai yn West Winfield yr oedd yn aros ar y pryd ac iddo gael cynnig swydd fel athro mewn ysgol heb fod ymhell o Richfield Springs, ond bu'n rhaid iddo ei gwrthod oherwydd gwaeledd. Ceir awgrym hefyd mai gyda W. C. Richards a'i deulu yr arhosai Elis, a hynny am dâl o bedair dolar yr wythnos.

Ceir prawf pendant o'i ymadawiad o America yn rhifyn y 3ydd o Ragfyr, 1873 o'r *Faner*. Mewn erthygl dan y pennawd 'America. Mordaith Dros Y Werydd', datgelir rhagor o wybodaeth am ei ddyddiau olaf yn America ac am y fordaith yn ôl dros Fôr Iwerydd, yn null pigog arferol Elis o'r Nant!:

> Diau mai di-fudd fyddai i mi fanylu yma ar y digwyddiadau a gymerasant le yn ystod ein mordaith o dir machlud haul i Lynlleifiad. Nid yw o

un dyddordeb i'r darllenydd wybod o ba bwynt yr oedd y gwynt yn chwythu yn ystod gwahanol ddyddiau y fordaith ... Dylai pob un wneyd ymgais i draethu newydd-deb – rhyw ffeithiau a dueddent i adeiladu a llesoli y darllenydd.

Wedi mynd o amgylch Richfield Springs i ffarwelio â'r gweinidog ac aelodau o'r Henaduriaeth yno, troes i gyfeiriad y rheilffordd yn West Winfield, lle y galwodd heibio argraffydd papur newyddion y *Standard*, gyda'r hwn, yn ôl Elis:

> ... yr oeddwn wedi bod yn ysgrifenu, ac yn brwydro politics yn ystod etholiad yr Hydref. Yr oedd y gwaith yn debyg i waith y *boot-black* a *white-washer* wedi ei gyfuno – pardduo ymgeiswyr y Democrataidd, a gwyngalchu y rhai Gwerinol ... Addewais hefyd ysgrifenu erthygl iddo bob wythnos drwy y gauaf, a darllen y proof, ynghyd â chymmeryd gofal ysgol ddyddiol, ond gwrthweithiwyd ... y naill fwriad a'r llall, a bu raid taflu y cyfan i fyny – dyna ydyw rhan ac etifeddiaeth iechyd cregyn.

Felly, dyna awgrym inni ei fod wedi gweithio mewn swyddfa papur newyddion am gyfnod ac iddo ymddiddori mewn gwleidyddiaeth pan oedd yn

America. Wedi ffarwelio â'i gyfeillion i gyd, cawn wybod ychydig am ddau o'i gyd-deithwyr yn ôl i Lerpwl, pa bryd y teithiodd a dyddiad y daith: 'Am hanner awr wedi dau yn y boreu, cychwynnodd tri o honom – fy mrawd, Pierce, a'r cyfaill William Thomas, o sir Fôn, a minnau – o Utica gyda'r gerbydres am ddinas New York, a chyrhaeddasom yno erbyn haner awr wedi un ar ddeg yr un dydd – Gwener – Tachwedd y 7fed.'

Syndod yw deall fod Pierce, a oedd saith mlynedd yn iau nag Elis, wedi ymfudo i America hefyd a'i fod yntau wedi dewis teithio'n ôl i Gymru gyda'i frawd. Ni wyddys pa bryd yr ymfudodd Pierce, nac ychwaith a ddychwelodd yn ôl i America yn ddiweddarach. Yn ystod y tair blynedd a hanner y bu Elis o'r Nant yn America ni soniodd air o gwbl am y brawd oedd gydag ef yr ochr draw i'r Iwerydd, nac am y cyfaill William Thomas o Fôn ychwaith.

Cawn wybod yn yr erthygl mai ar un o agerlongau'r White Star Line, sef y *Republic*, yr hwyliodd y tri yn ôl i Lerpwl, a hynny ar ddydd Sadwrn yr 8fed o Dachwedd, 1873. Yn ei erthygl ddilynol dan yr un pennawd a gyhoeddwyd yn y *Faner* ar y 10fed o Ragfyr, 1873, dywed Elis ychydig o hanes y fordaith. Cafwyd storm enbyd ar yr ail a'r trydydd diwrnod ar y môr a gwynt croes bob cam nes cyrraedd Lerpwl. Adroddodd hanes y *stowaways* a ddarganfuwyd ar fwrdd y llong yn ei adroddiad blaenorol; canfuwyd y deg ar hugain ohonynt gan y swyddogion oddeutu deuddydd wedi gadael Efrog Newydd a'u gorfodi i wneud gwaith ar y llong i dalu am eu cludiant.

Pennod 4

Yn ôl adref, gan ailafael mewn gohebu i'r wasg

Ar ôl treulio cyfnod o dros dair blynedd a hanner yn America, yr oedd Elis o'r Nant yn ôl yng Nghymru erbyn diwedd mis Tachwedd 1873 ac ymhen byr o dro anfonodd erthyglau i'r *Faner* yn disgrifio hanes y dirwasgiad enbyd a effeithiai ar economi America ar y pryd. Ymddangosodd y gyntaf o'i dair erthygl hirfaith dan y pennawd 'America. Mordaith Dros y Werydd, Amser Caled' yn rhifyn y 24ain o Ragfyr, 1873. Yn dra gwahanol i'w lithoedd arferol yn canmol llewyrch y wlad y dewisodd ymfudo iddi, yr oedd ei erthygl yn canolbwyntio ar y trafferthion ariannol a brofwyd yno ddiwedd 1873. Yn amlwg, roedd yr helynt yn Unol Daleithiau'r America yn wybyddus i nifer o'i gyfoedion yn Nyffryn Conwy. Wedi cyfeirio at fethiant dau o brif fanciau Efrog Newydd ar y pryd, sef Jay Cooke a'i Gwmni a Fisk & Hatch, dywed Elis: 'Y mae pob un ag y digwyddodd i mi siarad ag ef ar ôl fy nychweliad o barth i'r *panic* arianol Americanaidd, yn gwneyd camgymeriadau – nid dibwys; ond rhyw led dueddu i feirniadu a chollfarnu anwyl Fyd y Gorllewin.'

Rhywbeth yn debyg oedd neges ei ail lythyr, a gyhoeddwyd yn y *Faner* yr wythnos ddilynol ar y 7fed o Ionawr, 1874, gyda phwyslais mawr ar y panig ym myd ariannol yr Unol Daleithiau. I raddau helaeth, felly hefyd gynnwys ei drydydd llythyr i'r papur a gyhoeddwyd yn rhifyn yr 21ain o Ionawr, 1874, gyda chyfyngderau ariannol America yn cael sylw manwl dan y pennawd 'America. Amser Caled.' Wrth ddirwyn ei erthygl hirfaith i ben, dywed Elis yn athronyddol:

> Dyna i chwi ychydig o wirioneddau egluro o berthynas i'r panic; nage, dylaswn ddyweyd, dyna i chwi yr hyn sydd gennyf fi i'w ddyweyd; ond nid syniad a berthyn i mi yn bersonol ydyw, ddarllenydd, ond syniad benthyciol – un a berthyn i rai o *statesmen* blaenaf y taleithiau cyfunol. Nid yw o bwys gennyf pa un a gredir neu ynteu a chredir yr

> hyn a ysgrifennwyd. ... Yr wyf wedi dysgu hynny yn mhlith yr Americaniaid. Digon yw dywedyd, fodd bynnag, fod y caledi yn un eithafol, yn un o'r rhai ffyrnicaf a mwyaf cethin a welodd gweithwyr America yn eu hoes.

Yn nodweddiadol o Elis, rhaid oedd iddo gael cadw cysylltiad â'r Unol Daleithiau, a gwnaeth hynny trwy anfon llythyrau yn achlysurol i'r papur cenedlaethol Cymreig yno, *Y Drych*. Gwelir ei lythyr cyntaf o Ddolwyddelan i'r *Drych* yn Utica, gyda'r dyddiad Rhagfyr yr 20fed, 1873 arno, yn rhifyn yr 8fed o Ionawr, 1874. Cychwynna'r llythyr fel a ganlyn: 'Mae yn bryd i mi ddechreu ymaflyd yn fy ysgrifell, fel y gallwyf gwblhau yr addewid a wnaethum pan yn ymadael ag America,' ac er iddo grybwyll sawl tro yn ei erthyglau a'i lythyrau i'r wasg cyn cychwyn dros Fôr Iwerydd, dair blynedd a mwy ynghynt, fod sefyllfa'r dosbarth gweithiol yn druenus yma yng Nghymru, roedd ei diwn wedi newid yn llwyr erbyn hyn: 'Ni welodd y gweithiwr erioed well amser nag y dyddiau hyn ym Mhrydain. Y mae cyflawnder o bob math o waith i'w gael, a thal rhagorol am dano ... Sicrheir pob llafurwyr – hen *navvies* afrosgo yn cael cyflog da odiaeth – mwy o lawer nag a ellid fforddio i dalu iddynt, yn nghymydogaethau Llanrwst a Ffestiniog.'

Cyhoeddwyd llythyr arall yn rhifyn Ionawr y 29ain,

1874 o'r *Drych*, dan y pennawd 'Gohebiaeth o Gymru'. Yr oedd cynnwys y llythyr hwnnw yn syfrdanol i'r Cymry alltud, yn sicr. Trafoda Elis hanes trychineb alaethus a ddigwyddodd yn Nhalywaenydd, Blaenau Ffestiniog ar ddydd cyntaf 1874, wedi i argae Llyn y Ffridd dorri a boddi dau o blant. Ni chollodd ar y cyfle i daro ergyd yn erbyn perchenogion chwareli Ffestiniog, yn enwedig Samuel Holland a oedd hefyd yn aelod seneddol Meirionnydd ar y pryd, am ddiffyg arolygiaeth ar safleoedd o'r fath. Yn ychwanegol ceir hanes sgwrs ddifyr rhyngddo ef ac Owen Gethin Jones, y bardd ac adeiladydd o Benmachno.

Er mai'r enw 'Gohebydd' sy'n ymddangos wrth gyfres o lythyrau yn y *Faner* yn ystod misoedd Chwefror a Mawrth 1874, mae arddull Elis i'w gweld yn glir ynddynt ac yn ddi-os, ef oedd yn gyfrifol am eu hanfon i'r papur. Mae un yn ymosod ar Doriaid blaenllaw Dolwyddelan yn rhifyn dydd Sadwrn y 7fed o Chwefror ac fe gafodd ei ailgyhoeddi yn rhifyn dydd Mercher yr wythnos ddilynol. Yn sicr, ni fyddai Elis wedi anwylo'i hun â'r trigolion a enwir: 'Cyfarfod Toryaidd: ... Y peth a synasom fwyaf ato oedd fod ein brawd ieuangc galluog, Mr W. Owen, *Manager* chwarel Ty'n y Bryn, yn gwastraffu ei ddoniau a'i amser i ddadlau dros y fath achos. Am Mr Charles ac E. Evans, Bertheos, dau ddigon hysbys yn y maes Toryaidd yn ein hardal ydynt hwy ... Gohebydd.'

Yr oedd Toriaid yr ardal eto dan y lach gan Gohebydd yn dilyn buddugoliaeth Pennant o deulu'r Penrhyn wrth iddo gipio'r sedd dros Arfon yn ôl oddi wrth y Rhyddfrydwr, Love Jones-Parry, Madryn o 432 o bleidleisiau yn etholiad cyffredinol 1874. Byddai'r fuddugoliaeth honno i'r Toriaid yn dân ar groen Elis o'r Nant: 'Ac fel hyn y mae yn hysbys fod ein hardal ni yn enwog am ei Rhyddfrydiaeth (ac eithrio rhai bodach cynffonllyd) ac wedi ennill iddi ei hun glod uchel ar gyfrif yr hyn a wnaeth yn etholiad 1868, pryd y gweithiodd yn fwy nac odid ardal arall yn Nghymru.'

Wrth i Gohebydd adrodd hanes y 'Swper Toryaidd' a gynhaliwyd i ddathlu buddugoliaeth Pennant dan golofn newyddion lleol Dolwyddelan yn y *Faner*, ceir datganiadau ymfflamychol, nodweddiadol o'i ohebu. Yr oedd Pennant wedi dweud mai o dan ei law ef y dylai addysg y pentref fod, gan dynnu blewyn o drwyn Gohebydd: 'Dyna i chwi haerllugrwydd! Y dyn yn meddwl ac yn teimlo mai efe a ddylai gael llywodraethu addysg ein hardal! ... Onid yw yr ysgol, fel y mae, yn ddigon Toryaidd ac estronol ei phwyllgor.' Ceir hefyd hanes 'Cyfarfod Cyffrous':

> ... anerchwyd y cyfarfod gan y brodyr canlynol – Mr W. Rbts, Glasfryn; E. Thomas, Siop; Elis o'r Nant; Mawddwy Jones a Gwilym Prysor. Cyfarfod gwleidyddol ydoedd, er sefydlu Cymdeithas

Ryddfrydig yn yr ardal ... Er ein gofid, daeth rhai o'r Blaid Doryaidd (Eglwyswyr wedi gwadu Ymneillduaeth, cofier) i geisio dyrysu ein cyfarfod, drwy ddechrau areithio, ond ni fynnid eu cybolfa, ac felly fe'u curwyd i lawr yn anrhydeddus.

Daw'r adroddiad i ben gyda'r geiriau haerllug 'Cofier nad oes arnom ni yn yr ardal hon (fel Ymneillduwyr a Rhyddfrydwyr) ofn yr un o'r bodau hyn, Yn Doryaidd ac yn Eglwyswyr, ac ni arswyda neb rhag nen ohonynt. (Gohebydd)'.

Oedd, roedd Elis o'r Nant wedi cyrraedd yn ôl i'w hen gynefin o ddifrif, yn barod i herio'r drefn, yn union fel yn y dyddiau cyn ymadael am yr Amerig!

Ar y 9fed o Fai, 1874, daeth llythyr difyr i'r *Faner* wedi ei lofnodi gan Elis. Ynddo, mae'n disgrifio taith a wnaeth dros Fwlch Gorddinan, neu'r 'Crimea' ar lafar. Mae cynnwys y llythyr yn hynod werthfawr o ran hanes lleol, wrth i Elis gyfeirio at y dafarn a safai ar ben y Bwlch ac am fwrlwm y cyfnod pryd y dechreuwyd gweithio ar dyllu'r twnnel mawr dan Foel Dyrnogydd gerllaw: 'Aethum rhai dyddiau yn ôl am daith i gyfeiriad Ffestiniog, i fyny i gopa Bwlch Gorddinan ... Pan aethum i mewn i'r gwesty, Llywelyn Arms, os wyf yn sicr, cefais fod yr hen breswylydd wedi mynd ymaith ... Yr oeddwn yn adnabod perthynas iddo yn dda yn y Taleuthiau Cyfunol.'

Aiff ymlaen i sôn am gerdded ar hyd y ffordd newydd ddwy filltir o hyd yng nghwmni'r tafarnwr, William Penny. Yn dra dieithr i Elis yn ei gynefin ei hun, mae'n camenwi Cwm Nhadog yn Cwm *Madoc* ond ceir y sylwadau gwerthfawr canlynol yn ymwneud â'r gontract fawr honno ganddo: 'Ar y ffordd hon y mae o chwech ugain i ddau gant wedi bod yn gweithio ers wyth mis' ac mae'n crybwyll fod oddeutu £4,000 wedi ei gwario ar y ffordd yn barod. Cyfeiria hefyd at sut yr oedd William Penny 'wedi gwneud diwygiadau mawrion ar y gwesty er pan yn ei feddiant'. Yna disgrifia'n fanwl beth a welodd y ddau deithiwr y diwrnod hwnnw:

> Cyn i mi fynd nepell, canfyddwn gaban o faintioli canolig, wedi ei doi â phlangciau, cyffelyb i hen fythynnod yr Indiaid a welir yng nghonglau gulfs a phantiau Taleithiau Cyfunol. Canfyddid stove fechan oddi mewn iddo a bachgen bychan a elwid y cogydd yn twymo ac yn cymeryd gofal o ymborth y bobl ... crogir piseri bychain o gylch y *stove pipes* er cadw y cynnwys oddi mewn yn gynhes ... ychydig lathenni yn nes i'r gorllewin, yr oedd saith neu wyth o bersonau yn prysur baratoi gogyfer ag adeiladu siop. Y mae y siop hon yn perthyn i'r cwmni, er lles a budd y bobl ag sydd i dreulio rhyw 5 mlynedd i dirio dan asennau a cholofnau y mynyddoedd.

> Dadgenir y bydd i wahanol nwyddau gael eu gwerthu yma am bris hynod o fach, y cyfan am bris na fydd y siopau ereill y cymydogaethau allu cystadlu â hwynt ... Islaw i mi y mae amryw o fân dyllau chwarelyddol wedi cael eu cloddio gan weithwyr y Bardd o Benmachno, Mr Owen Gethin Jones. Dadleuai y cyfaill Penny (ceiniog) fod gwell golwg ar yr ymgais fwyaf gorllewinol i'r oll.

Ond yn rhagrithiol ddigon, dywed am Gethin, a oedd yn gyfaill mawr iddo ac yn Dori rhonc:

> Y mae Gethin yn ŵr anturiaethus, yn wladgarwr, ac yn wron Rhyddfrydig yn mhob peth ond gwleidyddiaeth yn adeg etholiad; ond y mae ganddo berffaith hawl i fod felly, ac ni ddylai y neb sydd yn methu cydolygu ag ef ei feio. Rhyddid i bawb gredu a gwneyd fel y maent hwy yn edrych ... Mewn gwleidyddiaeth y mae pob plaid yn edrych am number one ei hun, a pheidio digio a chicio ereill am ymladd o blaid ei *number one* yntau ... Ond caniateir i mi ddyweyd na dda gennyf mo ochr Gethin Jones mewn *politics*, ac na dda gennyf edrych ar *bolitics* yn y goleuni y mae efe yn edrych arno ... Beth bynnag, y mae yn amlwg fod Gethin Jones yn wr am geisio gwneyd lles i'w genedl drwy agor chwarel; er, y mae yn wir, mai ei les ei hun sydd

ganddo mewn golwg ... Nid ydyw Gethin Jones ddim gwell na gwaeth na dynion ereill. Y mae yn deg dyweyd fod pob un ag sydd wedi bod yn gweithio i Gethin Jones yn ei ganmol yn y diwedd. Anhawdd yw cael gwell *boss* nag ef, ni ddylid arfer y gair meistr mewn un wlad, y mae yn air rhy eithafol o lawer. Y mae y bardd wedi gwario, fe allwn dybio, fil neu ddwy o bunnau. Y mae wedi adeiladu gefail gof, ac yn yr efail honno y mae y rhan agosaf i Ffestiniog o bob ffordd newydd yn cael durfinio eu harfau.

Ymhen mis, cyhoeddwyd mwy o hanes Gethin Jones a'i chwarel gan Elis yn y *Faner*, gan fanteisio ar ei ohebiaeth dan y pennawd 'Tipyn o Bobpeth' i daro'r post i'r pared glywed parthed y bardd o Benmachno: 'Mr Gethin Jones, yr hwn, sydd, meddir, wedi gwario llawer iawn o arian ar y gloddfa honno, ac yn cael tâl am ei arian, yr ydym yn gobeithio (a gobeithio hefyd y gwelir ef wedi ymwrthod â Thoryiaeth) ac yn sefyll fel Cymro teilwng a gwir wladgarol yn mysg rhengoedd y Rhyddfrydwyr.'

Â Elis yn ei flaen i ddisgrifio rhai o'r gweithwyr ar siafft y twnnel mawr, y prinder bwyd a'r cyfleusterau gwael oedd yno:

Gwelais un yno wedi bod yn y Taleithiau Cyfunol, Mr Griff Davies, o rywle i gyfeiriad Llanbedr,

Conwy. Y mae yn dipyn o chwith iddo ar ôl naw mlynedd o ymborth ar *fresh biscuits*, cig dafad ac eidion, twrcïod, ieir, gwyddau, *white fish, salmon, trout* ac yn y blaen. *Pies* o bob math, cucumberau, *tomatoes, citrons, melons, peaches* ac ugeiniau o bethau ereill, orfod troi i fwyta bara ac ymenyn, ac yfed te yn ddi-dor.

Ond tybed a yw sylwadau nesaf Elis yn adlewyrchu ei deimladau ef ei hun yn bersonol parthed ei gyfnod ymhell o'i annwyl fro yn Nyffryn Lledr?: 'Ond dichon ei fod yn llawer mwy boddlawn yma nac yno. Dyna ydyw y cwestiwn mawr ar ôl y cyfan – gallu bod yn foddlawn.'

Ymhellach yn ei 'Tipyn o Bobpeth' yn y rhifyn hwnnw o'r *Faner*, ceir awgrym i Elis ddioddef o'r felan yn gryf yr adeg hynny. Ac yntau'n radical o Ryddfrydwr a gwladgarwr, rhyfedd yw darllen y geiriau canlynol o'i feddiant. Ceir hefyd awgrym iddo golli hyder yn ei gyd-Gymry wrth weld y diffyg ymateb a gawsai gan ei gyfoedion i'w erthyglau gwladgarol. Awgrymir yn gryf hefyd iddo gyfrannu ei holl eitemau newyddiadurol yn rhad ac am ddim:

Cenedlgarwch ond Anturiaeth

... Bum yn credu fod rhyw ddaioni mewn ymgysegru i ddybenion cenedlgarwch flynyddau yn ôl. Bum, fel yr oeddwn ffolaf, yn gwneyd ymdrech i broselytio pobl i dderbyn, a darllen papyrau Cymreig, ac i sefydlu dosbarthwyr mewn gwahanol ardaloedd, a hyny heb na thâl na diolch, ac ereill yn gwneyd busnes a chynhauaf o'm cenedlgarwch i ac eraill ... Bum i mor flaenllaw a neb yn ysgrifennu, ac yn gweithio, ac yr oedd ambell un yn teimlo y dylaswn godi fy llef yn barhaus mewn diolch a dychryn am y rhagorfaint o gael yr anrhydedd o weithio am ddim, ysgrifennu am ddim, gwneyd ymaith a'm papyrau ysgrifennu fy hun am dipyn o awyr, a thalu am y cyfan o'm llogell fy hun.

Wrth derfynu ei golofn, ceir enghraifft arall o'i farn baradocsaidd ynglŷn â gwladgarwch. Wrth gyfeirio at yr elfen wladgarol a berthynai i'r garfan Batagonaidd dywed, 'Buasai yr anturiaeth wedi llwyddo yn fil gwell pe buasai yn ei dechreu yn ei chario fel *speculation*, yn lle symudiad gwladgarol.' Hawdd meddwl mai o enau Arglwydd Penrhyn, Owen Gethin Jones neu rai o'i gyfoedion Torïaidd o Ddolwyddelan y daethai'r geiriau hynny!

Ond eto i gyd, daliai Elis i feirniadu'r bonedd ariannog yn y wasg ar bob cyfle. Wedi taith i Wytherin, gan gyfarfod amaethwr o'r ardal honno a chael manylion am ddulliau ffermio yno, lluniodd gyfres o erthyglau yn disgrifio'r daith ar ffurf llythyr ar gyfer y

Faner, gyda'r teitl 'Hynt i Fryniau yr Yd'. Ar ddiwedd y llith mae'n datgan barn nodweddiadol o Elis o'r Nant:

> Dangosai un ffermwr i mi y ffridd fawr ... y darfu ei dad neu ei ewythr mewn chwys a lludded gau allan, ddyfrffosio, a thrin y llannerch, yr hyn a barodd ddirfawr draul iddynt. Ymddengys mai tirddeiliaid i Arglwydd Newborough oedd y perthynas dan sylw. Meddiannwyd y ffridd yn ddi-oed gan y tirfeddiannydd, yr hon a chwanegwyd at ei dyddyn, ac ni dderbyniodd y nesaf peth i ddim gan y bonheddwr am y costau mawr y dygwyd ef iddi i droi y cytir mynyddig ... yn dir cynnyrchiol. Onid yw arglwyddi yn cymmeryd yn hyf ar eiddo pobl ereill i chwanegu at werth yr eiddynt hwy.

Heblaw am ei lythyrau achlysurol, gwasanaethodd Elis fel gohebydd newyddion lleol Dolwyddelan i'r *Faner* am gyfnod, cyn i honno, yn ei thro, droi'n golofn o newyddion 'Penmachno a'r Cylchoedd' neu 'Llanrwst a'r Cylchoedd' ac yn ddiweddarach, 'Ebion o Nant Gonwy'.

Dan yr enw Gohebydd y byddai Elis yn ysgrifennu ei amrywiol bytiau o hanes lleol yn y dyddiau cynnar, cyn iddo ddechrau defnyddio'r ffugenw a ddaeth yn gyfarwydd i bawb yn ddiweddarach, sef Elis o'r Nant. O 1875 ymlaen fe sefydlodd Elis ei hun fel gohebydd rheolaidd i'r *Faner*, gyda'i golofnau newyddion lleol yn ymddangos ar y tudalennau'n wythnosol, ac ambell waith yn rhifynnau dydd Mercher a dydd Sadwrn o'r papur. Dyma, yn ddi-os, y gymwynas fwyaf a wnaeth, sef cofnodi hynt a helynt pobl a phethau Nant Conwy am dros chwarter canrif. Cofnododd ar ddu a gwyn hanesion digwyddiadau pwysig a dibwys cymdeithas wledig Llanrwst, Dolwyddelan, Betws-y-coed, Penmachno a nifer o gymunedau eraill Dyffryn Conwy y cyfnod hwnnw. Trwy gyfrwng ei ysgrifbin, cyflwynodd ddarlun o gymdeithas sydd wedi hen ddiflannu o'r tir ar gyfer ei lu o ddarllenwyr, ddoe a heddiw.

Am rai misoedd o fis Mawrth 1874 ymlaen, ymddangosodd nifer o erthyglau a llythyrau, rhai wedi eu llofnodi gan Elis o'r Nant ac eraill gan Gohebydd – ond Elis oedd yn gyfrifol am eu hanfon i gyd, yn bendant. Efallai mai un o'r erthyglau difyrraf a anfonwyd, ar ffurf llythyr hirfaith, oedd yr un am y brydyddes Angharad James o Benamnen, Dolwyddelan, ac am yr Wybrnant, a gyhoeddwyd yn y *Faner* ar y 23ain o Ionawr, 1875. Yn y rhifyn hwnnw fe ddywed Elis y gwirionedd canlynol: 'Y mae darllen ac astudio y gorphennol yn wir werthfawr, er ein galluogi i reoleiddio ein cerddediad yn y presennol. Yn y gorphenol cawn hanes yr arwyr hyny a fuont yn brwydro yn erbyn barbareidd-dra, ac yn ennill i ni yr holl frwydrau rhyddid crefyddol a gwladol yr ydym yn eu meddu heddyw.'

Pennod 5

Dechrau gohebu i golofn yn rheolaidd

Ymddangosodd adroddiad Elis o newyddion lleol ei ardal dan y pennawd 'Ebion o Nant Gonwy' am y tro cyntaf ar dudalennau'r *Faner* ar y 24ain o Ebrill, 1875, er nad oedd Elis wedi llofnodi ei enw oddi tano yr adeg hynny. Gwelir y ffugenw 'Elis o'r Nant' yn rhifyn yr 2il o Hydref, 1875 o'r *Faner* – yr hwn a fu'n gyfystyr â cholofnau newyddion pentrefi Nant Conwy yn y blynyddoedd dilynol. Cofnodwyd y ffugenw adnabyddus am y tro cyntaf ar waelod colofn o newyddion lleol 'Cylchoedd Llanrwst' ac fe ddefnyddiodd Ellis Pierce yr enw hwnnw ar ddiwedd pob colofn o'i eiddo o hynny ymlaen. Byddai pennawd y golofn yn newid yn rheolaidd, gyda 'Cylchoedd Llanrwst', 'Amgylchoedd Llanrwst', 'Llanrwst a'r Cylchoedd' yn newid lle yn achlysurol gydag 'Ebion o Benmachno' neu 'Ebion o Nant Gonwy'. Er y gymysgedd o benawdau i'r golofn hon o newyddion lleol, yr un oedd negeseuon difyr a dadleuol Elis o'r Nant, pa bynnag destun a ddewisai dros y blynyddoedd. Ar adegau, byddai ei golofnau o newyddion lleol yn ymddangos ddwywaith yr wythnos yn y cyfnod pan gyhoeddid y *Faner* bob dydd Mercher a dydd Sadwrn.

Cafwyd blas o'r hyn oedd i ddod yn newyddiaduriaeth bigog Elis yn y golofn 'Llanrwst a'r Cylchoedd' yn y *Faner* ar ddydd Sadwrn y 23ain o Hydref, 1875. Yr oedd y tirfeddiannwr lleol dan yr ordd yn ei gyfraniad cyntaf i'r golofn: ' "*Tafod, ysgall, a thirfeddiannydd.*" Ychydig flynyddoedd yn ôl, penderfynodd rhyw dirfeddiannydd ag sydd yn berchen ystâd lled helaeth yn y cylchoedd hyn nad oedd yn deg i'w denantiaid gael mwynhau eu ffermydd heb ryw amodau penodol. Tynwyd allan fraslun o amodau, a gorfodwyd pob tenant i'w harwyddo.'

Â Elis ymlaen i ddisgrifio rhai o'r amodau a osodwyd, yn annheg yn ei olwg ef. Teimlai mor gryf wrth amddiffyn y tenantiaid nes dweud, yn ei ddull ymfflamychol ei hun, ei bod yn 'amser i'r tenantiaid ffurfio undeb, a mynnu cyfiawnder oddi ar ddwylaw y bonheddwr, a dangos iddo yntau nad ydynt am adael iddo eu hysbeilio mwy na rhyw un arall.'

Yr oedd Elis wedi sefydlu ei hun fel gohebydd lleol Dolwyddelan yn yr wythnosolyn Saesneg *The Cambrian News* erbyn hyn hefyd. Yn ei golofn yn rhifyn y 3ydd o Ragfyr, 1875 gwelir y sylwadau pigog a ganlyn dan y pennawd '*Dolyddelen (From Elis o'r Nant)*':

> *ITS NAME. – Look here, I do not want you to spell the name of my birthplace with the w. The name of the place is not derived from St. Gwyddelan, as you and a few conceited people wish it to be. There are many old roads called "ffyrdd Elen," and a well called "ffynnon Elen", here, but no place called after St Gwyddelan. It is evident that this place was named Dolyddelen to commemorate "Elen Lueddog". The man that beleives in any sense different from that must be a hair-brained friend of this asinine tribe. Whoever shall write it with 'w' after this explanation must be an ill-forgotten worm of the earth.*

Dan y pennawd '*Bettws-y-coed and Dolyddelen*' yn rhifyn y 7fed o Orffennaf, 1876 o'r papur hwnnw, roedd Elis yn ei elfen wrth sôn am Arwest Glan Geirionydd:

> *No one will be allowed the liberty to speak English. Everyone must spout and utter Welsh. The penalty*

will be decidedly very heavy for infringing this fundamental rule, confiscation or decapitation, it cannot be decided yet which. But let any English sapling or Welsh Dic Sion Dafydd risk his life by breaking this Persian and Mede law, which altereth not, and he will find out the end of his journey closed on this globe.

Fel y gwelir, yr oedd Elis yn llawn mor barod i ddweud ei ddweud mor blaen yn yr iaith Saesneg ag yr oedd yn y Gymraeg. Bedair blynedd yn ddiweddarach, yn y papur Saesneg hwnnw, yr oedd yn ddigon hy i enwi'r 'tirfeddianydd' fu dan yr ordd ganddo ar hyd y blynyddoedd. Fel un a oedd mor gefnogol i denantiaid y stad fawr honno, bu Elis yn bigyn yn ystlys Arglwydd Penrhyn gyda'i sylwadau miniog yn erbyn landlordiaeth y bonedd. Byddai'n ymosod yn rheolaidd ar y modd yr oedd Penrhyn yn gwasgu ar y tenantiaid, gan ddatgan ei deimladau'n hollol glir ar dudalennau'r papurau. Meddai unwaith, wrth drafod sefyllfa economaidd ei ardal yn y *Cambrian News*: '*It is getting more gloomy one year after another. Hard times are in store for the home producers. Landlords like Lord Penrhyn and others who find that they can demand any price they like for a farm when it becomes tenantless, will find it difficult to rent it at all.*'

Wrth drafod y tymor saethu grugieir yn ardal

Penmachno yn ei golofn '*Dolyddelen and Vicinity*' yn y *Cambrian News* ym mis Medi 1880 datgelodd Elis sut y gorchmynnwyd ffermwyr Penmachno gan Arglwydd Penrhyn i sicrhau nad oedd tyllau yn y mawndir ar y mynyddoedd oddi amgylch. Byddai'r tenantiaid yn creu tyllau wrth godi mawn i gynhesu eu cartrefi a byddai'r tyllau hynny yn llenwi â dŵr ymhen dim. Roedd hynny, yng ngolwg Arglwydd Penrhyn, yn peryglu bywydau grugieir ifainc wrth i ambell un ddisgyn i'r pyllau a boddi. Gan ei fod yn troedio'r mynydd-dir o amgylch y plwyf yng nghwmni saethwyr o'r un anian, rhoddodd y landlord orchymyn i bob un o'i denantiaid oedd yn torri mawn ar y mynydd i fynd ati ar un waith i lenwi'r tyllau. Roedd ymddygiad o'r fath yn fwyd a diod i radical fel Elis o'r Nant ac fe fanteisiodd ar ei golofn yn y papur i ddatgan ei farn:

> *Grouse shooting is almost over at Penmachno ... At the early part of summer some persons in authority gave a rigid order to every farmer to shut up every peat hole and other holes on the moor where grouse are reared, so as to render the whole mountain a nice place to breed grouse, and lay it beyond the possibility for young grouse to fall in and drown in the water. If that was not carried out by each tenant to the letter, they were prepared to hire a man to do it properly, and force every one to pay the same for*

his work. This work, you see, they were to throw away to a wealthy landlord to increase his sport at the poor farmer's expense. Mark you, the landlord is not a person to excite his displeasure.

Yn rhifyn dydd Nadolig 1875 o'r *Faner*, eto yn ei golofn o newyddion lleol 'Llanrwst a'r Cylchoedd', cofnoda Elis hanes Arglwydd Penrhyn ar ymweliad â Phenmachno. Fel y gwelir, yr oedd yn erthygl llawn gwenwyn tuag at y bonheddwr hwnnw:

> Bu yr Arglwydd Penrhyn ar ymweliad ag ardal Penmachno yn ddiweddar, gyda lliaws o'r teulu. Dyma yr ail waith iddo ddyfod i fyny i saethu y tymor hwn Bydd yn arfer gwestya mewn palasdy o'r enw Glan Conwy, tu allan i derfynau isaf Penmachno ... Nid ydyw yn pryderu ei hun ynghylch cefnogi dim ar fasnach leol Penmachno, nac Ysbytty. Nid oes ynddo ddim o'r hyn a geid yn yr hen Fostyn Lloyd, fel y gelwid Arglwydd Mostyn. Byddai ef bob amser yn prynu yr holl nwyddau, yn gig, blawd, bara, ymenyn, te, siwgr, &c., a fwyteid gan ei holl osgordd yn ystod y tymmor hela, gan wahanol fasnachwyr lleol hen ardal Penmachno. Ond am ei Arglwyddiaeth o'r Penrhyn, ni ddarfu iddo ef brynu un hanner owns gan neb ohonynt. Dygir ei holl nwyddau o fannau ereill, o bell ... Y mae llawer o

ugeiniau o bunnau o ardreth yn cael eu talu iddo gan bob math o denantiaid yn Mhenmachno.

Ac, yn nodweddiadol o'r arddull ddigyfaddawd a fu'n rhan annatod o ohebu Elis o'r Nant dros y blynyddoedd, gofynna'r cwestiwn canlynol a fyddai wedi bod yn dân ar groen ei elynion, yn ddi-os: 'Nis gwn pa ham y dylid pengrymu mwy iddo ef, ac aristocratiaid cyffelyb, nag a wneir i ddynion ereill. Nid ydynt well, and y maent yn aml yn waeth na dynion ereill, a bydd pawb wedi syrthio i'r un lle yn fuan.'

Parhaodd atgasedd Elis o'r Nant tuag at Arglwydd Penrhyn a'i deulu gydol ei oes ac fel y gwelir yn y penodau dilynol, costiodd yr atgasedd hwnnw'n ddrud iddo, mewn mwy nag un modd. Roedd y cyfan a gynrychiolai aristocratiaid y cyfnod yn hollol groes i ddelfrydau radicalaidd Elis a nifer fawr o'i gyfoedion yn y bedwaredd ganrif ar bymtheg. Manteisiai ar bob cyfle i geisio tanseilio'r wleidyddiaeth Doriaidd a oedd yn rhan o ddelwedd y bonedd a chlerigwyr yr eglwys wladol ar y pryd. Byddai'n cael modd i fyw wrth ledaenu ei neges a cheisio dylanwadu ar ei ddarllenwyr, a bychanu teulu'r Penrhyn ar bob cyfle, megis yn yr adroddiad dychanol isod o'i golofn yn y *Faner*:

> Y mae teulu urddasol Castell y Penrhyn wedi coleddu, ac yn parhau eto i goleddu, syniadau am

danynt eu hunain eu bod yn well na neb. Pan y byddai un o honynt yn dyfod allan fel ymgeisydd am aelodaeth seneddol, byddai yn dyfod allan nid i gynrychioli Ceidwadaeth yn gymaint, ond syniadau rhagorol, cyfiawn, ac anrhydeddus 'Ty y Penrhyn' ei hun. Syrthiodd teulu y Penrhyn i gariad angerddol â hwy eu hunain. Coleddent hefyd y dybiaeth fod pobl eraill yn credu yr un peth am danynt; ac os y cânt fod rhywun yn synio yn wahanol, wrth gwrs, ni bydd hwnnw yn gymeradwy yn eu golwg.

Ni cheir unrhyw arwydd o faddeuant o du Elis tuag at y bonheddwr hwnnw hyd yn oed wrth iddo gofnodi marwolaeth Arglwydd Penrhyn ym mis Ebrill 1886 ac fel petai'n falch o ddatgan y newyddion am ymadawiad ei arch-elyn o'r byd hwn, dyma ddywed y gohebydd:

Marwolaeth Arglwydd Penrhyn oedd y newydd a ddaeth i Nant Conwy yr wythnos ddiweddaf. Colled anadferadwy i'r blaid Dorïaidd oedd ei farw ef. Nid oedd boneddwr yn y wlad yn fwy hael a rhyddgalon tuag at y rhai oedd yn cydolygu ag ef. Gwnaeth yr hyn a allodd i ledaenu ei egwyddorion Eglwysig a Thorïaidd. Ar fusgrellni a diogi yr offeiriadon y rhoddai y bai am orthrechiad ei fab – yr Arglwydd Penrhyn Presennol – yn etholiad 1868 ... Gwnaeth ei oreu i ddiwreiddio y syniadau a'r egwyddorion

Radicalaidd ac Ymneillduol o'r tir, ac i ledaenu yr eiddo ei hun, ei Eglwys, a'i blaid. Ond ni waeth tewi. Na ddyweder ond da am y marw.

Byddai'r ysgwieriaid yn gyffredinol yn cael eu bychanu gan Elis yn rheolaidd yn ei golofnau newyddiadurol. Roedd un erthygl i'r perwyl hwnnw dan y teitl 'Llanrwst a'r Cylchoedd' yn y *Faner* ar y 4ydd o Ebrill, 1891 yn atgoffa'r darllenwyr o ddylanwad y garfan honno ar y werin bobl. Wrth drafod hen festrïoedd y plwyfi, manyla Elis ar drefn llywodraeth leol yng nghyfnod ei gyndadau:

> Yr adeg honno, yr hwn a ystyrid yn 'sgweiar y plwy, a fyddai pen, llaw, calon, asgwrn cefn, a phob peth perthynol i'r festri. Hawliai, ar gyfrif ei fod yn dirfediannydd neu yn ffermwr mwyaf yn y plwyf, am ei fod yn talu mwy o dreth na neb, wrandawiad, pa beth bynnag a fyddai y dwlni a arferai fwrw allan. Ni fyddai neb yn cael siarad ond efe. Efe fyddai y dyn mwyaf yn y plwyf, a 'doedd wiw i neb yngan gair yn erbyn yr hyn a ddywedai. Yr oedd un yn Nolyddelen ac un yn Mhenmachno, yn hawlio mai hwynt-hwy oedd y plwyf, ac nad oedd neb arall i gael meddwl dim ... Ni fyddai i un tlawd gael 'pau' ond yn unol â'u cyfarwyddyd hwy. Pwy a fyddai yn deilwng, ac os yn deilwng, pa swm yr ystyrid hwy yn deilwng o honno.

A dywed yn orfoleddus wrth orffen ei lith, 'Yr oedd yr ysgweiar i'w gael yn mhob plwyf; ond erbyn heddyw, y maent wedi eu hysgubo ymaith.'

Nid oedd Elis yn ofni dangos ei liwiau'n gyhoeddus yn erbyn y bonedd, na'r frenhiniaeth, fel y gwelwn yn ei lith weriniaethol yn y *Faner* ym mis Ebrill 1878. Beth bynnag oedd ei gryfderau, nid oedd ceisio proffwydo ffawd gwleidyddiaeth Prydain a theulu brenhinol Lloegr yn un ohonynt, yn sicr:

> Y mae yn anhawdd gwybod pa beth fydd diwedd byd helbulus, a chynhyrfus fel hyn. Y mae y gwaed aristocrataidd yn sicr o agor llygaid llawer yn awr. Bydd yma lawer mwy o gynnydd ar syniadau gwerinol; a chyn y bydd llawer oes wedi llithro ymaith, bydd gweriniaeth wedi cynyddu yn Lloegr, fel y budd i orsedd Lloegr gael ei dadymchwel i'r llawr.

Yn ddi-os, ni allai Elis o'r Nant ymatal rhag mynegi ei ddicter tuag at y rhai a fu mor benderfynol o roddi taw ar ei ysgrifau 'beiddgar', ys dywed *Y Bywgraffiadur Cymreig*. Roedd 'llygad am lygad' yn ddywediad deublyg yng ngolwg y gohebydd bychan o Ddolwyddelan.

Ond nid adroddiadau dadleuol yn unig a ysgrifennai Elis; yr oedd amrywiaeth o ysgrifau diddorol iawn yn ymddangos yn rheolaidd yn ei golofnau am newyddion lleol cymunedau Nant Conwy yn y *Faner* a'r *Cambrian News*. Fe wnaeth gymwynas fawr â haneswyr lleol a chenedlaethol trwy gofnodi nifer o ddigwyddiadau o ddiddordeb yn ystod ei gyfnod fel newyddiadurwr. Fel sydd ym mhob colofn o newyddion lleol, cynhwysai Elis yntau ohebiaeth ar faterion pwysig a dibwys y gwahanol blwyfi yn Nant Conwy. Cofnododd fanylion am ddigwyddiadau yn ymwneud â chyfarfodydd llenyddol a chrefyddol yr ardaloedd hynny; adroddai am achosion llys a'r helyntion yn yr amrywiol chwareli a gweithfeydd eraill yn y dyffryn; mae hanes marwolaethau trigolion y cylchoedd yn cael ystyriaeth fanwl, ynghyd â hanesion eraill am ddigwyddiadau a chymeriadau ei filltir sgwâr. Rhoddai Elis sylw manwl i hin Dyffryn Lledr, gan adrodd am y tywydd anffafriol a fyddai'n amharu ar weithgareddau amaethwyr y fro yn aml. Trafodai'r economi leol a chenedlaethol yn achlysurol a cheir blas ar felancoli adroddiadau'r gohebydd o Ddolwyddelan o bryd i'w gilydd, gan gyfeirio'n aml at 'farweidd-dra masnach' – ei hoff ymadrodd wrth drafod y pwnc. Cymaint y felan arno oherwydd y sefyllfa economaidd ar y pryd a 'marweidd-dra'r' diwydiant llechi yn yr ardaloedd cyfagos nes ei fod yn annog dynion a'u teuluoedd i ymfudo i America – a hynny er nad oedd ond ychydig dros saith mlynedd ers ei ddychweliad ei hun o'r wlad honno, wedi cyfnod o dair blynedd a hanner yn unig yno!

Dyma enghraifft o'i anogaeth mewn rhifyn o'r *Faner* ym mis Mai 1881: 'Nid oes un man dan y Nef yn well i'r gweithiwr tlawd na'r Taleithiau Unedig, a gobeithio y bydd i lawer o bob parth o Gymru fyned yno yn ystod yr haf presennol. Nid oes dim a wellha sefyllfa y gweithiwr ond ymfudiaeth.'

Fe ellir cyhuddo Elis o'r Nant o gyfrannu tuag at yr ymgais i ddiwreiddio ardaloedd cefn gwlad Cymru o'u teuluoedd ifainc. Yn sicr, llwyddodd y math hwn o hysbysebu rhinweddau bywyd yn America ar y pryd i argyhoeddi nifer fawr o Gymry i ymfudo. Rhaid cofio hefyd bod Elis yn asiant i gwmni'r Brodyr Allan a oedd yn hysbysebu teithiau llong dros Fôr Iwerydd yn wythnosol yn y *Faner* ac wythnosolion eraill y cyfnod.

Nid sefyllfa masnach y wlad yn unig a godai'r felan ar Elis; ar ôl bod yn ymgyrchu ers tro i geisio cael cofebion i'r Esgob William Morgan a Llywelyn ein Llyw Olaf, teimlai'n anobeithiol gyda sefyllfa Cymru yn gyffredinol. Ychydig wedi annog gweithwyr i ymfudo i America, dyma ei farn am y diffyg diddordeb hwnnw:

> Bydd i mi wneyd fy rhan gyda'r symudiad hwn, ond y mae yn amheus gennyf wedi y cyfan a lwyddir i gael cofgolofn. Marw y mae bron pobpeth Cymreig – ein harferion, ein defion, a'n hiaith. Y mae y llanw wedi codi mor uchel yn erbyn yr hyn oll

a berthynant i'n hynafiaid, fel nad oes dim yn debyg o wrthsefyll y genllif.

Ceir adlewyrchiad o'i deimladau melancolaidd yn rhifyn y 12fed o Fai, 1886 o'r *Faner*, gydag economi'r ardaloedd gwledig yn dioddef yn arw. Yn ei eirfa arbennig ei hun, darluniodd Elis y sefyllfa yn union fel ag yr oedd i'w ddarllenwyr:

> Marwaidd y mae masnach yn parhau. Dim arwyddion o adfywiad yn un man. Pob cangen fel pe o dan elfennau darfodedigaeth. Amryw allan o waith, a llawer o gwyno, os nad yn dioddef, yn y wlad. Bu ffair yn Ngheryg-y-druidion yr wythnos ddiweddaf. Ni welwyd ei gwaelach er's amser maith. Dywedir i mi na welodd hyd yn oed y rhai hynaf sydd yn fyw, ac yn arfer a thalu ymweliad rheolaidd â gwahanol ffeiriau, eroed amser caletach; ac y mae rhagolygon holl amaethwyr y parthau hynny, fel parthau eraill, yn un hynod o gaddugawl. Bydd ugeiniau wedi eu harwain gan galedi yr amseroedd i ddinystr, os na ddaw ymwared o rhyw gyfeiriad.

Roedd meddyginiaeth Elis tuag at wella'r sefyllfa druenus yn ymylu ar eithafiaeth:

> Nis gall yr ymwared hwn ddyfod ond o bedwar

cyfeiriad: 1. Lleihâd parhaus a sylweddol yn yr ardrethi. 2. Lleihâd yn y treuliadau, a mwy o gynildeb yn y dull o dreulio. Gwneyd ymaith yn llwyr â moethau afreidiol, rhodres mewn gwisgoedd, arferion cymdeithas, a holl gylchoedd bywyd. 3. Lleihâd yn y trethi yn gyffredinol, a thori ymaith lu o segur-swyddau.

Ceir rhai cannoedd o heddgeidwaid yn ein gwlad y byddai yn hawdd gwneyd hebddynt. Ceir hefyd eu bod yn talu cyflogau llawer rhy uchel i segur-swyddwyr o wahanol fathau, y rhai ydynt yn ymdewychu ac yn ymdecau ar draul y cyhoedd – 'hael ar bwrs y wlad,' onid ê? Yr oedd ffermwr, y dydd o'r blaen, yn dadgan fod ei dyddyn ef yn dwyn ardrethiad o 130p., a'i fod yn talu tua dwy bunt ar bymtheg ar hugain o drethi eraill a threuliadau. 4. Adnewyddiad yn y fasnach, a chyfundrefn fwy perffaith o ddwyn masnach yn mlaen. Nid ydyw yn rhesymol, nac yn deg, fod y naill yn gwneyd a allo i werthu am is prisiau na'i gyd-fasnachydd yn ngwahanol rannau ein gwlad. Ceir llu o ddynion tywyllodrus yn llwyddo i gael nwyddau ar goel; ac yna, eu gwerthu am brisiau, mewn rhai enghrefftiau, llai na'r pris cyfanwerthol yr amodwyd i dalu am danynt.

Os oedd Elis yn pryderu am fasnach, ac am

ddyfodol masnachwyr yn gyffredinol yr adeg hynny, roedd ei agwedd wedi newid yn llwyr ymhen llai na phum mlynedd. Ym mis Ionawr 1891 ac yntau'n gohebu am achosion a fu o flaen y fainc yn y llys sirol yn Llanrwst yn ei golofn wythnosol yn y *Faner*, tueddai i gydymdeimlo â rhai o'r cyhuddedig. Nid oedd ganddo lawer o gariad tuag at y barnwr, yn sicr, wrth iddo ddatgan 'Pa ddaioni ydyw dwyn poblach dlodion, heb ddimau i dalu, o'i flaen? Nis gellir byth gael y draul yr aed iddi allan'. Aethai cyn belled ag awgrymu y dylid dileu'r llysoedd sirol i gyd ac y byddai gwerin gwlad yn gorfoleddu o weld hynny'n digwydd. Roedd yn druenus, meddai, 'gweled hen ŵr neu wraig dlawd, yn sefyll ac yn "hopran," yn cael ei cyhuddo o omedd talu; yn addef fod yr arian yn ddyledus, ond nas gall dalu.'

Unwaith yn rhagor cythruddodd Elis un arall o ddarllenwyr y *Faner*, wrth i rywun a lofnododd ei lythyr fel 'Masnachydd', bythefnos yn ddiweddarach, ddangos ei ddicter yn hollol glir tuag at ohebydd 'Llanrwst a'r Cylchoedd'. Taflodd Masnachydd lawer o faw tuag at Elis yn ei lythyr, gan ei gyhuddo o ysgrifennu 'cybolfa wirionffol' a dirmygu'r erthygl drwyddi draw. Roedd ef ei hun, meddai, ymysg y rhai oedd yn gorfod dioddef yn ariannol oherwydd y sawl a safai o flaen y llys y diwrnod hwnnw am eu bod mewn dyled. Ond roedd elfen o ymosodiad personol ar Elis yn ei lythyr hirfaith hefyd ac fe welir eto ragfarnau gwleidyddol yn cael eu lleisio:

> Na, *Ellis,* fel rheol, y dosbarth mwyaf cyfrifol a pharchus ydyw cwsmeriaid y llys sirol; a chamgymeriad dybryd ydyw meddwl 'y byddai yn destyn cân a moliant i bob carwr heddwch pe llwyddid i gael ymwared o rhyw ychydig o bob ardal.' Na; y gwirionedd ydyw, na byddai 'cau y llysoedd hyn yn destyn cân a moliant' i neb ond i rwbel dynoliaeth; ac y mae rhywbeth yn peri i ni osod *Ellis* yn eu plith. Os mai oddi wrth y Ceidwadwyr y daeth y gyfraith fendigedig hon i ni, diolch i'r Ceidwadwyr am dani – y mae wedi bod o fendith mawr i'n gwlad.

Yn ôl ei arfer, rhaid oedd i Elis ymateb a cheisio amddiffyn ei hun rhag disgrifiad dilornus y llythyrwr beiddgar, gyda'i ddewis o eiriau sarhaus ei hun:

> Nid ydyw na gwell na chystal, ar ôl rheffyn pen-bawd *Masnachydd* yn y FANER yn ddiweddar. Y mae arno ef gywilydd arddel ei enw priodol, neu ffugenw adnabyddus, os oes ganddo un ... Pa mor afresymol bynnag ... ni fuasai yn llai afresymol na'r ebychiad o golofn a hanner gan y Masnachydd penwaig a chocos hwnnw. Treulia golofn a hanner agos or FANER i wneyd yr hyn a eilw efe yn adolygu ac i gollfarnu chwarter colofn o'r eiddof fi. Nid ydyw

> y gwr taiogaidd hwn yn meddu y gallu i fasnachu ... Nid ydyw yn anhawdd canfod, oddi wrth ei iaith, ei osgedd, a'i ymddygiad yn ei ben-bawdfa, ei fod mor wallgof fel y mae ei gwsmeriaid yn dechreu chwarae mig ag ef.

Wedi taro'n ôl mewn geiriau llawn gwenwyn, a rhai ohonynt yn ymylu ar fod yn enllibus, gorffenna ei lith drwy ddweud, 'Dalied ef ati: fe fydd yn fuan yn meddu masnachdy heb neb yn galw.'

Tynnodd ei sylwadau tanllyd parthed helynt yn chwarel y Rhos, Capel Curig, yn ei golofn 'Llanrwst a'r Cylchoedd' yn y *Faner* ym mis Medi 1879 sawl blewyn o drwyn gweithwyr y chwarel. Yr oedd y gweithwyr wedi eu hatal rhag gweithio ers rhai misoedd oherwydd ryw anghydfod yn ymwneud â chyflogau a bu peth gohebu ar y mater yn y papurau newyddion ar y pryd. Yn baradocsaidd, ac yntau'n cael ei ystyried yn gefnogwr i hawliau'r dosbarth gweithiol dros y blynyddoedd, roedd sylwadau Elis ar y pwnc yn rhai i ryfeddu atynt. Roedd un a alwai ei hun yn 'Undebwr' wedi anfon llythyr i'r *Faner*, gyda hanes ochr y gweithwyr yn yr helynt ond ni chafwyd cydymdeimlad na chefnogaeth Elis i ymgyrch y chwarelwyr i geisio cyfiawnder. Yn ei golofn 'Llanrwst a'r Cylchoedd' ar y 13eg o Fedi, 1879 cyfeiria at eiriau Undebwr fel 'Anwybodaeth ac anaeddfedrwydd penglogaidd' gan fynd ymlaen i geisio tanseilio ymdrechion yr undeb: 'Waeth heb siarad, y mae dosbarth cynhyrfus mewn gweithfeydd a chymdeithas nad oes dim a'i boddha. Wedi cael modfedd, rhaid cael llathen, ac wedi cael hono, ni cheir heddwch.' Ac fel petai'n gwybod y byddai ymateb chwyrn i'w sylwadau yn y rhifynnau dilynol o'r *Faner*, gorffennodd ei lith drwy ddweud: 'Nid oes arnaf eisieu ymrafael na dadl ar y cwestiwn. Ni wnaf un sylw chwanegol o ddim a ddywedir nac a ysgrifennir. Dirmyg distaw fydd fy atebiad i bob sylw.'

Yn sicr, cafwyd ymateb i'w sylwadau haerllug yn rhifyn yr wythnos ganlynol o'r papur, pan ymddangosodd tri llythyr ar y dudalen 'Gohebiaeth' a phob un yn ffyrnig eu safbwynt tuag at Elis. Yr oedd un a alwai ei hun yn 'Brodor' yn llym iawn ei eiriau dan y pennawd (mewn llythrennau breision) 'ELIS O'R NANT': 'Byddaf yn darllen ysgrifau *Elis o'r Nant* "Llanrwst a'r Cylchoedd" yn neillduol, am mai Dolyddelen fydd yn cael fwyaf o'r sylw. Gallai dyn dyeithr feddwl na anwyd *Elis o'r Nant* yn Nghymru, chwaithach Dolyddelen, am y rheswm fod tuedd ei holl ysgrifau i ddiraddio y dosbarth gweithiol yn y lle hwn.'

Roedd y ddau lythyrwr arall ar y dyddiad hwnnw yn llawn mor feirniadol o sylwadau Elis o'r Nant yn ymwneud â helynt chwarel y Rhos. Cafwyd llythyrau eraill i'r un perwyl dros yr wythnosau nesaf a'r neges ynddynt yr un mor chwyrn yn erbyn safbwynt gohebydd colofn 'Dolyddelen a'r Cylchoedd'. Ond, yn ei ddull arferol o anwybyddu pob arwydd o ddicter neu sarhad tuag ato, manteisiodd Elis ar ofod y dudalen 'Gohebiaeth' yn rhifyn yr 11eg o Hydref i gynnwys ateb diflewyn-ar-dafod: 'Nid yw o un gwahaniaeth genyf pa beth ydyw syniad na barn ambell un fel hyn ân danaf ... Nid ydyw yn debyg o leihau fy nghyfeillion, na chwanegu fy ngelynion.'

Ar ôl ychydig wythnosau o gynnwys llythyrau Elis a'i wrthwynebwyr ar dudalen 'Gohebiaeth' y *Faner*, penderfynodd golygydd y papur roi taw ar yr ymgecru a gosod y rhybudd canlynol ar ddiwedd y llythyr hwnnw gan Elis o'r Nant: 'Bydded hyn yn derfyn ar y ddadl. Gan ein gohebydd y mae'r hawl i'r gair diweddaf, oherwydd mai ar yr amddiffyniad y mae.'

Un arall a fu'n ddigon hy i anfon gohebiaeth i gwyno am sylwadau a wnaed gan Elis yn ei golofn wythnosol yn y *Faner* oedd 'Hen Ramblwr'. Roedd hwnnw wedi bod yn llym iawn ei farn ohono ar fwy nag un achlysur ond nid oedd hynny'n ddim i'w gymharu ag ateb y gohebydd yn rhifyn y 23ain o Ragfyr, 1876: 'Y mae yr *Hen Ramblwr* wedi dyfod allan yn deilwng o hono ei hun ... Y mae mor wyntog a hunanol ag erioed ... Ffarwel, yr *Hen Ramblwr*! Cabarlatsia di dy ddwlni mal y mynnot, cei bleser dy hun, hwyrach; cawn ninnau *sbort* am dy ben ... "Ramblo" y gelwir peth fel hyn ar lafar gwlad.'

Yr oedd ymateb rhai o ddarllenwyr y *Faner* i ysgrifau Elis yn brawf sicr o werth ei golofnau i'r papur ac yn achos diddordeb i bawb. Byddai Elis yn amlwg yn mwynhau tynnu blewyn o drwyn ei wrthwynebwyr a'i ymffrost yn sicr o'i wneud yn darged iddynt. Ni hidiai ddim am y rhai na fyddent yn cydweld â'i sylwadau ac yn ddi-os, yn ôl ymatebion sarrug rhai o ddarllenwyr yr wythnosolyn, roedd y rhai hynny yn niferus iawn.

Er i'r adroddiadau melancolaidd achlysurol barhau ar hyd gyrfa Elis o'r Nant fel gohebydd i'r wasg, rhaid cydnabod gwerth yr adroddiadau hynny. Cawn ynddynt gipolwg ar gyfundrefn economaidd plwyfi cefn gwlad ardaloedd megis Dyffryn Conwy yn ogystal â sefyllfa economaidd Cymru a Phrydain yn hanner olaf y bedwaredd ganrif ar bymtheg a dechrau'r ugeinfed ganrif. Gellir synhwyro'r ddibyniaeth ar y diwydiant llechi am gynhaliaeth, a phrinder arian yr ardaloedd chwarelyddol hynny pan fyddai argyfyngau'n codi yn y diwydiant o bryd i'w gilydd. Ac er i Elis gwyno'n rheolaidd am ymddygiad y nafis a weithiai ar gynllun rheilffordd Betws-y-coed i Flaenau Ffestiniog ac am ei ddyhead i gael eu gwared o Ddolwyddelan yn gyfan gwbl, daeth i sylweddoli'n fuan werth cyfraniad y rheiny i economi'r dyffryn ar ôl i'r gwaith ddod i ben.

Fe ellir cyhuddo Elis ambell dro o fod â thueddiadau rhy blwyfol yn ei adroddiadau wythnosol i'r wasg, ond wedyn, i lawer, dyna oedd ei gryfder. Erys ei adroddiadau am ddigwyddiadau ei filltir sgwâr yn gofnodion hynod werthfawr am ffordd o fyw plwyfi Nant Conwy y cyfnod hwnnw ac yn sicr, byddai hanes lleol y fro yn dlotach heddiw heb ei ysgrifennu athrylithgar.

Fel arbenigwr ar lên gwerin ei ardal, byddai Elis yn cael modd i fyw wrth ddatgelu gwybodaeth am rai o hen arferion y fro i'w ddarllenwyr. Un o'r adroddiadau nodedig hynny oedd yr un a gyhoeddwyd yng ngholofn newyddion lleol 'Llanrwst a'r Amgylchoedd' yn y *Faner* ar yr 20fed o Dachwedd, 1875. Trafod gŵyl yr Hen Galangaeaf a wna yn ei adroddiad, yn union eirfa'r cyfnod:

> *Nos Galangauaf*, – Yr Hen Galangauaf, sef y 13eg, wyf yn feddwl. Y mae hen ofergoelion yn prysur ddarfod yn Nghymru. Amser maith yn ôl, yn mhell cyn fy nghof ... rhyw bedwar ugain mlynedd yn ôl, neu fwy, fe allai, arferai hen drigolion Ewybrnant – cwmwd rhwng Penmachno a Dolyddelen, ymgasglu i uchelfan – "Pen Coed mawr" – i losgi rhedyn bob nos hen Glangauaf, a rhedeg trwy y tân; lluchio ceryg, a thaflu tân i'r awyr gyda phigffyrch! Gweddillion oed hyn o'r hen arferiad o aberthu i dduw Moloch, a fu mewn bri yn mhlith yr hen Gymry paganaidd.

Â ymlaen i ddisgrifio sut y byddai trigolion yr Wybrnant yn cymdeithasu ar yr achlysur arbennig hwnnw:

> Ymddifyrid mewn cydgasglu i adrodd hen chwedlau, a hynny am faith flynyddoedd. Yr wyf fi yn cofio peth felly, er nad wyf eto wedi cyrhaedd fy nghanfed flwydd! Byddai arnaf ofn croesi pob camfa nos Glangauaf, am y dywedid y bydda "yr hwch ddu gwta" yn mhen pob camfa. O! y fath ruthro fyddai rhag bod yn olaf, rhag ofn rhywbeth neu gilydd. Ond yr olaf y byddwn i agos yn wastad; er hynny nid wyf yn cofio i mi erioed gael anffawd.

Ymhlith ei ohebiaeth reolaidd yng ngholofnau newyddion lleol Nant Conwy a oedd yn adrodd hanesion bywyd bob dydd cymunedau'r ardal, ceir ambell berl o ysgrif o atgofion Elis am yr hen ffordd o fyw. Un o'r rhain yw'r ysgrif sy'n trafod 'Cyfnod y ferfa olwyn' dan bennawd y golofn 'Llanrwst a'r Cylchoedd' ar yr 22ain o Ionawr, 1876: 'Ni fyddai yn annerbyniol gan liaws o'ch darllenwyr, ond odid, gael gair o berthynas i hen gymmeriadau a breswylient o fewn terfynau Nant Conwy yn y dyddiau gynt.' Ac wedi agoriad felly i unrhyw golofn newyddion, pwy fyddai'n gwrthwynebu? Wrth fanylu am 'yr hen amser', byddai llawer iawn o wybodaeth ddifyr yn cael ei thrafod ganddo. Enghraifft o'r eitemau difyr a gynhwysir ymysg nodiadau o newyddion lleol yw'r un am gymeriad o'i hen gynefin yn yr Wybrnant:

> Arferai yr hen Sion Owen, o Ewybrnant, gludo sachaid dau hobaid flawd ceirch ar ei gefn o'r Ceirnioge i Ewybrnant – pellder o fwy na deng milldir. Anaml y byddai yn rhoi ei faich i lawr i orphwyso. Yr oedd cewri yn byw ar y ddaear y pryd hwnnw, ac yn ddi-dor, yr oedd Sion Owen yn un o'r rhai pennaf ohonynt. Yr oedd sachaid o'r fath yn pwyso rhyw gymaint dros gant o bwysau.

Dro arall, ymysg newyddion am faterion lleol ac am dywydd Nant Conwy ar y pryd, rhoddodd ddarlun clir i'r darllenwyr o William Owen, hen deiliwr o Ddolwyddelan, yn nyddiau Siôr y Cyntaf a'r Ail (1714-1760). Arferai William ysgrifennu llythyr Cymraeg i'r brenin ar y pryd, ddwywaith neu dair y flwyddyn. Anfonai'r llythyrau gyda Rhys Williams, Rhiw-goch, o'r pentref, yr hwn oedd yn borthmon a deithiai i Lundain yn achlysurol gyda gyr o wartheg. Bob tro y byddai Rhys yn cychwyn, trawai William lythyr yn ei law gyda'r anogaeth arferol 'Rhowch o i'r Brenin Siôr'. Yr un fyddai cynnwys pob llythyr, yn ôl Elis, gyda chwynion yr anfonwr am ei gymdogion. Yn un o'r llythyrau yr oedd y brenin ei hun dan y lach hyd yn oed a William yn ei annog, 'Y mae eisio i ti ddyfod o amgylch i ofalu am dy ddeiliaid, ac i unioni y camwri y maent yn ei gael. Tipyn yn ddiog a sâl wyt ti fel brenin, Sior. Buasai yn ddigon hawdd cael dy well, ond yn anhawdd cael dy waeth.' Ond, fel y dywed Elis am y llythyrau, 'nid aeth un ohonynt erioed i law y brenin.'

Ar ôl cwyno'n rheolaidd am drafferthion gydag ymddygiad rhai o'r gweithwyr newydd ar gynllun rheilffordd Betws-y-coed i Flaenau Ffestiniog yn ei golofnau newyddion lleol yn y *Faner*, yr oedd Elis wrth ei fodd yn datgan fel a ganlyn: '*Cau y tafarndai ar y Sabbath.* – Ychydig amser yn ôl, cefais yr hyfrydwch i hysbysu fel y darfu i drigolion Dolyddelen lwyddo i gael gan y tafarnwyr gau eu gwestai ar ddydd yr Arglwydd. Y mae yn dda genyf hysbysu y waith hon fod symudiad cyffelyb wedi ei gychwyn yn Llanrwst.'

Yr oedd penderfyniad tafarnwyr Dolwyddelan ar y pryd i gau'r tafarnau ar y Suliau yn arloesol. Bu'n rhaid gwneud hynny oherwydd camymddygiad y nafis a weithiai ar y cynllun rheilffordd yn y fro rhwng 1874 ac 1879 ac oherwydd y pwysau o du trigolion yr ardal. Serch hynny, dim ond dros dro y bu'r tafarnau ar gau ar y Sabath ac fe ddychwelodd yr hen drefn ar ôl i'r dyfroedd dawelu. Ymhen dwy flynedd, wedi cwblhau'r gwaith ar y lein, pasiwyd deddfwriaeth seneddol oedd yn gorchymyn y byddai tafarndai Cymru i gyd ar gau ar y Suliau, deddf a fyddai wrth fodd Elis a nifer o'i gyfoedion bid siŵr.

Er bod Elis o'r Nant wedi gosod ei stamp ei hun ar ei golofn reolaidd yn y *Faner*, roedd ambell un o'i gyfoedion yn ddigon hy i anfon ychydig eiriau o newyddion lleol i'r papur yn achlysurol. Mentrodd un a alwai ei hun yn 'Sianco Wyn' gynnig ar lunio colofn o newyddion Dolwyddelan i gystadlu â cholofn Elis, i raddau, ym mis Gorffennaf 1877. Hyd y gwn, dyma'r unig ohebiaeth a ddaeth o law'r gohebydd hwnnw. Rhaghysbysiad am Eisteddfod y Nadolig ac adroddiad am addoldai newydd oedd yr ohebiaeth ac i gadw'r ddysgl yn wastad, fel petai, yr oedd pwt o sôn am Elis ynddynt. Dyma sut y cyflwynodd Sianco ei hun i'r darllenwyr, gyda'i eiriau gostyngedig yn amlwg ymddiheurol: 'Er na fynnwn er dim roddi yr argraph leiaf ar feddwl neb fy mod am geisio ymwthio i gymmeryd lle eich gohebydd gor-ddoniol i ohebu i'ch newyddiadur o'r ardal hon, gan y gwn na wnawn trwy hynny ond tynnu gwg llu o bersonau dylanwadol, eto erfyniaf eich caniatâd i wneyd ychydig sylwadau ar wahanol bethau.'

Un arall o gyffiniau Dolwyddelan a anfonai erthyglau o newyddion lleol, mewn cystadleuaeth ag Elis, oedd y sawl a lofnodai ei golofnau o newyddion Llanrwst fel 'L.D.' Ceisiodd y gohebydd hwnnw fanteisio ar helynt yr oedd Elis wedi bod yn ei drafod tua diwedd 1876, sef helynt yn ymwneud â chryddion Llanrwst, rhai y gwnaeth Elis sylwadau sarhaus amdanynt gan gorddi'r dyfroedd yn waeth. Ar ôl trafodaeth danllyd o'r ddwy ochr, mentrodd 'L.D.' ddangos ei liwiau'n gyhoeddus wrth gynnwys llythyr yng ngholofn gohebiaeth y *Faner*:

> "ELIS O'R NANT" A CHRYDDION LLANRWST.
> FONEDDIGION,
> Yn eich rhifyn am Rhagfyr 16eg, gwelaf fod eich gohebydd *Elis o'r Nant*, yn lle dyfod allan i amddifyn ei hun yn ngwyneb y celwyddau a ddygwyd yn ei erbyn o ysgrifennu am gryddion Llanrwst, yn dyfod allan yn fustlaidd, yr hyn a brawf ei fod yn euog ... Ac yn ddiweddaf oll, yr ysgrif fustlaidd y cyfeiriwyd ati yn barod, pa un nid yw yn dangos dim ond gwagder. Os oes unrhyw ymadrodd yn ymadrodd chwerthinllyd, y mae yr ysgrif hon yn llawn o ymadroddion o'r fath. Chwerthinllyd i bawb ydyw ei ymgais at fod yn witty, yn ei gyfatebiaeth o "edrych mewn drych i gael gweled ail-argraphiad o'r eppa".

Yn yr un rhifyn cynhwysir 'Gair o eglurhad' gan Elis i geisio achub ei gam ynglŷn â'i ohebiaeth parthed cryddion Llanrwst ac efallai oherwydd ei sylwadau miniog eraill. Yr oedd ei ddatganiad am ddangos parch tuag at bob plaid wleidyddol fel ei gilydd yn anodd i'w dderbyn, serch ei addewidion – megis yr un i anwybyddu'r 'ymgecrwyr':

Ymddengys i mi fod lliaws mawr o ohebwyr hoff o ymgeintach, ac yn cyfodi gwrthddadl yn erbyn yr hyn a ysgrifenir, er mwyn dangos ysbryd cwerylgar a checrus. Rhaid eu bod yn gwybod yn eithaf da nad oes unrhyw sail i'r hyn a ysgrifenir yn erbyn gohebwyr ag sydd bob amser yn ymdrechu cofnodi ffeithiau a digwyddiadau yn deg o wahanol ardaloedd. Nis gwn pa un a fyddaf mewn bywyd ac iechyd i ohebu y flwyddyn nesaf; os byddaf, yr wyf yn dymuno dadgan na fydd i mi o hyn allan wneyd unrhyw sylw o ymgecrwyr. Nid oes genyf amser na phleser yn hynny o gwbl. Ymdrechaf wneyd cyfiawnder a chwareu teg â phob plaid fel eu gilydd. Fel gohebydd ni fydd i mi adnabod plaid.

Yn ôl y disgwyl, cafwyd ymateb gan 'L.D.' yn y *Faner* yr wythnos ddilynol a'i eiriau yntau yn ceisio gwadu'r ffaith ei fod yn ymgecrwr. Ymhen wythnos arall, yr oedd Elis eto yn benderfynol o daro'n ôl yn erbyn gohebydd colofn 'Llanrwst'. A dweud y gwir, roedd y golofn newyddion lleol honno yn cystadlu'n uniongyrchol â cholofn reolaidd 'Llanrwst a'r Cylchoedd' Elis o'r Nant a oedd wedi sefydlu ei hun ers peth amser. Anodd yw deall sut y caniataodd golygydd *Baner ac Amserau Cymru* ar y pryd i ddau ohebydd gyhoeddi newyddion wythnosol am ardal Llanrwst yn y papur. Parhaodd y sefyllfa honno am rai misoedd, gan awgrymu bod rhywfaint o ddrwgdeimlad yn bodoli rhwng 'L.D.' ac Elis, y gohebydd 'swyddogol'.

Er iddo addo yn ei golofn yr wythnos flaenorol na fyddai'n cymryd unrhyw sylw o 'ymgecrwyr', roedd Elis o'r Nant yn dal i gorddi yn erbyn ei wrthwynebwyr yn rhifyn y 13eg o Ionawr, 1877 o'r *Faner*:

> *Cwerylwyr,* - Y mae dynion cecrus a chwerylgar yn debyg iawn i hesbwrn pendro. Fe dwlcia hwnnw yr ochr yma a'r ochr arall heb achos ac heb unrhyw fwriad ... Fe gweryla ambell un â phob dyn ag sydd â blewyn yn fwy neu flewyn yn llai yn ei farf nag sydd ganddo ef ... Peth digon annymunol ydyw gweled y cecryn yn cael ei weithio yn ôl, ac allan o gylch gwareiddiad, o herwydd ei ysbryd blin.

Byddai amrywiaeth o bynciau'r dydd yn cael eu traddodi yn ei golofnau wythnosol ac fel y crybwyllwyd eisoes, fe wnaeth Elis o'r Nant gymwynas enfawr trwy gofnodi amrywiaeth o newyddion lleol rhan uchaf dyffryn Conwy a dyffryn Lledr. Byddai mân ddigwyddiadau megis y ffeiriau lleol, cyfarfodydd llenyddol y dyffryn, achosion llys, sefyllfa'r gweithfeydd, y capeli ac ati yn rhannu colofn gydag ymosodiadau ffyrnig a phersonol ar bobl a threfn nad oeddent yn rhan o'i ddelwedd ef o gymdeithas gyflawn a theg.

Nid yn ddamweiniol y cyfeiriai Elis at anghyfiawnderau'r cyfnod; byddai'n cael modd i fyw wrth fanteisio ar ei ddawn a'i reddf i ysgrifennu'n ymosodol am rai o foneddigion yr oes honno ac am Eglwys Loegr a oedd yn wrthun iddo. Ar ôl i'r gwaith ddod i ben ar gymal Dolwyddelan o'r rheilffordd rhwng Betws-y-coed a Blaenau Ffestiniog, gwnaed y gweithwyr yn ddi-waith a chafodd y tlodi ymysg y pentrefwyr lawer o sylw gan Elis. Soniwyd eisoes am ei adroddiadau melancolaidd yn trafod 'marweidd-dra' masnach yn y fro ac am gyfyngderau ariannol y trigolion ond cyhoeddai Elis adroddiadau hefyd am haelioni Arglwyddes Willoughby D'eresby, stad Gwydir, a oedd yn berchen ar y rhan fwyaf o diroedd ardal Dolwyddelan ar y pryd. Ceir hanesion yr Arglwyddes yn agor cegin gawl yn y pentref yn achlysurol, ac yn rhannu glo ymysg y pentrefwyr ar adegau o dlodi enbyd a mawr fyddai clodydd Elis iddi yn ei golofn wythnosol. Yr oedd rhyw naws baradocsaidd yn ei adroddiadau am garedigrwydd yr Arglwyddes ac yntau wedi bod mor ymosodol ei farn am y boneddigion gydol ei yrfa newyddiadurol ond roedd y sefyllfa wedi newid erbyn hynny, yn ôl ei eiriau ef ei hun yn ei golofn 'Llanrwst a'r Cylchoedd' ar y 1af o Chwefror, 1879:

> Elusen a glo a gyfrannwyd yn helaeth i dlodion ar ystâd Gwydir yn amrywiol ardaloedd y cylchoedd, gan yr Arglwyddes Willoughby D'Eresby ... Y mae y

bendefiges hon yn arfer dangos ei charedigrwydd er's rhai blynyddoedd tuag at y tlodion ... Yr wyf yn cofio yn dda na fyddai tirfeddianwyr Gwydir yn dangos unrhyw deimlad caredig tuag at y tlodion a breswyliant ar yr ystâd ... ond yn awr, fel arall yn hollol y mae.

Wedi canmol yr Arglwyddes i'r entrychion, manteisiodd ar y cyfle i ddangos ei ddicter tuag at garfan arall o'r bonedd wrth gyfeirio at ddiffyg haelioni ei arch-elyn, Arglwydd Penrhyn: 'Er fod gan Arglwydd Penrhyn etifeddiaeth lled helaeth yn Mhenmachno, Ysbyty Ifan, a mannau ereill ar y terfyn, ni chlywais ddarfod iddo gyfrannu na glo nac arian i'r tlodion er pan ddaeth ystâd y Mostyniaid i'w feddiant.'

Cyfeiria hefyd at y ffaith nad oedd ciperiaid Arglwydd Penrhyn yn caniatáu i denantiaid y stad ladd cwningen tuag at eu cynhaliaeth. Byddai'r ceidwaid helwriaeth yn arfer anfon pob cwningen i farchnadoedd pell i ffwrdd. 'Ai syniad y gwr bonheddig yw mai pobl fawr, glyfer yn unig a ddylai fwyta peth felly?' gofynna Elis. Ac fel atodiad i'r ganmoliaeth am Arglwyddes Willoughby D'Eresby, dywed, 'Ni ddylai neb ganmawl y da heb redeg i lawr y drwg.'

Gwta fis ar ôl cyhoeddi'r adroddiad uchod am garedigrwydd tirfeddiannwr stad Gwydir a'r glo a ddosbarthwyd ymysg pentrefwyr Dolwyddelan, yr oedd Elis yn ei chlodfori unwaith yn rhagor yn y *Faner*:

> *Haelioni Arglwyddes Willoughby D'Eresby* yn parhau i ennill sylw y cylchoedd yn ddyddiol. Yr wyf wedi sylwi yn flaenorol ei bod wedi dadgan ei bwriad i sefydlu "cegin gawl" yn ardal Dolyddelen, tra y parhao yr hin galed a'r caledi mawr presennol. Y mae yn yr ardal amryw deuluoedd mawrion – wyth neu naw o blant yn yr un teulu – y rhai nad oeddyn braidd yn gallu llwyddo i gael y ddau ben llinyn i gyrhaedd eu gilydd mewn adeg o lawnder.

Yna mae Elis yn ymhelaethu ar y sefyllfa druenus a wynebai'r tlodion, gan fanteisio ar y cyfle i athronyddu, yn ei ddull arferol, ar y rhesymau dros lawer o'r tlodi hwnnw: 'Darfu i rai fyw yn llawer rhy uchel mewn adeg o lwyddiant, ac o lawnder. Bwytawyd cymaint o fêl ag a gafwyd y diwrnod teg – pan oedd haul haf yn tywynnu, heb feddwl y deuai adeg caled, a gauaf.'

Â ymlaen i drafod y 'gegin gawl' a sefydlwyd gan yr Arglwyddes a sut y daeth ei hasiant, Mr McIntyre, i Ddolwyddelan i roi gorchymyn i Mr Thomas, yr ysgolfeistr, i alw ynghyd 'bwyllgor y cawl', chwedl Elis. Galwyd ar nifer o ddynion blaenllaw y pentref, gan gynnwys Elis o'r Nant ei hun, 'ynghyd ac eraill nad wyf yn cofio eu henwau' i sefydlu'r pwyllgor.

Wedi ychydig drafferthion parthed cael berwedydd

digon mawr i wneud y cawl, manteisiodd hanner cant o bentrefwyr ar y cyfle i flasu'r cawl, gyda thorth i'w ganlyn, ar y dydd Sadwrn dilynol. Câi'r cawl a'r bara ei ddarparu ddwywaith yr wythnos ar gyfer tlodion y plwyf a chanai Elis glodydd y wraig a oedd yn gyfrifol am hynny yn ei golofn. Trefnodd yr Arglwyddes waith ar gyfer tua deugain, os nad mwy, o ddynion lleol i drwsio rhannau o'r ffyrdd yn ei thiriogaeth yn Nolwyddelan hefyd, ar gyflog o ddeuddeg swllt yr wythnos.

Saith mlynedd yn ddiweddarach yr oedd Dolwyddelan yn dal i ddioddef oherwydd y tlodi enbyd a ymwelai'n gyson â'r fro, ac wrth reswm, roedd Elis ymysg y nifer fawr o bentrefwyr a deimlai effeithiau'r tlodi hwnnw. Yn ôl ei harfer, yr oedd Arglwyddes Willoughby D'Eresby yn hael iawn ei chymorth tuag at ei thenantiaid. Ym mis Chwefror 1886, a'r hin yn anarferol o oer, anfonodd y foneddiges o Wydir dunelli o lo i'w ddosbarthu'n rhad ac am ddim ymysg tlodion y plwyf a blancedi i wragedd gweddwon y pentref a phentrefi eraill cyfagos. Wrth adrodd am yr haelioni hwnnw cyfeddyf Elis o'r Nant ei hun ei fod yntau yn un o'r rhai a ystyrid ymysg tlodion Dolwyddelan y cyfnod: 'Y mae dosbarth ohonom yn dioddef yn erwin; ond y mae yn anhawdd gwybod pa fodd i fynd ymlaen, gan nad oes un llwybr wedi ei adael ar hyd yr hwn y gallwn fyned fel i osgoi yr aflwydd yma.'

Roedd cefnogaeth Elis i'r blaid Ryddfrydol yn dal

mor gadarn ag erioed a cheir ei hanes o dro i dro yn mynychu cyfarfodydd gwleidyddol yn ei filltir sgwâr a thu hwnt. Dewiswyd ef yn un o ddau gynrychiolydd o Ddolwyddelan a deithiodd i Ddinbych ym mis Hydref 1884 i gyfarfod Joseph Chamberlain, y gwleidydd Radicalaidd adnabyddus. Roedd Elis yn flaenllaw iawn ym mhob cyfarfod gwleidyddol bron a gynhaliwyd gan y Blaid Ryddfrydol yn Nolwyddelan a'r plwyfi cyfagos. Yn etholiad cyffredinol 1886, ac yntau wedi bod yn chwifio baner y blaid ers rhai wythnosau yn ei golofn wythnosol yn y *Faner*, rhaid oedd iddo nodi ei gefnogaeth lwyr i William Rathbone, yr ymgeisydd Rhyddfrydol dros etholaeth Arfon. Yn ei golofn 'Llanrwst a'r Cylchoedd' ar yr 17eg o Orffennaf, 1886 ymfalchïa wrth adrodd, 'Yn mhell cyn i'r etholfa agor boreu ddydd Llun, gwelid llu yn ymgasglu at y ddôr, gan wneyd arwyddion eu bod yn barod i fyned i mewn i gofrestru eu pleidlais. Y cyntaf i'r Uchgadben Platt oedd Arthur Wood Jones, Ysw., un o berchenogion Chwarel Tywysog Llewelyn, a'r cyntaf i Mr Rathbone oedd Elis o'r Nant.' Ar ddiwedd yr adroddiad, mae'n llawenhau wrth ddatgelu, 'Daeth y newydd yn gynnar heddyw fod y nifer o 4,072 wedi pleidleisio o blaid Mr Rathbone, a 2,950 o blaid yr ymgeisydd Toriaidd. Ar y cyfan, dylem lawenhau yn y fuddugoliaeth o dan amgylchiadau mor gaddugawl.'

Pan ymwelodd Rathbone â Dolwyddelan rai

misoedd yn ddiweddarach, roedd Elis, yn ôl yr arfer, yn cymryd rhan flaenllaw yn y trefniadau i'w groesawu fel eu haelod seneddol, ynghyd â nifer o bwysigion eraill. Un ohonynt oedd y Parchedig Spinther James a wahoddwyd i roi crynodeb Gymraeg o araith uniaith Saesneg Rathbone – ond er mawr siom i'r cefnogwyr lleol a oedd yn bresennol, yn Saesneg y traddododd James hefyd. Ar ôl nifer o gynigion o gefnogaeth i Rathbone, cafwyd pleidlais o ymddiriedaeth yn Mr Gladstone, y cyn-brif weinidog. Er na ddatgelir dim am y rhesymau dros ymddiried yn Gladstone, mae'n debyg mai oherwydd cefnogaeth gyson y gwleidydd dros ymreolaeth i Iwerddon y cofnododd Elis y bleidlais. Collodd Gladstone a'i gefnogwyr bleidlais ar ymreolaeth i Iwerddon yn Nhŷ'r Cyffredin yn 1886, gan greu hollt yn y Blaid Ryddfrydol.

Yr oedd Elis ei hun yn cefnogi ymdrechion y Gwyddelod i geisio ennill hunanlywodraeth i'w gwlad a cheir prawf o hynny yn ei ohebiaeth ar fwy nag un achlysur. Yr oedd hynny'n glir iawn pan alwyd Elis ymlaen yn y cyfarfod yn Nolwyddelan a manteisiodd yntau ar y cyfle i gollfarnu'r llywodraeth Doriaidd, gan ddarllen y penderfyniad canlynol a wnaed yn y cyfarfod:

> Fod y cyfarfod hwn yn llwyr gollfarnu gwaith y llywodraeth yn hualu a ffrwyno rhyddid y wasg, ac

> yn atal cydymgynnulliad cyfansoddiadol yn yr Iwerddon i drafod a dadleu pyngciau cyhoeddus ... ac yn dadgan yn ddiamwys mai yr unig lwybr i ennill heddwch, a sicrhau cymmydogaeth dda ydyw, caniatáu i'r Gwyddel yr hawl i hunanlywodraeth, heb unrhyw ymyriad ar ran Saeson anwybodus.

Dangosodd ei ysbryd cenedlaetholgar, gwrth-Seisnig ar fwy nag un achlysur arall hefyd. Byrlyma ei deimladau gwladgarol yn ei adroddiad am ei ymweliad â'r Eisteddfod Genedlaethol yn Aberdâr ym mis Awst 1885. Wrth deithio i lawr trwy ganolbarth Lloegr, nododd, yn athronyddol fel arfer:

> Yr oedd yr olwg ar sir Amwythig a swydd Henffordd yn dwyn i'm cof linellau a gyfansoddwyd gan un o'r hen feirdd Cymreig, pan yn teithio trwyddi yn nghwmni llu o'i gyfeillion, a rhai o'r un urdd ag yntau. Pan yn eistedd i orphwyso ac i gymeryd mygyn mewn rhanbarth fras o sir Henffordd, nis gallai lai na throi ei olygon a'i ddeutu i syllu ar y coed afalau, eirin, gerllyg, yr ydau o wahanol fathau, a llu o ffrwythau o bob math, a dyma fel yr ymfflamychodd –
>
> 'A weli di y wlad lwysfad hon,
> Un addas gynt fu'n eiddo'r Brython;

Ond aeth y wlad hon weithion
Er's oesau yn eiddo'r Saeson.'

Nis gallwn innau lai na mwmian y geiriau hyn. Ymddangosai pawb yn hollol ddidaraw i ddim ond y materol.

Manteisiodd Elis ar ei gyfrifoldeb fel gohebydd i'r *Faner* i leisio'i farn ar sawl un o bynciau llosg y dydd, gan wneud hynny'n ddiflewyn-ar-dafod. Roedd y ffaith mai papur radicalaidd, Rhyddfrydol oedd *Baner ac Amserau Cymru* yn gwneud y gwaith o gynhyrfu'r dyfroedd yn llawer haws iddo. Byddai Thomas Gee, perchennog y papur, yn sicr o fod yn rhannu'r un egwyddorion radicalaidd â'r gohebydd o Nant Conwy a gwelid erthyglau tanllyd gan ohebwyr eraill o'r un anian ag Elis o'r Nant yn cael eu cyhoeddi'n rheolaidd yn y *Faner*. Yr oedd yn bapur blaenllaw iawn gyda nifer o ymgyrchoedd agos at galonnau gwerin bobl y bedwaredd ganrif ar bymtheg yn cael llais drwy ei dudalennau.

Roedd helynt y degwm yn rheswm arall dros ddangos gelyniaeth tuag at yr eglwys sefydledig, Anglicanaidd a cheir blas o atgasedd Elis tuag at y drefn honno mewn sawl un o'i erthyglau newyddiadurol yn ystod y cyfnod cythryblus hwnnw yn hanes Cymru. Dengys hyn yn glir wrth geisio esbonio annhegwch y dreth i ddarllenwyr ei golofn:

> Ceir corph o bobl – y lliaws yn Nghymru – yn rhai nad ydynt nid yn unig yn mynychu yr Eglwys Sefydledig, ond yn myned i leoedd eraill o addoliad, ac yn talu at ddwyn yn mlaen y math neillduol hwnnw o addoliad; tra yn cael eu gorfodi ar yr un pryd i dalu yr hyn a elwir 'degwm' at gynnal math arall o addoliad – math o addoliad nad oes odid un yn cydolygu â'r cyfryw, nac yn mynychu yr adeilad lle y dygir ef yn mlaen ... Nid ydyw gofyn am ddegwm i bobl nad ydynt byth yn tywyllu dor yr Eglwys yn deg yn yr ystyr foesol o'r gair. Ynfydrwydd ydyw sôn fod y degwm wedi cael ei roi er's oesau gan hen dywysogion anwaraidd a choelgrefyddol ... Pwy a wnaeth ein tiroedd yr hyn ydynt mewn gwerth? Y llafurwyr a'r ffermwyr. Nid oes gan un brenin hawl i wneyd cyfreithiau, ac i'w gosod o dan hualau caethiwed. Paham y rhaid i neb fyned o dan iau caethiwed i gynnal i fyny yn y wlad sefydliad diffrwyth?

Mewn erthygl arall o'i eiddo sy'n trin a thrafod datgysylltiad a'r degwm, mae'n hallt ei eiriau am glerigwyr yr Eglwys Sefydledig. Ym marn Elis, roedd cyffelybiaeth rhwng y 'gŵr o urddau' a math o lindys a ddeuai i'r ardal i fwyta popeth, heb roi dim yn gyfnewid am y degwm. 'Os bu ysbeilio erioed,' meddai, 'ni fu erioed waeth ysbeilio na'r ysbeilio gyda'r degwm.' Ond yn ei adroddiad am gasglu'r degwm yn ardal Llanrwst yn 1886, cyfeddyf fod

> Degwm Llanrwst yn cael ei dderbyn ddydd Mawrth, gan y Canon Jones. Pob un a dalai y degwm a anrhegid â thocyn yn rhoddi hawl i chwart o gwrw! Ac ni chaniateid cyflwyno y tocyn ond mewn dau dafarndy yn y dref. Os ydyw yn rhy fuan Dadgyssylltu yr Eglwys oddi wrth y Wladwriaeth, ai tybed ei bod yn rhy fuan dadgyssylltu y degwm oddi wrth y math hwn o docynnau?

Erbyn diwedd 1890, roedd Elis yn gweld rhywfaint o oleuni ym mhen draw twnnel datgysylltu, a rhyddhad oddi wrth grafangau Eglwys Loegr. Roedd ysbryd chwyldroad i'w weld yn ei eiriau ymfflamychol wrth iddo annog gwrthdystiad i'r drefn:

> Ond erbyn hyn, y mae y wlad wedi codi fel un gŵr mewn gwrthryfel yn erbyn y sefydliad, a'r rhai sydd yn ymfrashau ac yn ymdecau ar far lladrad a brasder gorthrwm ... Ymreolaeth a hunan-lywodraeth a raid i ninnau gael yn Nant Conwy yma, fel ym mhob nant, cwm, a dôl, a mynydd arall, cyn byth y gallwn gael chwareu teg. Ni ŵyr pobl o Lundain, na phobl

o leoedd eraill chwaith, ddim pa sut i'n llywodraethu ni.

Yn ei golofn o newyddion lleol yn y *Faner* ar ddechrau mis Rhagfyr 1892, yr oedd Elis yn trafod datgysylltiad a dadwaddoliad ynghyd â hynt a helyntion sefydlu'r ysgol wladwriaethol ym Mhenmachno. Yr oedd yn amlwg yn teimlo'n hyderus ynghylch dyfodol y pethau y bu'n brwydro amdanynt – ac yn ysgrifennu'n rheolaidd o'u plaid – a chreu gelynion gydol yr ymgyrchu hefyd. Yn ei farn ef, roedd golau i'w weld ym mhen draw'r twnnel hir hwnnw:

> Daw llawer tro ar fyd yn fuan eto. Daw dadgysylltiad a dadwaddoliad, a daw yr ysgolion oll yn rhydd ... Gall y mwyafrif hawlio bwrdd ysgol yn mhob plwyf, ond bydd y dreth i'w thalu, a dyledion yn aros am lawer o flynyddoedd ... Daw rhyddid yn fuan, ac fe ddryllir hualau gorthrwm heb fesur seneddol, nac un math o fesur arall. Pan ddaw y goleuni yn ddigon disglaer a thanbaid, fe gilia adar y nos a bwystfilod ysglyfar i'w lloches.

Dros nifer o flynyddoedd, dywedodd Elis o'r Nant ei farn yn groch yn erbyn dylanwad yr Eglwys Anglicanaidd a'i hoffeiriaid yng Nghymru. Yn ddi-os, cyfrannodd Elis yn helaeth trwy gyfrwng ei ohebiaeth chwyrn yn newyddiaduron y cyfnod i agor llygaid ei ddarllenwyr i anghyfiawnderau'r oes. Ond yn anffodus iddo ef, er ei holl ohebu tanbaid a'i ymgyrchu dros ddatgysylltu Eglwys Loegr yng Nghymru, yr oedd Elis o'r Nant yn ei fedd ymhell cyn gwawrio'r diwrnod hanesyddol hwnnw ar Fawrth yr 31ain, 1920.

Pennod 6

Y llyfrwerthwr, awdur, llenor ac arwestwr

Gan ei fod eisoes wedi bod yn ymdrin â chyhoeddi a gwerthu llyfrau cyn ei ymadawiad am America, sefydlodd Elis fusnes o'r fath unwaith yn rhagor ar ôl dychwelyd i Ddolwyddelan. Cychwynnodd ei fusnes cyhoeddi a gwerthu llyfrau mewn cwt pren yn y pentref, cyn agor siop yn ei gartref, Willoughby House yn ddiweddarach. Ddechrau mis Tachwedd 1875, dan y pennawd 'Swyddfa Argraffu' yng ngholofn newyddion Dolwyddelan yn y papur wythnosol *Y Dydd*, roedd y gohebydd Cledrwyson yn falch iawn o fenter Elis: 'Da gennym allu llongyfarch y doniol Elis o'r Nant, ar ei waith yn ymgymeryd a'r gwaith o lyfrwerthydd ac argraffydd, a'n dymuniad yw iddo lwyddo yn ei ymdrechion, ac y bydd i'r ardalwyr dd'od i wel'd gwerth y peth, a rhoddi cefnogaeth unfrydol a dyladwy i'r symudiad daionus a manteisiol.'

Byddai Elis yn codi stondin i werthu'r nwyddau yn yr Eisteddfodau Cenedlaethol hefyd ac er ei anabledd, teithiai'n rheolaidd o amgylch chwareli Dolwyddelan, Penmachno a Blaenau Ffestiniog gyda phecyn o lyfrau a chylchgronau mewn bag lledr ar ei gefn i'w gwerthu i'r chwarelwyr. Roedd y bag hwnnw wedi'i fachu ar bren a'i ganol ar ffurf llythyren U â'i phen i lawr yn hongian dros ei ysgwydd.

Ceir hanes Elis yn ymweld â chwarel Graig Ddu yn ucheldir y mynydd ger y ffin rhwng plwyfi Ffestiniog a Phenmachno. Fel arfer byddai'n ymweld â'r chwareli ar y dydd Llun oedd yn dilyn dydd Gwener tâl. Teithiai gyda'r trên o Ddolwyddelan i Flaenau Ffestiniog, cyn dringo'r ddwy inclên serth i Bonc Dŵr Oer a oedd yn rhan o chwarel uchel Graig Ddu. Agorai ei siop yn y caban, sef y tŷ bwyta ar y bonc, gan sicrhau y byddai'r newyddion am ei ddyfodiad yn cael ei ledaenu'n fuan ac amryw yn dod i brynu llyfr neu ddau ganddo. Ond druan ag unrhyw un a feiddiai fethu â thalu dyled y mis cynt, gan ddymuno prynu rhywbeth arall ganddo. Byddai cymeriad pigog Elis yn dod i'r wyneb yn syth wrth iddo gipio'r llyfr o law y darpar gwsmer ac ergydio'n flin i'w wyneb, 'Tala am be ges ti mis dwytha'n gynta'!' Byddai'n mynd yn gandryll wrth weld rybelwyr bach (llafurwyr ifainc) yn byseddu llyfrau, heb fwriad i'w prynu, a chaent eu hysio allan o'i siop yn y caban. Wrth gwrs, roedd hynny'n rhoi rheswm i'r rybelwyr ddial arno drwy chwarae castiau a fyddai mor adnabyddus ymysg gweithwyr y chwareli. Un o'r triciau a chwaraewyd arno un tro oedd rhoi 'stolpyn' – darn o garreg – yn ei fag a chariodd Elis honno ymysg ei lyfrau i fyny'r inclên serth olaf yn ddiarwybod, bob cam i ben uchaf Graig Ddu. Pan wagiodd ei fag yno a gweld y stolpyn yn ei waelod, gwylltiodd yn gacwn gan fytheirio'r bechgyn a gyflawnodd y fath dric arno.

Ar ôl cwblhau ei orchwyl ar Bonc Dŵr Oer a'r Graig Ddu, cerddai drosodd i chwarel Bwlch Slatars ac ymlaen i chwareli Cwt y Bugail, Blaen y Cwm, Rhiwbach a Rhiwfachno yng Nghwm Penmachno cyn troi'n ôl dros y mynydd am ei gartref yn Nolwyddelan – a hyn i gyd er ei ddiffygion corfforol. I'r perwyl hwnnw cyfansoddodd R. Owen (Myfyrian) englyn disgrifiadol o Elis ar ei deithiau:

Gwynebgoch gwirgoch gwyrgam – bag a ffon,
    Bywiog a phert llygatfflam;
  Bergoes yn peri byrgam
  A'i goes dde'n gwneud K bob cam.

Ac yntau'n un i gwyno'n rheolaidd am 'farweidd-dra masnach', yr oedd rheswm da ganddo dros ofidio am brinder arian yn y fro; byddai unrhyw wasgfa ariannol yn yr ardal yn effeithio ar ei fusnes fel llyfrwerthwr. Ond ar brydiau byddai ambell un o'r 'crach-ymhonwyr', chwedl Elis, yn gwerthu llyfrau am brisiau llai na'u gwerth a hynny'n golygu y byddai eraill yn dilyn yr un trywydd ac yn gwerthu llyfrau am brisiau gostyngol:

> Gan fod eraill yn gostwng prisiau eu llyfrau, daw yr oll, ymresymir, i wneyd cyffelyb ostyngiad yn fuan ... Ni wna mo'r tro ostwng prisiau llyfrau. Nid yw y rhan fwyaf o honynt yn talu am eu cyhoeddi, pe gellid gwerthu yr oll, a sicrhau yr arian am danynt. Nid yw y rhai sydd wedi gostwng eu llyfrau yn gwneyd yn deg â'r llyfrwerthwyr.

Ychydig wythnosau'n ddiweddarach, roedd Elis yn dal i geryddu'r masnachwyr oedd mor hy â gwerthu llyfrau am brisiau isel, ac am fasnachu gyda Saeson, o bawb!:

> Rheda rhai yn wyllt-wallgof at y Saeson. Onid yw hyn yn brawf eglur nad o herwydd tegwch a rhadlonrwydd y masnacha rhai pobl yn mhell? ... Nid oes dim sydd yn well gan ambell herlod a herlodes fursennaidd a phenwan na chael y fraint a'r

> fantais oruchel o fasnachu â Sais. Nid er mwyn unrhyw fantais ariannol, ond er mwyn cael dangos i'r byd, yn eu tyb goegaidd a ffôl eu hunain, eu bod yn bobl fawr, ac o uchel-rodiad, ac yn galu dwyn masnach yn mlaen â Sais, fel tase.

Nid dim ond y gystadleuaeth o du'r llyfrwerthwyr eraill oedd yn poeni Elis; roedd diotwyr ac ysmygwyr dan ei lach yn ogystal, yn ôl ei adroddiad yn y *Faner* ar ddechrau mis Mawrth, 1889:

> Tra y mae masnach yn llawer rhy farwaidd ac isel i brynu hyd yn oed newyddiadur ceiniog, nid ydyw yn rhy farwaidd i brynu gwydriad dwy geiniog. Tra y mae masnach yn llawer rhy farwaidd i brynu llyfr i ddiwyllio y chwaeth, ac i chwanegu grym y meddwl, nid ydyw yn rhy farwaidd i dreulio llawer o sylltau am ddiod a myglys.

Anfonodd Robert Isaac Jones (Alltud Eifion), ac yntau'n 91 oed ar y pryd, rhyw lun o englyn dychanol ato, neu 'rigwm' yn ôl Elis, yn awgrymu bod ei lyfrau'n rhy ddrud. Nid oes gofnod o'i ymateb!:

> Elis o'r Nant wna les i'n gwlad ni – drwy
> Ei lyfrau drud lenni;
> Llyfrau a geir yn llafur Gee,

A'r hanner yw gwerth rheini.

Un o nifer o lyfrwerthwyr teithiol ei gyfnod oedd Elis o'r Nant a cheir cofnod o ambell un yn gosod ei stondin mewn ffair neu farchnad yn achlysurol. Meddai Ab Owen o Lanuwchllyn mewn erthygl yn *Cymru* yn 1921:

> Cofiaf hefyd weled stondin ar Stryd Fawr y Bala a hen ŵr yn gwerthu llyfrau yno wrth y dwsinau. Ond diflanasant hwy, ac nid oes yn awr ond atgof am danynt; atgof egwan, nid ydym eto wedi sylweddoli ein dyled iddynt, Richard Jones o Aberangell; William Evans, Carno; William Davies o Glyn Ceiriog; Elis o'r Nant, a lliaws eraill.

Mae'n amlwg fod llawer yn gwerthfawrogi gwasanaeth y llyfrwerthwyr teithiol yn fawr a chryn hiraethu amdanynt wedi eu diflaniad.

Yr oedd geiriau'r llyfrwerthwr o Ddolwyddelan yn ei golofn newyddion lleol 'Llanrwst a'r Cylchoedd' yn y *Faner* rai blynyddoedd ynghynt yn cyfeirio at y rhesymau dros ddirywiad y fasnach llyfrau Cymraeg. Daeth geiriau Elis yn greulon o wir parthed y rhesymau dros y gostyngiad yng ngwerthiant llyfrau Cymraeg a'r cynnydd yng ngwerthiant y rhai Saesneg:

Dïau fod y darllenydd, erbyn hyn, yn deall nad oes neb yn brathu ac yn llarpio mwy ar y Gymraeg, a'i llenyddiaeth, na'r rhai sy'n ymddibynnu arni am eu bywoliaeth. Eir o amgylch, o Sabbath i Sabbath, ac ar adegau eraill, i lefaru yr hyn a elwir 'efengyl hedd,' a dysgir pobl i gadw y deng air deddf, a gosodir pwyll neillduol ar anrhydeddu tad a mam; ond er cywilydd, ni chedwir, ac ni pherchir hynny ganddynt hwy eu hunain. Iaith a llenyddiaeth eu mam a deflir o'r neilldu, ac a ddirmygir ganddynt. Derbynir a darllenir llyfrau Saesnig, a throir ymaith yn ddiystyrllid pan y cymhellir llyfr Cymraeg iddynt.

Mewn teyrnged gan Ellis Williams, Bertheos, Dolwyddelan i Elis o'r Nant a gyhoeddwyd yn *Y Geninen* ym mis Gorffennaf 1913, oddeutu blwyddyn wedi ei farw, ceir darlun byw o Elis a'i stondin llyfrau ar faes yr Eisteddfod Genedlaethol:

> Efe, o bawb, hyd y gwyddom, a gafodd y rhagoriant o godi "stondin lyfrau" gerllaw pabell yr Eisteddfod Genedlaethol; a dilynai y sefydliad yn ddifwlch i bob man am lawer o flynyddoedd ... Gosodai y stondin i fyny mewn man cyfleus, fel nas gallai neb basio i'r babell nac o honni heb i Elis gael cip arno a siawns i werthu llyfr ... Un tro daeth un o'r beirdd heibio; ac wrth weled Elis yn ei ffwdan, a'i dymer ddrwg

rhoddodd ffon ar ei grwper, a dywedodd yr englyn a ganlyn i gyffroi ei ysbryd i dymer waeth fyth:

Elis o'r Nant, clyw lais o'r nef – yn dal
        Y dylit fyn'd adref;
    Ni haeddet gael dy oddef, –
    Un sur a drwg, dos o'r dref!

Wedi i rai o gefnogwyr y 'pethe' yn rhanbarth uchaf Nantconwy sefydlu 'Undeb y Pedwar Plwyf', sef cymdeithas lenyddol ar gyfer trigolion Penmachno, Dolwyddelan, Ysbyty Ifan a Betws-y-coed, ym Mhenmachno yn ystod Nadolig 1862, cafwyd bri mawr ar gystadlu yng nghyfarfodydd yr undeb hwnnw. Yr oedd y gymdeithas lenyddol newydd yn gyfrwng i Elis a'i debyg roi cynnig am wobr o'r gylchwyl flynyddol a bu hefyd yn destun ambell lythyr o'i eiddo yng ngholofnau gohebiaeth papurau newyddion y cyfnod. Codai anniddigrwydd rhwng aelodau o bwyllgor yr undeb yn rheolaidd a byddai'r ymgecru yn troi'n ymosodiadau geiriol personol yn aml. Fel un a wasanaethai ar y pwyllgorau hynny, byddai Elis yn amlwg yn manteisio ar y cyfle i ddatgan ei farn ar ymddygiad rhai o aelodau'r undeb. Ceir enghraifft o'i farn finiog yn ei lythyr yn trafod helyntion dewis swyddogion Undeb y Pedwar Plwyf yng ngholofnau *Baner ac Amserau Cymru* ym mis Mehefin 1867:

... a digon yw dyweyd bod llawer o drigolion pob ardal yn anfoddlawn i'w hyrwyddo yn mlaen yn y ffurf y mae. Y mae amryw yn analluog i ganfod pa briodoldeb ydyw gadael yr un rhai yn drysorydd, llywydd ac ysgrifennydd y pwyllgor yn hwy nag am dymor? Oni fyddai gwell newid y cyfryw bob blwyddyn, ac i bob un gael ei ddethol o ardaloedd gwahanol i'w gilydd, ac i'r un swyddogaeth beidio syrthio i ran person yn yr un ardal a'r un a'i blaenora yn uniongyrchol. Y mae yn ffaith fod yr un personau yn llenwi y swyddi crybwylledig yn ddigyfnewid ... ac yn creu ynddynt ysbryd ystyfnig a Thoryaidd ... y cynllun goreu yn bresennol i'r pedair ardal fyddai taflu yr hen "Undeb" o'r neilltu, ac ail ddechrau a gweithredu yn ôl y dull a nodwyd ... Nid oes gennyf wrth derfynu ond annog trigolion y pedwar plwyf i gymmeryd y pwngc i'w hystyriaeth, a chladdu yr ymgiprys a'r anghydfod yn dawel yn eigion tywod, a wnaeth y fath hafog yn ein plith.

Yr wythnos ddilynol daeth atebion chwyrn i'r llythyr, un ohonynt gan Griffith Roberts, dan ei enw barddol, Gwrtheyrn. Cyhoeddwyd y llythyr dan y pennawd 'BETTWS Y COED A'R UNDEB' ac yn amlwg, roedd Elis wedi tynnu nyth cacwn i'w ben: 'Nid yw o bwys gennyf pa beth yw barn "Elis o'r Nant" am y ddadl a fu rhyngwyf â phwyllgor lleol Bettws y Coed, ar y testyn uchod,' ac mae'n diweddu ei lythyr dadleuol gyda'r geiriau, 'Ar hyn, yr wyf yn ffarwelio ag "Elis o'r Nant" y tro hwn, gan hyderu y caf ei weled yn "mhabell y cyfarfod," o fewn rhwymyn yr undeb, yn y Bettws, y Nadolig nesaf. Yr eiddoch yn llawen, GWRTHEYRN.'

Fel y soniwyd eisoes, mae'n debygol mai un o lwyddiannau llenyddol cynharaf Elis oedd y wobr gyntaf gyda thraethawd ar 'Ragoriaethau a diffygion y chwarelwyr fel dosparth' mewn cyfarfod llenyddol yn chwarel Rhiw Bach, Cwm Penmachno ym mis Hydref 1867, gyda saith yn cystadlu. Ychydig dros dair blynedd yn ddiweddarach, ym mis Ionawr 1870, cyhoeddwyd enw Elis fel un o enillwyr cylchwyl y pedwar plwyf a gynhaliwyd yn Ysbyty Ifan ar ddydd Nadolig 1869. Yn amlwg, roedd testun y gystadleuaeth at ddant Ellis Pierce ac yn un a fyddai o fudd iddo dros y blynyddoedd, sef cyfieithiad o'r pymtheg pennod '*Watt's Improvement of the Mind*'.

Yn dilyn un o ornestau'r gylchwyl leol, gydag aelodau côr o Benmachno yn teimlo eu bod wedi cael cam, daeth natur bigog Elis i'r wyneb ar ei orau yn ei ysgrif i'r *Faner* dan y pennawd 'Dolyddelen: Dall wedi Barn':

> Nid oes dim ag y byddaf yn ei gashau yn fwy na dadl wedi barn, etto yr wyf yn gorfod dyfod i gyffyrddiad â'r cyfryw yn wastad wedi pob cystadleuaeth

> lenyddol. Yr wyf yn methu deall pa beth ydyw y penwendid a'r hurtwch hwn sydd yn meddiannu pob ymgeisydd braidd yn ein cyfarfodydd llenyddol fydd wedi methu cyrhaedd y llawryf. Ceir ei clychodd yn delori, ac yn trin a melldithio y beirniaid a ferniado yn y dull mwyaf creulawn ... Lladron, *rogues, vagabonds,* a rhagrithwyr, bob copa walltog ydyw y beirniaid gan yr ymgeiswyr na fyddent wedi eu beirniadu yn oreu.

Yn yr un erthygl, mae clerigwr o'r eglwys wladol yn cael ei fychanu ganddo hefyd:

> "Dull i ennill poblogrwydd": Heb fod yn mhell o'r cylchoedd, y mae clerigwr sydd yn orawyddus am ennill poblogrwydd, nid yn awyddus am ennill pobl sydd fel dyn poblogaidd yn yr ardal am adennill y bobl – y trigolion – yn ôl i'r Eglwys, trwy rhyw foddion bydded deg neu gam, cael y bobl i'r Eglwys ydyw y cwestiwn.

Tua 1878 y daeth Elis i gysylltiad ag Arwest Glan Geirionydd gyntaf, gŵyl lenyddol a gychwynnwyd yn 1863 gan Gwilym Cowlyd, Owen Gethin Jones a Threbor Mai yn bennaf, a gynhaliwyd ar lan Llyn Geirionnydd yn flynyddol hyd at y 1920au. Fe godwyd Elis yn gofiadur yr ŵyl ymhen amser ac yn ddi-os, ni ellid dewis neb mwy addas ar gyfer y swydd honno ac fe wnaeth ei waith gydag arddeliad.

Cyhoeddwyd adroddiadau yn y wasg o hanes gweithgareddau'r arwest gydag enwau'r rhai oedd yn gysylltiedig â'r ŵyl. Ar ddydd Gwener y 15fed o Awst, 1885, roedd Elis a thri chyfaill iddo wedi penderfynu cerdded bob cam dros y mynydd o Ddolwyddelan i'r arwest ar lan Llyn Geirionnydd, gan gyrraedd yno erbyn hanner awr wedi un ar ddeg y bore. Byddai'r daith saith milltir wedi bod yn draul ar rywun holliach ond i Elis, gyda'i goes ddiffygiol, roedd yn her a hanner i groesi'r mynydd-dir uchel rhwng y ddau le.

Ymysg y rhai a oedd yn rhan o'r gweithgareddau roedd Gwilym Cowlyd, y 'Prifardd Pendant', un o sefydlwyr yr arwest enwog, ynghyd â Scorpion, Llenor o'r Llwyni, Elidirfab a nifer o feirdd, llenorion a cherddorion adnabyddus y cyfnod. Cafwyd adroddiad cyflawn gan Elis o ddigwyddiadau'r dydd, gan enwi enillwyr y gwahanol adrannau ac yn ei eiriau ei hun, 'Cafwyd cyfarfod hwyliog a doniol iawn.'

Flwyddyn yn ddiweddarach yr oedd Elis yn ymfalchïo yn ei swydd fel cofiadur, a chyda holl rwysg seremonïau'r arwest aeth dros ben llestri wrth adrodd am urddas yr achlysur yn y *Faner*:

> Cynnaliwyd eleni, ar y 3ydd o Awst, y drydedd wyl ar hugain, ar adfail Llys Taliesin, Gorsedd Beirdd

> Ynys Prydain, ar ben Bryn y Caniadau, a Chadair Farddonol Tywysogaeth Cymru, ar lan Llyn Geirionydd, yn nhalaith Gwynedd. Er nad oedd y paratoadau rhagflaenol yn gyfryw fel i sicrhau cyfarfod llewyrchus a chynulliad poblogaidd, cafwyd difyrrwch a hwyl llawer gwell na'r disgwyliad. Taflwyd llawer o rwystrau ar ein ffordd.
>
> Gorchmynodd un o'r ddau ysgrifennydd (Elis o'r Nant), gan nad oedd y llall, sef Isgoed, yn bresennol ar y pryd, i un o'r cyfarwyddwyr – y cadeirfardd doeth a'r llenor cyflawn – Gwilym Cowlyd, roddi gwaedd allan am i bob un oedd yn ymofyn gradd fel bardd, ofydd, cerddor, neu dderwydd, ddyfod â'u henwau i'r ysgrifenydd at y tri maen, Pair Ceridwen, lle yr arferai Taliesin eu profi, fel y byddai iddynt fyned dan arholiad. Daeth y rhai canlynol yn mlaen, a llwyddasant i fyned yn llwyddiannus drwy yr arholiad ...

Yn yr arwest honno, cynigiwyd gwobr am englyn disgrifiadol i 'Elis o'r Nant' ac fe ddywed yr adroddiad am y modd y derbyniodd yntau'r sialens i'r beirdd: 'Ni wingodd yntau yn erbyn rhoddi ei hunan yn nôd i'w elynion saethu ato, yn ogystal ag i'w gyfeillion ei seboni, ac i eraill ei ddarlunio yn ddigon teg.' Anfonwyd cynifer ag un ar bymtheg ymgais at y beirniad, Gwilym Cowlyd, a mawr oedd y disgwyl i weld cynnwys yr englynion. Dywedodd hwnnw nad oedd angen i'r gwrthrych 'wisgo cwmwl ar ei wyneb wedi clywed barn y wlad am dano, a barn amryw na ellid dyweyd eu bod yn dymuno yn dda iddo chwaith – y rhai a siaradent am dano fel y buasai y cyfryw yn dymuno iddo fod'. Cynhwysir ambell un o'r englynion a ystyrid ymysg y goreuon, gan gynnwys hwn:

Elis o'r Nant sy'n ramantwr – enwog
A hynod ohebwr,
Effro'i awen a ffraewr,
Dewra dyn ar dir a dŵr.

Ond nid felly'n union y cyfansoddwyd yr englyn, fel yr esbonia'r gohebydd ei hun: 'Buasid yn ystyried hwn yn oreu oni bae i'r bardd roddi gair arall yn lle "dyn". Bu y bardd mewn petrusder pa un ai "d------l" ai "dyn" a roddid; ond dododd y blaenaf, onid ê buasai yn orchfygwr.'

Mewn cyfrol fechan am gymeriadau Dolwyddelan a gyhoeddwyd yn 1924, cafwyd y fersiwn gwreiddiol o'r englyn hwnnw a oedd wedi ei gyfansoddi gan Ioan Glan Lledr. Dyma sut y gwelai Ioan ei gyfaill, a'r esgyll yn yr englyn yn rhoi darlun tra gwahanol o'r Elis o'r Nant a oedd mor gyfarwydd i fynychwyr yr arwest, a phobl Nant Conwy:

Ffraeth ei awen a ffraewr,
Heria'r diawl ar dir a dŵr.

Mae'r pum englyn arall a gyhoeddwyd yn y *Faner* yn werth eu nodi yma, yn union fel y'u cynhwysid, a'r beirdd yn sicr wedi crynhoi'r hyn a olygai Elis iddynt mewn deg sill ar hugain yn berffaith:

Dyn crwn a doniau cryno – yw Ellis,
A heulwen lle byddo,
Da (?) ardum, ond os dwrdio,
Deifio dyn wna'i dafod o.

Dyn dwy oes a dawn da yw – un uchel,
Fel hen achwr ydyw;
Mae hwn dan sen pob menyw,
Un o'i fath nid oes yn fyw.

Llenor yn llawn callineb – yw Ellis
I wylio cywirdeb;
Awdur cu, na 'nabu neb
Wenwyn yn ffurf ei wyneb.

Elis o'r Nant hylaw iawn yw – ei gref
Ysgrifell ddiledryw;
O dŵr barn ac iawnder byw
Gwyliedydd ein gŵyl ydyw.

Urdd lenor mawr ddylanwad – yw Ellis
O dalent a phrofiad;
Hyawdl enau chwedloniaid
Braich i lên gaiff barch ei wlad.

Dyfarnodd Gwilym Cowlyd yr englyn olaf uchod y gorau o'r cyfan a chyflwynwyd y wobr i'r bardd o Ddyffryn Conwy, 'Cyffdy'. Yn ôl Elis yr oedd ef, fel y cocyn hitio, wedi mwynhau'r arlwy yn fawr. 'Cafwyd hwyl neillduol,' meddai, 'a mwynhâi eich gohebydd y wermod yn gystal a'r sebon meddal. Nid yw y naill na'r llall, fel y dywedai Ioan Gwyr, yn ei wneyd yn well na gwaeth yn marn y cyhoedd.'

Yn ystod ei gyfnod fel gohebydd i'r *Faner*, cyhoeddwyd nifer fawr o adroddiadau am weithgareddau Arwest Glan Geirionydd gan Elis. Cofnodai nid yn unig enwau'r buddugwyr yn yr amrywiol gystadlaethau ond fe geir hefyd restr faith o'r beirdd a'r llenorion a dderbyniwyd i'r gwahanol urddau a oedd yn rhan o'r ŵyl. Gwnaeth Elis gymwynas yn ddiau gyda'i adroddiadau rheolaidd am yr arwest yn y wasg Gymreig, a thrwyddynt cawn ddarlun clir o hynt a helynt gŵyl a fu'n rhan annatod o ddiwylliant Dyffryn Conwy, a Chymru gyfan, am nifer o flynyddoedd. Roedd yr arwest yn hynod boblogaidd ymysg beirdd a llenorion o bob rhan o Gymru, yn enwedig yn ei blynyddoedd cynnar. Dywedir bod dros fil wedi cerdded i fyny i Fryn y Caniadau ar lan Llyn Geirionnydd uwchben Trefriw i fod yn bresennol yn y drydedd ŵyl a gynhaliwyd yn 1865.

Er iddo gefnogi'r arwest yn ffyddlon dros nifer o flynyddoedd, roedd Elis yn dechrau teimlo bod y daith i Fryn y Caniadau yn mynd yn fwrn arno erbyn 1890. Er iddo gofnodi fwy nag unwaith amdano'i hun ac ambell gyfaill yn cerdded bob cam o Ddolwyddelan dros y mynydd i'r ŵyl uwchben Trefriw, hwyluswyd y daith yn fawr erbyn 1890 gan ddyfodiad y trên. Serch hynny, nid oedd Elis wedi mwynhau mynychu'r arwest y flwyddyn honno o gwbl. Teimlai'n ddigalon o weld nad oedd y gefnogaeth gystal ag y bu. Yn ei adroddiad yn y *Faner* o gyfarfod o'r ŵyl y flwyddyn honno, roedd tinc o anobaith yn treiddio i mewn i'r ysgrif yn awr ac yn y man wrth iddo ei holi ei hun am ddyfodol yr arwest: 'Ni ellir, er pob ymdrech a gofal, gadw arferion na defodau ... yn fyw ond am ysbaid,' meddai, gan ychwanegu, 'Pa beth bynnag sydd yn iawn ac yn deg, rheol y byd ydyw, fod pob peth yn diflannu ac yn rhoddi lle i'r hyn sydd yn dilyn o'i ôl.' Yn ôl yr hyn a welai, gwastraff amser oedd dal i'w chynnal ac roedd yr ysbryd pesimistaidd wedi gafael ynddo o ddifrif: 'Gallwn ni ganmawl yr hen, a gwneyd ymdrech i'w gadw yn fyw, ac mewn awdurdod; ond aflwyddiant fydd y cyfan. Diflanu a wna. Ffolineb ydyw myned i golli amser a nerth i ymladd yn erbyn yr anocheladwy.' Ond er y geiriau o anobaith, parhaodd Arwest Glan Geirionydd hyd at y 1920au.

Tua diwedd y flwyddyn 1890, cynhaliwyd cyfarfod o aelodau Cymmrodoriaeth Barddas mewn gwesty yng Nghyffordd Llandudno ar gyfer ethol swyddogion i Arwest Glan Geirionydd, a daeth nifer dda o feirdd a llenorion i'r cynulliad. Etholwyd Elis o'r Nant yn gofiadur, gyda Theganwy yn ysgrifennydd mygedol ac yn gyd-gofiadur ag Elis. Cofnodwyd rhestr o reolau oedd yn ymwneud â threfn yr arwest. Yn gyntaf, datgelwyd mai nod ac amcan y Gymmrodoriaeth oedd 'adfer, urddasoli, a chynnal i fyny yn eu rhin a'u hawdurdod hawliau, defion, a chanonau gorsedd warantedig beirdd Tywysogaeth Cymru, er llesoli barddoniaeth, llenyddiaeth, cerddoriaeth, a chelf'. Wedi trafod nifer o bynciau eraill, daeth cynnig gan rai o'r aelodau i wahodd Tywysog Cymru i ddod yn un o swyddogion y Gymmrodoriaeth, ond gwrthwynebai Elis o'r Nant y syniad o ddwyn ei enw i mewn yn chwyrn.

Ar ôl gorffen y gweithrediadau, darllenwyd anerchiad barddonol gan un o'r beirdd, gyda chyfeiriad pendant at Elis o'r Nant:

Yma gwelwyd cwmni llawen
Gwilym Cowlyd a Glan Cledwen,

A Myrddinawg, a Glan Dulyn,
Penfro hefyd yn eu canlyn;
Ac 'o'r Nant' a'i ffraethder hysbys,
A thra phigog, fe daeth Ellis,
A thair awr ar ôl ei amser;
Daeth y Mynach at ei swper.

Er i Elis o'r Nant a Gwilym Cowlyd anghydweld ar fwy nag un achlysur dros y blynyddoedd, creodd eu cyfeillgarwch helynt mawr yn Eisteddfod Genedlaethol Pontypridd, 1893. Mae'n debygol, oherwydd eu cysylltiadau llenyddol, i'r ddau deithio gyda'i gilydd i lawr i'r de. Creodd helynt a ddatblygodd ar lwyfan yr eisteddfod honno gryn gyffro a chafwyd adroddiad manwl o hanes y cyffro hwnnw yn y *Faner* yr wythnos ddilynol. Adroddwyd am yr helynt mewn erthygl yn *Y Cymro* ymhen rhai blynyddoedd hefyd. Yr oedd Cowlyd yn un o feirniaid cystadleuaeth y gadair y flwyddyn honno ac yn cynrychioli beirdd y gogledd. I gadw'r ddysgl yn wastad, penodwyd Dewi Wyn o Esyllt, o dde Cymru, fel y beirniad arall. Yn ei ysgrif o atgofion yn *Y Cymro* ym mis Awst 1955, nododd Caerwyn: 'Yn y Brifwyl honno y gwelais y cyffro mwyaf a fu mewn unrhyw eisteddfod, ac mae'n werth cofnodi yr achlysur.'

Ceir ychydig wahaniaeth yn yr adroddiad gan Caerwyn, gyda manylion megis enwau'r rhai oedd yn bresennol ar y llwyfan yn wahanol i'r adroddiad yn y *Faner*. Yn ôl gohebydd y *Faner*, Pedrog a Dyfed oedd yn beirniadu ar y cyd â Gwilym Cowlyd, ac nid Dewi Wyn o Esyllt fel y dywed Caerwyn. Beth bynnag am hynny, noda Caerwyn sut y cododd dadl rhwng Gwilym Cowlyd, y 'Prifardd Pendant', a'i gyd-feirnia(i)d ynghylch rheolau'r gystadleuaeth. Dadleuai Cowlyd na ddylid cyflwyno'r gadair i neb oni byddai wedi canu ar bob un o'r pedwar mesur ar hugain cynganeddol, ond mynnai beirdd y de y gallai unrhyw ymgeisydd ddethol pa nifer bynnag a ddymunai o'r mesurau i lunio ei awdl.

Roedd nifer luosog wedi ymgeisio am y gadair ond gan nad oedd y beirniaid yn cydweld, fe alwyd ar y prifardd Dyfed yn ganolwr i'r helynt. Y Barnwr Gwilym Williams, dyn cadarn, cydnerth, mawr ei ddylanwad a'i awdurdod oedd yn llywyddu pan ddaeth yr amser i alw'r Gorseddigion i'r llwyfan. Cododd Dyfed ar ei draed ar ganol y llwyfan i draddodi crynodeb o'i feirniadaeth; ar y dde iddo safai Dewi Wyn ac ar y chwith safai Gwilym Cowlyd. Yn ychwanegol i'r ddau hynny, roedd un arall yno hefyd fel yr eglura Caerwyn: 'ac er na feddai hawl i fod yno, wrth ei ochr safai Elis o'r Nant o Dolwyddelen, ac ni bu dau erioed rhyfeddach mewn Eisteddfod Genedlaethol. Gwr byr, cringoch ei wallt oedd Ellis, un goes yn fyrrach na'r llall ac wedi camu, ac yn ei law i'w helpu i gerdded yr oedd pastwn.'

Wrth i Dyfed geisio traddodi, a Gwilym Cowlyd

bellach yn sylweddoli mai un o'r de fyddai'r bardd buddugol, yn groes i'w ddymuniad ei hun, gwaeddodd ar draws yr araith ei fod yn gwrthdystio'n gyhoeddus yn erbyn y camwri hwnnw a neidiodd miloedd o'r gynulleidfa ar eu traed mewn cyffro mawr. Daeth y Barnwr Gwilym Williams draw ato i geisio tawelu'r dyfroedd ond fel yr adrodda Caerwyn, '... eithr wedi cyffroi yr oedd dawn Cowlyd fel rhaeadr y Niagra a chododd Elis o'r Nant ei bastwn i wyneb y Barnwr.'

Roedd yr olygfa yn sicr o fod yn un ddoniol, gydag un mor fychan a musgrell ag Elis yn meiddio bygwth dyn o faintioli'r Barnwr Williams gyda'i bastwn, a hynny mewn lle mor gyhoeddus â llwyfan yr Eisteddfod Genedlaethol ac o flaen tyrfa o filoedd! Disgrifiodd gohebydd *Y Cymro* yr hyn a ddigwyddodd wedyn:

> Heb ddim seremoni galwodd y Barnwr ar ddau gwnstabl talgryf i'r llwyfan, a chan fachu yng ngwar y ddau o'r Gogledd gyrrwyd hwy allan o'r babell yng nghanol chwerthin a llefau y miloedd. Yna aed ymlaen i gadeirio y pencampwr, Ceulanydd, gweinidog yn Maesteg ar y pryd, yng nghanol cymeradwyaeth y dorf. Fel canlyniad i'r cyffro, yn fuan wedyn, penderfynwyd fod rhyddid i bob ymgeisydd ddethol y nifer a fynnai o'r caeth fesurau i lunio ei awdl, a dyna'r drefn gydag un eithriad byth ar ôl hynny, ac y mae heddwch yn teyrnasu rhwng

De a Gogledd heb neb yn tynnu'n groes.

Er i'r *Faner* gynnwys adroddiadau sylweddol am weithgareddau Eisteddfod Genedlaethol Pontypridd yn 1893, ni welir gair am ran amharchus Elis yn seremoni cadeirio yr eisteddfod honno, am resymau amlwg! Ond yr oedd sylwadau gohebydd y papur ar sut y daeth y seremoni gyffrous i ben yn dweud y cyfan: 'Eisteddodd Ceulanydd yn y gadair; a thra yr oedd y cleddyf uwch ei ben, gofynnai Clwydfardd deirgwaith a oedd "Heddwch," a tharanai y bobl drachefn "Heddwch" yn ôl. "Diolch i Dduw am heddwch," meddai yr hen Archdderwydd.'

Wedi blynyddoedd o gydweithio'n weddol fodlon â'i gilydd, fe ddaeth rhwyg ym mherthynas Elis o'r Nant a Gwilym Cowlyd. Er iddo ganmol ei hen gyfaill i'r entrychion mewn ysgrif o'i eiddo ym mis Ebrill 1897, gan ddatgan 'Nid oes yng Nghymru yr un bardd mor alluog ag ef fel hynafiaethwr, cymreigiwr, cynganeddwr, ac athraw o bencerdd, ac eto nid oes yr un bardd mor ddiymffrost ag ef', rhywsut fe chwerwodd y berthynas rhyngddynt. Mewn ysgrif goffa gan Elis i Gwilym Cowlyd yn *Y Cymro* ym mis Rhagfyr 1904, ceir awgrym o hollt a ddatblygodd ym mherthynas y ddau, a hynny ynghylch rhyw fater digon diniwed. Oherwydd natur ddi-ildio y ddau fel ei gilydd, cododd anghytundeb rhyngddynt parthed urddo ambell unigolyn i orsedd Arwest Glan Geirionydd. Meddai Elis, yn sarhaus, yn ei ysgrif am Gwilym Cowlyd: 'Hawliai ef mai efe oedd y Prifardd Pendant Barddas Gristnogol. Hawliai ei fod yn broffwyd fel Elias gynt'.

Tybir mai tua 1898 y bu'r cweryla ac yn ôl pob golwg gostegodd y storm yn y berthynas am gyfnod wedi hynny ond ym mis Tachwedd 1899, yn ei golofn 'Llanrwst a'r Cylchoedd', yr oedd Elis yn ddigon dilornus o'i hen gyfaill yn dilyn ymweliad â'r Prifardd Pendant un tro pan oedd yn wael. Gyda Gwilym yn rhagweld diwedd y byd yn dyfod yn fuan, dywedodd Elis ei fod 'ers tro bellach tu allan i gylch fy ngwybodaeth bersonol', gan led awgrymu ei fod yn dechrau 'colli arni'!

O hynny ymlaen, digon llugoer fu'r gyfathrach rhwng y ddau, heblaw am ambell sgwrs fer pan ddeuent wyneb yn wyneb ar y stryd yn Llanrwst. Rywbryd yn 1901, cyfarfu'r ddau felly ac wedi sgwrs 'hyd braich', gofynnodd Elis i Gwilym a oedd ganddo gopïau ar ôl o'r gyfrol *Gweithiau Gethin* a gyhoeddwyd yn 1884 yn argraffdy Cowlyd. Atebodd Gwilym fod ganddo oddeutu pum cant heb eu rhwymo a chytunwyd y byddai'n anfon un ar hugain o'r llyfrau i siop Elis yn Nolwyddelan. Ond wedi cyrraedd adref, roedd hi'n amlwg bod Gwilym Cowlyd wedi ailfeddwl ac anfonodd lythyr at Elis: 'At Ellis Pierce,

Llyfrwerthwr, Dolyddelen. Ar ystyriaeth briodol o'r sefyllfa, nid ewyllysiaf fasnachu â thi am lyfrau Gethin, nac unrhyw drafodaeth arall. Yr wyt yn dragwyddol esgymmunedig o Gynulleidfa Barddas, ac ni fynnwn innau, am fy enaid a'm bywyd, ymhalogi â mintai "yr enwau cabledd". Y gwir yn erbyn y byd. Gwilym Cowlyd.'

Y syndod mwyaf yw bod dau mor wreiddiol ac mor ecsentrig wedi medru cydweld â'i gilydd o gwbl! Ond beth bynnag am yr anghydweld ar sawl achlysur, pan fu Gwilym Cowlyd farw yn 1904, cafwyd nifer o deyrngedau diffuant gan Elis i'w goffadwriaeth. Yn sicr, bu colli'r 'Prifardd Pendant' o'r gwmnïaeth lenyddol ar lan Llyn Geirionnydd yn brofiad ysgytwol i'r cofiadur, Elis o'r Nant a gweddill cefnogwyr yr arwest.

Heblaw am ei waith blaenllaw gyda'r arwest a chyn hynny gydag Undeb y Pedwar Plwyf a phwyllgorau llenyddol eraill, roedd Elis yn weithgar gyda'r eisteddfod leol hefyd. Ond yn Eisteddfod Gadeiriol Dolwyddelan ym mis Gorffennaf 1890, cythruddwyd un a alwai ei hun yn Cadno o'r Coed ac fe anfonodd lythyr chwerw i golofn gohebiaeth y *Faner* ar y pryd. Dyma un nad oedd yn or-hoff o Elis o'r Nant a'i gyd-aelodau ar bwyllgor yr eisteddfod honno yn sicr! Dyma ddywedodd y Cadno, dan y pennawd 'EISTEDDFOD GADEIRIOL DOLYDDELEN':

At Elis o'r Nant:

Dywedir i mi eich bod wedi ymgorphori a chyflunio eich hunain yn fath o senedd glymbleidiol a therfysglyd; eich bod wedi deddfu, rhyw noson, yr wythnos ddiweddaf, pwy sydd i siarad a phwy sydd i dewi; a'ch bod yn gallu gwneyd hyny heb gymmhorth eich seneddwyr; ac fod rhai o honnoch mor hoff o lais eich hunain fel na fynnwch chwi lais neb arall; eich bod fel pwyllgor, pe byddai rhyw synnwyr yn mhen rhai o honnoch, hefyd, wedi penderfyny yn erbyn y beirniaid i ddim ond i dawelu grwgnachwyr o ymgeiswyr; eich bod wedi penderfynu, mewn pwyllgor ddyblu y wobr am y casgliad o rigymau mwyaf isel a di-chwaeth ... rhigymau heb un glec, heb un rhithyn o awen, na synnwyr.

A chan gyfeirio at y chwedl enwog am drigolion Dolwyddelen, a'u cysylltiad â'r gog, meddai'n ddirmygus:

Bod eich hynafiaid wedi ffurfio senedd o'r blaen lawer o oesau, yn mha un y deddfwyd i wneyd clawdd gwrysg i atal y gog lwyd las i fyned dros Fwlch Ceridwen i Flaenau Ffestiniog, ac i hyny droi allan, fel pob cynllun o ddeddf arall o eiddo y senedd wallgof honno, yn fethiant cywilyddus, ac i'r senedd, mewn canlyniad dori i fyny. Pa beth ydyw sibrydion o'r fath uchod sydd yn cyrhaedd fy nghlustiau, ac yn cael eu hadrodd i mi yn mhob congl a chilfach? A ellir cael gwir eglurhad genych yr wythnos nesaf?

Ond er yr her amlwg i gyhoeddi ateb i'r Cadno o'r Coed, ni welir gair am yr uchod yn yr un o'r rhifynnau dilynol.

Enillodd Elis nifer o wobrau mewn eisteddfodau lleol ac yn yr Eisteddfod Genedlaethol hefyd. Daeth yn gydradd gyntaf am gyfansoddi 'Rhamant Hanesyddol Gymreig ar Gruffydd ab Cynan' yn Eisteddfod Genedlaethol Frenhinol Lerpwl yn 1884, gyda £15 15 swllt fel gwobr ond er ei lwyddiant ef a'i gyd-gystadleuydd 'Anarawd', na hawliodd ei wobr, penderfyniad y beirniaid, Llew Llwyfo, J. Morgan, Cadnant a Llyfrbryf oedd rhannu gwobr lai o £10 rhwng y ddau ymgeisydd.

Rhannodd Elis y brif wobr hefyd am ffugchwedl Gymreig, sef 'Y Mwynwr', yn Eisteddfod Genedlaethol Wrecsam bedair blynedd yn ddiweddarach, a Llew Llwyfo a Llyfrbryf yn beirniadu eto, gyda dim ond tri ymgeisydd. Thomas J. Powell o Coburg, Ohio a rannodd y wobr gydag Elis.

Gydag ymfudiaeth i wledydd megis UDA ac Awstralia, ac i'r Wladfa ym Mhatagonia yn ei anterth ar y pryd, manteisiodd Elis yn gyfrwys ar y cyfle i hysbysebu ei lyfryn *Yr Ymfudwyr Cymreig* yn y *Faner* ym mis Hydref 1883, gan gynnwys erthygl fechan ar y testun hwnnw:

> Ymfudiaeth ydyw pwngc y dydd yn awr yn Nghymru, fel mewn gwledydd eraill. O herwydd hyny, gwerthfawr uwch law gosod pris arno ydyw cael cyfarwyddiadau eglur, hawdd eu deall, a rhai y gellir dibynnu arnynt, ynghylch pa le a pha fodd i ymfudo, gan berson a fyddo yn un o honom, yn adnabyddus i ni, ac un wedi myned trwy y profiad ymfudol ei hunan. Y mae Mr. Ellis Pierce (Elis o'r Nant), Dolyddelen, newydd gyhoeddi pamphledyn bychan dan y teitl uchod, wedi ei ysgrifennu mewn dull dyddan a chartrefol ... Y mae y llyfryn eisoes wedi cyrhaedd ei ail argraphiad. Ni a hyderwn werthu miloedd o honno ... a chan nad yw ei bris ond dwy geiniog, dylai fod yn llaw pawb. Anfoner at Elis o'r Nant, Dolyddelen, am dano.

Er i Elis geisio tanseilio ymdrechion arweinwyr yr ymfudwyr i Batagonia ar fwy nag un achlysur yn ei erthyglau i'r wasg, yn amlwg yr oedd wedi newid ei feddwl yn llwyr erbyn 1890. Adroddodd am hanes dychweliad criw o'r Wladfa a fu ar ymweliad â'r 'Hen Wlad' yn y *Faner* ac meddai, yn rhagrithiol:

> Y mae yr ymfudwyr Patagonaidd wedi hwylio yn ol,

wedi talu ymweliad â gwlad eu genedigaeth. Y mae y Wladfa yn lle rhagorol i wneyd bywoliaeth. Dygodd y rhai a ddaethant oddi yno bum' can tynell o wenith, yr hwn a werthwyd yn uwch nag un gwenith arall yn y farchnad. Nid oes gwlad ragorach dan haul i godi gwenith. Bydd gennyf ysgrif ar y pen hwn.

Hysbysebodd ei lyfryn *Gwilym Morgan, Chwedl Hanesyddol* hefyd yn y *Faner*, ym mis Ionawr 1891. Dyma waith a enillodd iddo'r wobr gyntaf yn Eisteddfod Genedlaethol Caerdydd, 1877. Pris y llyfr oedd swllt a difyr yw darllen y geiriau canlynol yn yr hysbyseb: 'I'w gael gan Elis o'r Nant, Dolyddelen, RSO. Yr elw arferol i Lyfrwerthwyr.'

Fel y dywed *Y Bywgraffiadur Cymreig* am Elis o'r Nant, 'Fel awdur rhamantau hanesyddol o storïau am gymeriadau cefn gwlad y mae iddo le pendant yn hanes y nofel Gymraeg.' Cyhoeddodd nifer helaeth o'r gweithiau hynny, ynghyd â llawer o erthyglau i wahanol gyhoeddiadau a chylchgronau Cymraeg ei gyfnod. Ei brif gyhoeddiadau oedd *Nanws ach Rhobert: Neu Helyntion Cymdeithasol, Moesol, a Chrefyddol y dyddiau gynt* (Dolwyddelan, 1880); *Yr Ymfydwr Cymreig* (Blaenau Ffestiniog, 1883); *A Guide to Nant Conway* (Blaenau Ffestiniog, 1884); *Rhamant Hanesyddol, Gruffydd ap Cynan* (Dolwyddelan a Blaenau Ffestiniog, 1885); *Gwilym Morgan: Neu gyfieithydd cyntaf yr Hen Destament i'r Gymraeg* (Bala, 1890); *Syr William o Benamnen* (Caernarfon, 1894); *Teulu'r Gilfach, neu Robert Sion* (Caernarfon, 1897); a *Dafydd ab Siencyn yr Herwr, a Rhys yr Arian Daear* (Caernarfon, 1905).

Pennod 7

Elis a dyfodiad y rheilffordd

Yr oedd dychweliad Elis i Gymru yn cyd-fynd â chwyldro ym myd trafnidiaeth yn Nyffryn Lledr wrth i ddyfodiad y rheilffordd i'r dyffryn weddnewid cymdeithas ardal gyfan. Er iddynt roi croeso i'r cynllun uchelgeisiol hwn ar y dechrau, buan y daeth y trigolion i sylweddoli maint y difrod a wnaed i fywyd cymdeithasol pentref tawel, crefyddol fel Dolwyddelan. Yr oedd Elis ar flaen y gad yn rhybuddio darllenwyr ei golofnau yn y *Faner, Llais y Wlad* a'r *Cambrian News* yn rheolaidd o beryglon dyfodiad y gwaith a'i gannoedd o weithwyr estron – y nafis bondigrybwyll a'u harferion a'u hymddygiad afiach.

Rhybuddiai'r trigolion am ymosodiad ar eu safonau moesol a'r perygl y byddai sawl un yn cael ei lyncu gan y llanw dinistriol ac y byddai'n rheidrwydd arnynt roi pob gewyn ar waith i drechu'r bwystfil. Fel llwyrymwrthodwr â'r ddiod gadarn, taranai Elis ei neges ddirwestol at ei ddarllenwyr yn aml wrth drafod hanes y gwaith ar y rheilffordd yn y wasg.

Roedd dyfodiad y nafis a'u harferion yfed yn cyd-fynd ag un o'r cyfnodau mwyaf dirwestol yn hanes Cymru. Er bod nifer o Gymry yn ddigon hoff o lymeitian bryd hynny, roedd mudiadau dirwestol y cyfnod yn ffynnu a chaed cangen ym mhob plwyf bron dros ogledd Cymru. Pregethid areithiau tanllyd o bulpudau capeli Anghydffurfiol y wlad yn rhybuddio cynulleidfaoedd o beryglon cael eu swcro gan y 'ddiod felltith' ac i'r perwyl hwnnw, yng ngholofn newyddion lleol Llanrwst yn y *Faner* ar yr 16eg o Chwefror, 1876, dywedwyd bod cyfarfod o gynrychiolwyr enwadau crefyddol y dref wedi ei gynnal i drafod cau'r tafarnau ar y Sul. Ychwanegwyd y newyddion syfrdanol fod tafarnwyr Dolwyddelan wedi penderfynu cau'r tafarnau yno i gyd ar y Suliau, oherwydd yr helyntion mae'n debyg. Roedd hyn bum mlynedd cyn dyfodiad Deddf Gwlad 1881 pan basiwyd deddf i gau'r tafarnau yng Nghymru i gyd ar y Suliau – achlysur arwyddocaol. Dyma'r ddeddf gwlad gyntaf i gydnabod fod Cymru yn genedl ar wahân. Gan ystyried naws y cyfnod felly, hawdd yw deall pryderon trigolion Dolwyddelan dros gyfnod y gwaith ar y rheilffordd newydd rhwng 1874 ac 1879. Bu cymaint o drafferthion i ustusiaid y llys ym Metws-y-coed gydag achosion o oryfed ymysg y nafis nes gorfodi Heddlu Arfon i benodi cwnstabl ychwanegol yn Nolwyddelan i geisio cadw'r heddwch yno.

Yr oedd adeg adeiladu'r rheilffordd bob cam o Fetws-y-coed i Flaenau Ffestiniog yn gyfnod ffrwythlon iawn o ran newyddion lleol yr ardal arbennig hon, yn enwedig i Elis o'r Nant, gyda'i ohebiaeth ar gyfer rhai o brif bapurau wythnosol Cymru. Gan nad oes fawr o ddogfennau perthnasol i'r cynllun arloesol hwnnw ar gael bellach, mae cofnodion Elis o'r digwyddiadau yn hynod werthfawr. Rhy inni ddarlun amhrisiadwy o fywyd dyddiol pentref Dolwyddelan a'r cyffiniau mewn cyfnod prysur yn y fro. Cawn ganddo ddisgrifiadau lliwgar o'r gymdeithas a fodolai yno ar y pryd, pryderon y trigolion ynghylch yr holl droseddu, a'r effaith a gâi arferion yfed y nafis ar ffordd o fyw pentref agos-at-ei-le Dolwyddelan. Byddai Elis ar flaen y gad yn gyson, yn cofnodi sawl digwyddiad cyffrous yn ymwneud â'r gwaith, megis adeiladu a chwblhau dwy fenter arloesol, sef Pont Gethin a'r twnnel dwy filltir a chwarter dan Foel Dyrnogydd rhwng Blaenau Dolwyddelan a Blaenau Ffestiniog. Cofnodai hanes nifer o ddamweiniau a ddaeth i ran nifer o'r gweithwyr dros gyfnod yr adeiladu hefyd. Yn bendant, byddai hanes gwneud y rheilffordd hon yn llawer tlotach heb adroddiadau difyr Elis.

Dyma sut y cofnododd hanes y cynllun yn nyddiau cynnar y gwaith yng ngholofn newyddion Dolwyddelan yn y *Faner*:

> *Y Ffordd Haiarn.* Er's peth amser bellach, mae paratoadau mawrion yn cael eu gwneyd tuag at gael rhwyddineb i'r cerbyd tân redeg trwy y plwyf o Bettws-y-coed i Ffestiniog. Y mae rhai ugeiniau o bobl yn gweithio y tynel trwy y mynydd o Gwm Nhadog i Ffestiniog. Yno maent er's ychydig dros flwyddyn yn tirio ac yn cloddio, ac etto, y mae y mae yn lled debyg y cymmer iddynt rai blynyddoedd i orphen. Y mae amryw ddarnau o'r llinell wedi eu cymmeryd ar gontracts. Y mae y cyfryw yn cael eu gweithio gyda chyflymdra. Y mae un anhawsder, fodd bynag, ar ffordd y cymmerwyr; sef, prinder digonol o weithwyr ... Y mae gerwinder yr hin yn tueddu y pen hwn i'r flwyddyn i gadw llafurwyr da ymaith, gan eu bod yn llwyddo i gael gorchwyl i gadw yr olwyn droi yn nes i'w cartref. Y mae amryw hefyd yn anfoddog i gymmeryd y gwaith, am fod yn lled anhawdd cael lletty. Y mae lletya mewn ysguboriau a drowyd yn lluestai i'r cyfryw ddyben,

> ond heb dân nac unrhyw foddion eraill i sychu eu dillad pan wedi gwlychu, yr hyn nid yw yn beth anghyffredin yn ardaloedd y mawndir yma y tymmor hwn o'r flwyddyn.

Bron yn wythnosol, ymosodai ar ddiffyg moesoldeb aelodau o'r gweithlu afreolus a fyddent, ar y cyfan ac yn amlach na pheidio yn treulio pob awr rydd yn llyncu peintiau o gwrw cryf y cyfnod yn nhafarnau *Gwydir Arms* a *Benar View* yn Nolwyddelan, y *Fish Inn* ger safle Pont Gethin a'r *Llywelyn Arms* neu'r 'Crimea' ar lafar, ar ben Bwlch Gorddinan. Ceir ganddo gofnodion rheolaidd o achosion ym manlys Betws-y-coed yn ymwneud â goryfed neu ymladd dan ddylanwad y ddiod feddwol ac ati. Gwelwyd cynnydd mawr mewn achosion o'r fath wedi dyfodiad y nafis i'r ardal a cheir disgrifiadau manwl o'r helyntion a'r dedfrydau llym a osodwyd gan ustusiaid y llysoedd lleol gan Elis yn ei golofnau newyddiadurol. Nododd bod un gŵr mor gaeth i'r ddiod feddwol nes iddo 'werthu ei grys er sicrhau llymaid o'r hen ddioden felldigedig. Beth nesaf, tybed?'

Er bod Elis yn amlwg yn pryderu am ymddygiad y nafis, ceir elfen o fodlonrwydd yn ei adroddiad yn ei golofn o newyddion lleol ar ddechrau mis Mai, 1875: 'Y mae yma gannoedd o *navvies*,' dywed, cyn ychwanegu, 'y mae dipyn mwy heddychlon nag y bu.' Yna fe geisia roi rheswm dros hynny: 'Y mae dau heddgeidwad wedi eu galw i'r maes.'

Erbyn diwedd y flwyddyn honno a'r gwaith ar y rheilffordd newydd yn prysuro ymlaen, ysgrifennodd Elis yn y *Faner* am 'weithio diwyd ar linell y ffordd haiarn', gan ddweud fod presenoldeb y ddau blismon yn y pentref wedi cael effaith, yn ddi-os: 'Nid yw y rhai sydd yn gweithio arni yn awr yn llawn mor afreolus a rhai cymmeriadau anhywedd sydd wedi bod yma. Y mae arwyddion fod pethau yn dyfod er gwell, yr hyn sydd yn gysur mawr i garedigion sobrwydd a rhinwedd.'

Serch hynny, cymaint oedd pryderon rhai o drigolion blaenllaw y pentref ynghylch ymddygiad y nafis a'r goryfed yn eu mysg nes iddynt drefnu swper ar eu cyfer yng nghapel Annibynwyr y pentref. Ceir disgrifiad clir gan Elis o'r Nant o'r math o gymeriadau oedd yn rhan o gymdeithas Dolwyddelan rhwng 1874 ac 1879 yn yr adroddiad am y swper. Fel y nodwyd eisoes byddai adroddiadau am helyntion yn ymwneud â'r gwaith ar y rheilffordd a'i gweithwyr yn ymddangos yn wythnosol bron yng ngholofnau newyddion lleol papurau'r ardal ac roedd Elis o'r Nant, fel gohebydd *Baner ac Amserau Cymru* a phapurau newyddion a chylchgronau eraill yr oes, ar flaen y gad wrth ddatgelu'r hanesion ac yntau'n byw ar fin y rheilffordd arfaethedig. Un o'i gofnodion difyrraf yw hanes y swper yn y capel a drefnwyd ym mis Tachwedd 1876, pan oedd y gwaith yn ei anterth. Dyma ran o adroddiad Elis am yr achlysur:

Swper y Navvies. Nid ydwyf yn defnyddio y gair *navvies* fel un o sarhâd ar bobl y ffordd haiarn. Na: y mae lliaws mawr o honynt yn llawn mor barchus a neb yn yr ardal ... Ond etto, y mae rhai o deulu y ffordd nad ydynt yn meddwl am ddim ond yfed, yfed, yfed, cwrw a gwirod, yn ddiddiwedd ... Y maent yn hollol amddifad o ymgeledd – heb grys i'w newid – heb ddillad, ond ychydig garpiau budron i guddio eu noethni. Am eu traed ni cheir esgidiau ... Anaml y mae gan y dosbarth hwn grys o gwbl am danynt, dim ond rhyw gerpyn, ac hwnw mor ddu ag ochr ceulan fawr. Anaml hefyd y mae ganddynt gôt, heb fod mwy na'i haner wedi ei gymmeryd ymaith gan bryfed, neu rywbeth ... Y mae lawer mawr o'r rhai hyn yn gwneyd eu hymddangosiad yn y parthau hyn bob wythnos. Yr unig letty a roddir iddynt ydyw lletty mewn cwt lloi, neu hen ysgubor, lle nad oes dim achles rhwng y gwlaw, na thân i'w cynnhesu wedi terfynu gwaith y dydd, ac y delo y nos. Yma y maent yn ymguro mewn anhunnedd, a hyny yn barhaus. Ychydig ymborth, a hwnw yn wael, a fwyteir ganddynt. Dim arian ond i brynu ychydig o fara ... Gwyddom am amryw wedi iddynt gael *sub* yn min yr hwyr yn gwario y cyfan, bob dimau, am gwrw; ac yna yn cyfodi i fyned adref heb un ddimau i gael ymborth, a gweithio y dydd canlynol heb un tamaid.

Wedi bachu ar y cyfle i ddisgrifio arferion byw a diota'r nafis, â Elis ymlaen i gofnodi sut y trefnwyd y swper, gyda phum pwys ar hugain o gig eidion yn cael ei weini, ynghyd â bara ac ymenyn yn ychwanegol. Roedd cant o docynnau wedi cael eu paratoi i'r nafis gael mynediad i'r capel ac i wledda ar y swper ond gwelwyd rhai cannoedd wedi ymgasglu y tu allan i'r capel ar y noson ac ugeiniau'n rhagor yn disgwyl ar y ffordd. Gan nad oedd lle i'r holl bobl, dim ond y cant ac ugain cyntaf a gafodd fynediad. Wedi cael eu digoni ar y bwyd, traddododd tri o drigolion blaenllaw y fro areithiau ar ddirwest a pheryglon goryfed. Ni chofnodir effaith hyn ar y nafis, os cafwyd effaith o gwbl.

Cynhaliwyd ambell swper arall o dro i dro hefyd, gyda'r gobaith o arwain y nafis i gyfeiriad y llwybr cul a oedd yn dra gwahanol i'r un a ddefnyddid ganddynt ar y ffordd i'r tafarnau. Adroddwyd yn y wasg ar fwy nag un achlysur sut yr ymunodd gweinidogion capeli'r fro ac offeiriaid yr eglwys yn y gwledda hefyd, yn y gobaith o ddylanwadu ar y camweithredwyr hyn, fel y gwelid hwy. Cafwyd pregeth neu ddwy, neu fwy hyd yn oed, i ddilyn y swpera a'r neges bob tro yn ceisio achub eneidiau'r nafis. Yn sicr, ni chafwyd llawer o lwyddiant gyda'r mwyafrif ohonynt o weld bod hanesion achosion llys y manlysoedd lleol yn cynyddu fel yr âi'r gwaith ar y lein ymlaen.

Un o'r achosion a welir yn y *Faner* yw hanes 'Lladrad

Beiddgar', yn ôl Elis, a ddigwyddodd yng ngwesty *Elen's Castle* yn Nolwyddelan ym mis Gorffennaf 1877. Roedd dau o weithwyr y rheilffordd, George Kay a Jeffrey Williams, yn aros noson yn y gwesty a bu iddynt ddwyn oddeutu deg punt mewn aur a swm anhysbys o arian o ddrôr yn un o'r llofftydd. Y bore hwnnw, llogwyd cerbyd gwesty'r *Baltic*, Blaenau Ffestiniog ganddynt, a oedd, yn gyfleus iawn, yn aros yn Nolwyddelan ar y pryd. Wedi darganfod ei golled, aeth perchennog *Elen's Castle* i achwyn am y lladrad wrth y ddau heddgeidwad yn y pentref. Gan fod y *stagecoach*, neu'n hytrach y *Baltic coach*, wedi cael ei logi eisoes gan y ddau droseddwr, bu raid i'r plismyn logi cerbyd gwesty arall y *Benar View* i'w herlid. Disgrifia Elis hanes ymlid y *bandits* i fyny Bwlch Gorddinan yng ngherbyd y *Benar View*, yn nhraddodiad cyffrous yr hen ffilmiau cowbois ers talwm. Ar ôl darganfod Williams yn ei lety mewn barics yn agos i gopa'r Bwlch, aethpwyd ymlaen i ddal Kay yng ngorsaf rheiffordd gul Ffestiniog yn sgwâr Diffwys yn y Blaenau. Cludwyd y ddau ddrwgweithredwr yn ôl dros y Bwlch ac i'r celloedd yng ngorsaf heddlu Betws-y-coed.

Rhoddodd Elis lawer o sylw i'r ffaith fod y nafis yn yfed yn ormodol ac yn waeth na dim, yn ei farn ef, eu bod yn yfed y ddiod feddwol ar y Sabath. Yr oedd ymgyrch wedi bod ar y gweill ers peth amser yn Nolwyddelan i geisio cael y tafarnwyr i gau eu drysau i yfwyr ar y Sul, gydag Elis yn flaenllaw yn yr ymgyrch honno. Tynnodd sylw at gyfarfod arfaethedig yn ei golofn 'Llanrwst a'r Cylchoedd' ar ddechrau mis Rhagfyr 1877. Yr wythnos ddilynol cyhoeddodd ymddiheuriad yn ymwneud â'r pwnc yng ngholofn newyddion lleol Dyffryn Conwy dan y pennawd 'Cau y gwesttai ar y Sabbath':

> Yr wythnos o'r blaen, gwnaeuthum gamgymmeriad dibwys gyda'r amser. Dylaswn ddyweyd fod nifer lliosog yn dyfod allan o westty neillduol amser cau nos Sabbath, ac nid deg o'r gloch. Ni wyddwn mai naw o'r gloch ydyw amser cau ar y Sabbath. Ni fum erioed, hyd y gwn, mewn tafarndy ar y Sabbath, gyda'r fath neges ag sydd gan y rhai sydd yn rhuthro yno i yfed y gwirodydd sydd yn gyru pobl o'u cof. Nid wyf yn malio dim yn y gyfraith cau ar y Sabbath, mwy na diwrnod arall. Trwy drugaredd, nid wyf yn un o'r cyfryw ag y mae angen cyfraith i gyfyngu yr amser ar fy nhraflyngciadau ... Y mae symmudiad ar droed yn ein plith i wneyd cais i gael gan y tafarnwyr i gau eu tai ar y Sabbath yn ardal y gôg, ac y mae rhai o honynt wedi dangos eu parodrwydd i wneyd hyny os bydd i'r lleill gyd-synio. Y mae cyfarfod cyhoeddus i gael ei gynnal nos Wener nesaf, i ystyried a thrafod y cwestiwn.

Roedd hyn bedair blynedd cyn Deddf Gwlad 1881 a orfodai holl dafarnau Cymru i gau ar y Sul. Syndod mawr yw darllen y geiriau gan Elis o'r Nant sy'n dweud nad oedd yn 'malio dim yn y gyfraith cau ar y Sabbath' ond mae'n amlwg fod yr ymateb i'r cyfarfod cyhoeddus wedi bod at ddant Elis, wrth iddo adrodd ychydig yn ddiweddarach yn y *Faner*:

> *Newydd da.* – Yr wyf wedi cwyno nid ychydig yn erbyn meddwdod yr ardal yn ystod yr wythnosau sydd wedi myned heibio. Y mae yn dda genyf fod ychydig arwyddion y bydd i ni fwynhau ysbaid o lonyddwch a heddwch. Y mae caredigion cymmedroldeb a sobrwydd wedi bod mor ddiwyd a bywiog fel y mae lliaws wedi taflu i fyny yr hen arferiad, a'r rhan mwyaf 'chwil' a'r rhan oeddynt yn fwyaf o ffieidd dra yn yr ardal wedi teimlo nad oedd Dolyddelen yn lle iddynt aros. Y maent wedi symmud mewn canlyniad i rywle lle y mae tebygrwydd y cânt fwynhau ychydig mwy o lonyddwch gyda'r hen ddioden, a therfysgu ychydig, llefain ac ysgrechian heb i neb orchymyn iddynt dewi, na'u dwyn i'r Bettws i roddi cyfrif am hyny.

Ond er ei feirniadaeth gyson ar ymddygiad afreolus y nafis yn ystod gwaith adeiladu'r rheilffordd a'i ddyhead i'w gweld yn ymadael â'i fro, roedd yn barod i gydnabod eu cyfraniad i economi Dolwyddelan ar sawl achlysur. Efallai nad oeddent yn prynu llawer o lyfrau ganddo ef ond roedd ambell siop yn cyflenwi bwyd a dillad iddynt, ac wrth gwrs, rhaid peidio anghofio'r galwyni o gwrw a lyncwyd yn y tafarnau. Serch hynny, roedd Elis yn rhagweld tynged lom i'w annwyl blwyf ar ôl cwblhau'r gwaith ar y lein. Ar ddechrau mis Chwefror 1878 ysgrifennodd:

> Nid tref sydd i fod yn 'ardal y gôg,' wedi y darfyddo gwaith y ffordd haiarn. Ychydig chwareli fydd yma yn cael eu hagor o'r newydd. Yr wyf yn credu fod yma ragolygon am chwareli liaws heb law y rhai sydd ar droed ar hyn o bryd. Y mae amser marw heb fod yn mhell. Bydd y llu dieithriaid sydd yn yr ardal wedi cilio cyn hir. Bydd y tynel trwodd i Ffestiniog, ac ni fydd 'ardal y gôg' ar ol hyny ond yr hyn oedd cyn dechreu y ffordd haiarn. Y mae yma amryw o adeiladau mawrion wedi cael eu dwyn i fod i wneyd masnach mewn gwahanol ganghenau ar ol cychwyniad y ffordd haiarn; ond ymddengys yr anturiaethau hyn yn lled debyg i adeiladu cestyll yn yr awyr. Nid wyf yn meddwl y bydd yma un siopwr yn teimlo ei fod yn casglu rhyw gynhauaf toreithiog, pan y mae cannoedd o bobl yn yr ardal a fyddant wedi diflanu cyn pen dwy neu dair blynedd ... Nid yw y llu pobl sydd yn ein hardal i fod yma ond am

ysbaid byr. Wel, dyna fi wedi prophwydo ychydig am y dyfodol. Derbyniwch y rhagfynegiad yn garedig.

Ond fel y soniwyd eisoes, nid dim ond trafod helyntion y nafis, eu ffordd o fyw a'u harferion anfoesol – yng ngolwg y dinasyddion lleol beth bynnag – a wnâi Elis o'r Nant. Mae ei ohebiaeth parthed y datblygiadau ar y cynllun mwyaf chwyldroadol a ddaeth i Ddyffryn Lledr erioed yn gofnod hynod bwysig. Croniclodd Elis lawer o ffeithiau yn ymwneud â'r gwaith ar y rheilffordd, megis dyddiadau cychwyn adeiladu rhannau o'r lein ac adegau gorffen rhai eraill. Cawn flas ar sawl agwedd o'r datblygiad ganddo, gyda chyfeiriadau at enwau rhai o'r contractwyr neu gyflenwyr y cynllun. Cofnododd nifer o hanesion difyr a oedd yn rhan o'r bwrlwm a ddaeth i Ddolwyddelan a'r ardaloedd cyfagos. Datgelai bytiau difyr o wybodaeth am ddatblygiadau'r cynllun o dro i dro, gwybodaeth hynod werthfawr i haneswyr heddiw. Meddai yn y *Faner* ym mis Mawrth 1878, a'r gwaith ar y Twnnel Mawr dwy filltir a chwarter o hyd rhwng Blaenau Dolwyddelan a Blaenau Ffestiniog, yn gyrru ymlaen:

> *Y tynel a llinell y Bettws.* – Y mae gweithwyr y pen gogledol i'r tynel mawr yng Nghwm Nhadog wedi cael hanner diwrnod o wyl heddyw (Mawrth 2il) i gael gorphwys ychydig ar ol tori twll drwodd i siafft

rhif 1. Cymerodd hyn le nos Fawrth diweddaf. Nid oes ond un lle heb dwll; sef, rhwng siafft rhif 1 a 2, a disgwylir y bydd twll drwodd yn mhen tua deng wythnos. Cymmer lawer o amser eto i yru gwaelod y tynel. Y mae yn anhawdd hysbysu yn gywir pa mor fuan y bydd y gerbydres yn rhedeg i Ffestiniog ... Dichon y bydd yn dechreu rhedeg yn ngwanwyn 1881. Y mae y cwmni wedi neillduo 168,000p tuag at orphen y llinell hon i Ffestiniog ... Yr ydym yn cael ysbaid o heddwch oddi wrth ffieidd dra yr yfed gormod. Y mae yma le lled anhyfryd wedi bod; ond y mae llonyddwch etto wedi dyfod i feddiant lled gadarn o'r lle.

Ymddangosai ei adroddiadau am ddatblygiadau'r gwaith ar reilffordd Dyffryn Lledr yn rheolaidd yn ei golofn 'Llanrwst a'r Cylchoedd ac mewn wythnosolion eraill rhwng diwedd 1873 ac 1879. Byddai'n ymfalchïo wrth weld cynnydd yn y gwaith a dyddiau agor rhannau o'r rheiffordd yn nesáu. Ddiwedd mis Awst 1878 roedd Elis wrth ei fodd yn rhannu'r newyddion da fod y darn rheilffordd o Fetws-y-coed i Ddolwyddelan wedi ei gwblhau, gyda phennawd mewn llythrennau breision i brofi hynny: 'Y FFORDD HAIARN O BETTWS I DDOLYDDELEN sydd wedi ei gorphen yn llwyr. Rhedodd y peiriant nos Wener diweddaf, Awst 23ain, yn glir i'r Betws. Darfu i mi hysbysu y byddai wedi ei bras orphen cyn diwedd Awst, rai misoedd yn ol. Disgwylir y ceir trên nwyddau i fyny o hyn i ben chwech wythnos.'

Ychydig fisoedd yn ddiweddarach, ym mis Ionawr 1879, datgelodd fod y trên wedi cludo glo am y tro cyntaf erioed i Ddolwyddelan ac y byddai'r holl nwyddau bron ar gyfer trigolion y pentref yn cyrraedd felly o hynny ymlaen ond na fyddai gobaith gweld gwasanaeth ar gyfer teithwyr yn dechrau 'am dri neu bedwar mis etto'.

Ym mis Mehefin 1879, a'r gwaith ar y twnnel ar fin dod i ben, soniodd Elis fod ymdrechion egnïol ar droed i agor y rheilffordd yn gyfan gwbl erbyn dechrau mis Gorffennaf a bod arolygwyr wedi dod i gael golwg ar y gwaith. Cyfeiriodd at gostau torri'r twnnel o Gwm Nhadog i'r Blaenau: rhyw ddau gant a hanner o filoedd o bunnoedd oedd amcangyfrif un sylwebydd, meddai, a bod tua mil a chant o ddynion wedi gweithio yn y twnnel dros gyfnod o bum mlynedd. Dywedodd Elis ei fod yn meddwl bod y cyflogau a delid i'r gweithwyr oddeutu hanner miliwn o bunnoedd ac y byddai'r gost o dorri'r twnnel i gyd yn agos i filiwn o bunnoedd. Gorffennodd ei lith gyda'r disgrifiadau lliwgar hyn o'r holl fwrlwm:

> Gwnaed adeiladau mawrion i lettya y gweithwyr, gan nad oedd annedd-dai yn y lle i'w cymmeryd i

> mewn. Bu ugeiniau o weddi yn cludo gwahanol nwyddau o'r Bettws i wahanol fanau ar y tynel. Byddent yn llenwi yr oll ffordd, ac yn ddyddiol byddai y traction engine yn pwffio, gan gludo gyda hi lwythau mawrion o lô, a gwahanol ddefnyddiau. Ni bu erioed y fath draul y gorfodid y cwmni i fyned iddi. Hawdd casglu nad allai y draul fod yn llai na miliwn o bunnau ... Gellid casglu oddi wrth yr adroddiad a geir yn y *Mercury* mai periannwyr fu yn gwneyd y tynel a'r llinell. Ni sonir ond am ychydig ddynion profiadol fel Mr B.Williams, ac ereill, sydd wedi cymmeryd rhan arbenig yn ngweithiad y tynel. Ni soniwyd gair am y Mri Morris, Caernarfon; Thomas a Robert Dougall, a David Jones, o Benmachno. Gadawyd hwy o'r neilldu, a lled fychan oedd y sylw a wnaed o Mr Gethin Jones, a'i nai, Mr Owen Jones, Glasgwn Hall, ac nid oedd y sylw a wnaed am Mr Evan Jones, Pyllau, ond un cwta ac ammherffaith.

Wrth i'r dyddiad tyngedfennol gael ei ohirio, dangosai Elis ei rwystredigaeth o ddifrif. Condemniai swyddogion y cwmni rheilffordd am ei gamarwain:

> Gallasai y llinell fod yn barod yn mhell cyn hyn pe buasai y bobl a dalwyd ymaith yn y tynel, a lleoedd eraill, yn gweithio ... Yn lle hyny talwyd ymaith

> gannoedd o bobl ... Pob peth allan o drefn, dim byd yn iawn. Dim rhagolwg y ceir trên, er hir ddisgwyl. Rhaid dilyn yr hen drefn etto am ysbaid o fyned i'r Bettws, a dyfod oddi yno mewn cerbydau, neu ei throedio.

Roedd y Colonel Rich o'r Bwrdd Masnach wedi bod yn archwilio'r gwaith yn drylwyr – yn rhy drylwyr yn ôl ambell un megis Elis o'r Nant, ac yn anfodlon ar sawl agwedd ar y cynllun: 'Sicrheid hefyd ddarfod iddo osod ei hunan dan wahanol *arches* Pont Gethin, a gorfodi y gyrredyddion i yru yn ol a blaen, er iddo gael gweled rhag ofn fod rhyw ddiffyg yn rhywle. Ond gallasai unrhyw un ganfod, ond cerdded un o'r ddwy ochr i'r bont, na chanfu erioed yn un wlad waith mwy cadarn.'

Yn yr un erthygl, rhestra Elis enwau rhai o aelodau staff y lein newydd gan ddweud, 'Y mae llu o bersonau o bob cyfeiriad wedi dyfod i wasanaethu yn y gwahanol orsafoedd o'r Bettws i Ffestiniog. Yn *signal box* yr ardal ceir Cymro o'r enw Williams, o Sir Fôn, a Sais yw un Pont-y-pant, a Sais ydyw y gorsafwr hefyd. Un wedi bod chwe blynedd yn brif ysgrifenydd yn *goods department* Dinbych ydyw gorsafwr Dolyddelen, i fod, adnabyddir ef wrth yr enw Mr W. T. Hughes.'

Ond wedi'r holl boeni am yr oediad yng nghyrhaeddiad y trên, gwelir yn ei adroddiad yng ngholofn 'Llanrwst a'r Cylchoedd' y *Faner* ar y 9fed o

Awst y newyddion da '*Agoriad y Ffordd Haiarn* o'r Bettws i Ffestiniog wedi dwyn cyfleusdra lled hyfryd i bob un.'

Serch yr hir aros, a dioddef blynyddoedd o gamymddwyn y nafis meddw, a'r newid aruthrol i ffordd o fyw cymuned Dolwyddelan, nid oedd Elis o'r Nant yn hollol hapus gyda dyfodiad y ceffyl haearn i'w fro. Os oedd ymddygiad afreolus y nafis wedi aflonyddu arno dros gyfnod y gwaith ar y rheilffordd trwy'r dyffryn, yr oedd ymarweddiad teithwyr a ddeuai gyda'r trên o gyfeiriad Blaenau Ffestiniog ar y teithiau cynharaf o'r dref honno cynddrwg bob tamaid. Disgynnodd carfan ohonynt yng ngorsaf Dolwyddelan a'r gweddill ym Metws-y-coed a Llanrwst. Cafwyd disgrifiad o'r criw gwyllt gan Elis: 'Yr oedd ymddygiad di-reol ac anfoesol y rhai hyn yn yr oll o'r ardaloedd a nodwyd, ar ol disgyn o'r trên, yn warthus. Ni bu erioed y fath afreolaid-dra, er fod llawer o honom wedi gweld golygfeydd lled annymunol er pan y dechreuwyd y llinell.'

Wythnos yn ddiweddarach, adroddodd yn ei golofn newyddion lleol am drên y gweithwyr a oedd i deithio'n rheolaidd o'r Betws i Flaenau Ffestiniog. Cynhwysa'r erthygl fanylion gwerthfawr parthed y trên hwnnw. Cychwynnai trên cyntaf y gwasanaeth hwn o'r Blaenau i gyfeiriad Betws-y-coed am un o'r gloch y dydd Sadwrn canlynol. Byddai'n gyfleus i chwarelwyr o Ddyffryn Lledr ac ymhellach deithio arno ar derfyn stem o waith bob bore Sadwrn. Dychwelai'r trên o'r Betws am chwech bob bore, i gyrraedd Blaenau Ffestiniog am chwarter i saith, mewn pryd i'r gweithwyr gyrraedd y chwarel cyn y corn gwaith am hanner awr wedi saith. Pris tocyn dwyffordd rhwng y Betws a'r Blaenau oedd swllt, a naw ceiniog o Ddolwyddelan i'r Blaenau. Yn ôl ei arfer pigog, rhaid oedd i Elis gael dweud ei farn: 'Nid ymddengys i mi eu bod wedi rhanu yn gywir. Y mae yn agos yr un faint o ffordd o'r Bettws i Dolyddelen ag sydd o Dolyddelen i Ffestiniog.'

Ceir nifer fawr o hanes yr helyntion a ddilynodd y cynllun chwyldroadol i godi rheilfford i fyny Dyffryn Lledr rhwng 1874 ac 1879 gan Elis o'r Nant. Adroddodd am y digwyddiadau a ddaeth i ran ei annwyl fro wedi'r datblygiad pwysig hwn a dangosodd i ddarllenwyr y *Faner*, a nifer o gyhoeddiadau eraill yr oes, effeithiau mewnfudiad cannoedd o estroniaid ar ardal agos-at-ei-lle megis Dolwyddelan. Rhoddodd sylw i ddigwyddiadau mawr a bach yn ei gymuned ei hun a phlwyfi eraill cyfagos dros y pedair blynedd y bu'r nafis yn aflonyddu ar y trigolion. Roedd ei gyfraniad i newyddiaduriaeth yr oes am ddatblygiad mor chwyldroadol â gwaith adeiladu'r rheilffordd hon yn werthfawr iawn, ac er ei ragfarn am weithwyr y cynllun rheilffordd a'i ohebiaeth ymfflamychol am hynt a helynt y nafis, mae ei gyfraniad, wrth iddo gofnodi'r digwyddiadau hynny rhwng 1874 ac 1879, yn amhrisiadwy i haneswyr lleol a chenedlaethol hyd heddiw.

Cofnododd Elis ambell ffaith ddiddorol arall ar ôl i'r holl waith yn Nolwyddelan ddod i ben, ac ymadawiad yr 'anwariaid' o nafis, fel y'u gelwid ar brydiau. Er i'r holl weithwyr adael ei bentref, roedd rhai yn dal i gael eu cyflogi ar waith sychu cors Glan-y-pwll ym Mlaenau Ffestiniog ar gyfer yr orsaf newydd yno, a rhai ar y gwaith o wneud seidings newydd i'r orsaf. Byddai rhai ohonynt yn dal i ddefnyddio'r barics pwrpasol a godwyd ar ben Bwlch Gorddinan, rhwng y Blaenau a Dolwyddelan. I ddiddori eu hunain mewn llecyn mor uchel ac unig uwchlaw'r môr, byddent yn treulio llawer o'u horiau hamdden yn nhafarn y *Llywelyn Arms*, neu'r 'Crimea' ar lafar. Bu'r dafarn hon yn boblogaidd iawn ym mlynyddoedd prysuraf y gwaith, gyda hanes yr helyntion ynddi yn dilyn sesiynau yfed y nafis yn ddiarhebol. Er i'r niferoedd oedd yn ei mynychu ostwng yn arw wedi darfod y gwaith yn y Twnnel Mawr, roedd llawer o'r gweithwyr oedd ar ôl yn dal i fod yn gwsmeriaid da, yn amlwg. Wedi llawer o gwyno am ymrafaelion yn y dafarn, penderfynodd ynadon yr ardal anfon dirprwyaeth i lys trwyddedu Betws-y-coed i geisio gwrthwynebu adnewyddu trwydded y dafarn yn 1881. Gadawn i Elis o'r Nant ddweud yr hanes mor gyflawn â phosibl:

Tafarn wedi ei hattal. – I lys yr ynad – cyfarfod blynyddol y trwyddedau yn Mettws-y-coed – dygwyd deiseb i wrthdystio yn erbyn rhoi trwydded werthu yr hen ddioden yn Nghwestty Llewelyn Arms, Bwlch Gorddunant, tafarn a elwir yn iaith y wlad lysenwol y werin-bobl – 'Crimea.' Rhoed yr enw Crimea ar y gwestty adeg rhyfel y Crimea; yr hwn a dorodd allan yr adeg yr adeiladwyd yr annedd-dy. Llysenwyd rhai eraill yr un modd. Un o'r cyfryw ydyw y Baltic, a chafwyd enw arall ar un yn rhywle yn nghymmydogaeth Bethesda – y ddau westty olaf yn Ffestiniog, a'r llall yn mhlwyf Dolyddelen – ar ben mynydd, lle hollol ddinôd, ac o fewn ychydig i derfyn plwyf Ffestiniog. Bu amryw yno yn gwneyd ymgais i naddu bywoliaeth allan o syched pobl eraill. Cychwynodd llawer llangc ieuangc, a gwr priod, chwannog i ddiod tuag adref ddydd Sadwrn o Ffestiniog. Myned adref oddi wrth eu gwaith; cychwyn yn brydlawn; gan fwriadu cyrhaedd pen eu taith at eu rhieni, eu gwragedd, a'u plant, troi i mewn yn nghwmni eraill o'r un gogwyddiad am wydriad, gan fwriadu peidio galw am chwaneg; ond galw am un arall, un arall, ac un arall, hyd nes i'r ddioden ddyfod yn elfen lywodraethol a gormesol arnynt. Bu llawer un yn galw fel hyn yn y lloches yma ddiwrnod tâl, ac yn eistedd yma i gydyfed hyd nes y byddai yn hwyr nos Sadwrn – o un o'r gloch y prydnawn hyd amser cau – a rhai yn methu myned ymaith o gwbl. Yma y ceid hwynt yn llawn o'r hen ddioden ar y Sabbothau a bore dydd Llun, eu gwragedd a'u plant, ond odid, yn llawn anhunedd ar hyd yr adeg ... Ond dyma y tafarndy wedi ei grïo i lawr, wedi ei attal i cael trwydded. Y mae wedi bod yn agored am o saith i wyth mlynedd ar hugain; ond wele ei ddyddiau yntau wedi eu rhifo. Cauir ef i fyny ar ol y 10fed o Hydref nesaf.

Pennod 8
'Achos Cadwalad y Clogwyn'

Yn rhifyn y 4ydd o Fawrth, 1882 o'r *Faner*, cyhoeddodd Elis o'r Nant hanes hen gymeriad o gyffiniau Betws-y-coed yn ei golofn 'Llanrwst a'r Cylchoedd'. Cadwalad y Clogwyn oedd y gŵr hwnnw, a drigai mewn bwthyn ar ben craig ger Llyn Pont yr Afanc ar gyrion y pentref, a hynny tua chanol y ddeunawfed ganrif. Trosglwyddwyd yr hanes i Elis gan un o'i gyfeillion pennaf, John Jones, neu o roi iddo ei enw barddol, Ioan Glan Lledr, pysgotwr a bardd adnabyddus. Rhoddodd Elis ddarlun pur gyflawn o Gadwalad a oedd, yn ôl pob golwg, yn dipyn o 'dderyn du' ym mhob ystyr. Wedi trafod nifer o'i ffaeleddau, aeth Elis ymlaen i sôn am un digwyddiad penodol, un o droseddau gwaethaf Cadwalad, pan losgodd ysguboriau a beudai, ynghyd â'r gwartheg a oedd yn yr adeiladau, am ei fod yn dal dig yn erbyn rhywrai oedd wedi ei ddigio. Wrth gloi'r erthygl, mae Elis fel petai'n ceisio rhoi ryw neges gudd i'w ddarllenwyr:

> Daeth dydd marwolaeth heibio i Gadwalad. Ar ei wely angeu llefai am ollwng y gwartheg yn rhyddion. Gwae fi am fy nghastiau a'm triciau drygionus. Gwae fi am dreulio fy mywyd i dreio lladd a dinystrio fy nghyfeillion a'm cymmwynaswyr ... Bu farw, ac y mae ei goffadwriaeth yn sawru yn ffroenau y drigolion hyd y dydd heddiw. Bydded hyn yn rhybudd i bawb o gyffelyb ysbryd yn ein dyddiau ni.

Er nad yw Elis yn enwi neb yn yr erthygl, nac yn ceisio cyffelybu neb i Gadwalad y Clogwyn, cymerodd gŵr o'r enw Oliver Evans Parry o Ddolwyddelan y geiriau'n bersonol, gan ddwyn cyfraith yn erbyn y *Faner* am gyhoeddi'r erthygl, gyda'r cyhuddiad mai amdano ef yr oedd Elis o'r Nant yn sôn yn ei sylwadau ar ddiwedd yr erthygl. Er mai dwyn achos cyfreithiol yn erbyn perchenogion y papur wnaeth Parry a'i gynrychiolwyr, Elis a orfodwyd i wynebu'r helynt gan fod Thomas Gee a'i deulu wedi ceisio golchi eu dwylo o'r mater.

Yr oedd anghydfod wedi codi fwy nag unwaith

rhwng Elis ac Oliver Parry a'r diweddaraf yn ymwneud â chais gohebydd y *Faner* am swydd postfeistr Dolwyddelan. Yn digwydd bod, roedd Parry wedi gwneud cais am yr un swydd ar ran dwy ferch ifanc leol, 'yn nhŷ pai rai yr oedd yn byw,' chwedl y *Faner*. Ond yr oedd y drwgdeimlad wedi gwreiddio rai misoedd, os nad blynyddoedd ynghynt, yn sicr. Byddai'r ffaith mai Eglwyswr a Cheidwadwr rhonc oedd Parry yn ddigon o reswm ynddo'i hun dros atgasedd Elis tuag ato.

Yn dilyn y cyhuddiadau yn erbyn perchenogion y *Faner*, cyhoeddwyd ymddiheuriadau'r cyhoeddwyr yn rhifyn yr 28ain o Fehefin, 1882 i geisio tawelu rhywfaint ar y dyfroedd ac yn bennaf i geisio cael Parry i roi gorau i'r achos:

> Yn ein rhifyn am ddydd Sadwrn, y 4ydd o Fawrth diweddaf, ymddangosodd ysgrif am berson o'r enw '*Cadwalad y Clogwyn*' - hen gymmeriad a flodeuai, yn ol yr hanes a gyhoeddwyd, yn ardal Bettws-y Coed tua chanol y ganrif o'r blaen. '*Elis o'r Nant*' a ysgrifenodd yr hanes, ac i'w hanfonodd i ni – ac yr oedd ei ffugenw adnabyddus wrtho. Ond y mae yn ymddangos fod Mr Owen Evans Parry, o Dolyddelen, yn tybio fod yr hanes yn ymosodiad ar ei gymmeriad ef. Y mae yn ddrwg genym ei fod yn meddwl felly: ond dymunwn ei hysbysu mai fel

hanes cywir a gwirioneddol am yr hen gymmeriad y cyhoeddwyd ef. Ac yr ydym er hyny wedi bod yn gwneyd ymchwiliad, ac wedi cael fod yr hen 'Gadwalad' wedi bod yn byw yno lawer o flynyddoedd yn ol. Pe buasem yn dychmygu fod ynddo y cyfeiriad lleiaf at Mr O. E. Parry, ni chawsai ymddangos. Y mae yr awdur *Elis o'r Nant* yn sicrhau i ni hefyd ei fod yn hanes gwirioneddol o ffeithiau a ddigwyddasant yn mywyd yr hen ddyn, ac mai fel hanes gwirioneddol yr anfonwyd ef i ni – ac na feddyliodd efe am wneyd unrhyw ymosodiad ar Mr O. E. Parry wrth ei ysgrifenu. Gall Mr O. E. Parry gan hyny deimlo yn eithaf tawel ar y pen hwn – nad oes a fyno yr hanes âg ef o gwbl. Bu yr hen wr farw yn y Ganllwyd, ger Dolgellau; a chladdwyd ef yn y Bettws, Mehefin 20fed, 1804.

Ymysg y casgliad o gopïau papur carbon o lythyrau Elis o'r Nant sydd ar gadw yn y Llyfrgell Genedlaethol yn Aberystwyth, ceir ambell lythyr sydd yn cyfleu agwedd Elis tuag at yr helynt yn gyffredinol. Mewn un llythyr Saesneg a anfonwyd at E. F. Gee, y cyfreithiwr a oedd yn fab i Thomas Gee, perchennog y *Faner*, roedd Elis yn bendant o'r farn na ddylai Oliver Parry gael ei ffordd ei hun ar y mater: '*Dear Sir, We must not let Mr C. A. Jones and Mr Parry rough-ride us in this way*.' Mae'n debygol mai cyfreithiwr lleol oedd y C. A. Jones y cyfeiria Elis ato yn y llythyr hwn a ysgrifennwyd ganddo o Ddolwyddelan ar y 10fed o Fehefin, 1882.

Ychydig ddyddiau'n ddiweddarach ac yntau'n sicr wedi sylweddoli difrifoldeb ei sefyllfa erbyn hyn, anfonodd Elis lythyr at Thomas Gee a'i fab yn egluro nad oedd Parry yn barod i gyfaddawdu o gwbl a'i fod yn daer o fynd â'r mater ymlaen i'r llysoedd. Er bod ambell air o'r llythyr yn annealladwy erbyn hyn oherwydd traul y blynyddoedd, fe ellir teimlo rhwystredigaeth Elis ynddo:

> Mr Gee a'i Fab, Mehefin 15 1882
>
> Ni waeth gan Mr O. E. Parry faint o gynhaws i ... [annealladwy] yn erbyn pobl os cai rywun yn ddigon ----- [annealladwy] i dalu y costau.
>
> Yr ydych chwi droion wedi fy meio na fuaswn yn trio setlo ein gilydd. Yr oedd hyn yn fwy nag allai neb wneyd. Gwrthodai o'r cychwyn wneyd unrhyw beth ond trwy my solicitor, fel y ces y ------ [annealladwy].

Mewn llythyr a anfonwyd gan Elis ar y 1af o Orffennaf at F. Gee, ei gyfreithiwr, y mae'n amlwg wedi paratoi ei hun ar gyfer brwydr gyfreithiol yn y llysoedd, gan gydnabod nad oes ganddo'r modd i dalu costau Oliver Parry. Mewn ysbryd o anobaith, efallai, y mae hefyd yn bradychu un o'i gyfeillion pennaf wrth iddo geisio lluchio'r bai am ddatgelu hanes Cadwalad y Clogwyn ar John Jones (Ioan Glan Lledr):

July 1 1882

Mr F. Gee Esq.

At present as he has ceded. I will do the same and cannot pay the cost incurred by him ... It is no use to let him have everything his own way ... Mr John Jones and not myself, is responsible for Cadwalad y Clogwyn. I was only the writer.

Yours truly,

Ellis Pierce.

P.S. We must have the case tried at Ruthin.

Bu rhai o drigolion yr ardal yn ymdrechu i geisio cael Parry ac Elis i gymodi a dod i ryw fath o gytundeb parthed yr helynt, ond ym mêr ei esgyrn, roedd Elis wedi derbyn nad oedd ganddo obaith o weld Parry yn atal rhag mynd â'r achos yn ei flaen i'r llys barn. Roedd mater y costau cyfreithiol yn peri gofid iddo yn sicr ond serch hynny, roedd elfen wrthwynebus ei natur yn ei wneud yn benderfynol nad oedd wedi gwneud dim o'i le.

Mr F. Gee Esq. *July 12 1882*

A mutual friend to both me and Mr Parry called

here today, Mr O. E. Hughes (Crafnant) to get Mr Parry to propose what he is going to do. He went to see his solicitor today as it seems to see what he can do...

How much is the cost at present? Kindly wait a few days before cashing the cheque to see what we can do. I expect to have peace with honour. I have no money to throw away or I would have this matter fought out...

Ellis Pierce.

Ond er holl ymdrechion ei gyfreithiwr a nifer o drigolion Dolwyddelan i gael Oliver Parry i ollwng y cyhuddiadau o enllib yn erbyn perchenogion *Baner ac Amserau Cymru*, daeth yr achos gerbron y Barnwyr Huddleston a Manisty ym mrawdlys Caer ym mis Gorffennaf 1882. Fel yr adroddwyd yn rhifyn y 26ain o Orffennaf, 1882 o'r *Faner*, 'Dygai Mr Oliver Evans Parry, masnachwr cyffredinol yn Nolyddelen, gynghaws yn erbyn perchenogion y FANER, i geisio iawn am gabldraeth, o herwydd iddynt gyhoeddi erthygl am '*Cadwalad y Clogwyn*' yn y rhifyn am Mawrth 4ydd diweddaf.'

Dros yr achwynydd, Parry, ymddangosai Morgan Lloyd QC, AS a Mr Marshall, yn cael eu cyfarwyddo gan Charles E. Jones, cyfreithiwr o Gaernarfon, a thros y diffynyddion, Thomas Gee a'i bartneriaid, gwasanaethai Mr McIntyre QC, AS a Clement Higgins, a'r ddau'n cael eu cyfarwyddo gan Robert Foulkes Gee, cyfreithiwr o Fanceinion. Er mai achos yn erbyn perchenogion y *Faner* oedd hwn i fod, gwnaeth Morgan Lloyd ei araith agoriadol yn gronicl o'r drwgdeimlad a fodolai rhwng Elis a Parry, gan adrodd hanes Elis yn ceisio am swydd postfeistr Dolwyddelan a chanlyniadau hynny. Ceisodd Morgan Lloyd brofi bod Elis o'r Nant, awdur yr erthygl, yn teimlo malais tuag at ei gleient oherwydd yr hyn a ddigwyddodd yn y gorffennol. Wedi iddo draethu am gyfnod ar gefndir yr helynt a'r enllib honedig, eisteddodd Mr Lloyd ond cyn iddo gael cyfle i alw'r tystion ymlaen, dechreuodd y barnwr wneud sylwadau parthed y dystiolaeth a roddwyd gan yr erlynydd ac yna gohiriodd y gweithrediadau am hanner awr. Wedi iddo ddychwelyd a siarad gyda'r ddwy ochr, galwodd cyfreithwyr Elis o'r Nant y gohebydd penboeth atynt a'i berswadio mai gwastraff amser oedd parhau â'r achos. Cytunodd yntau nad oedd dim gwell i'w wneud dan yr amgylchiadau nag ymddiheuro, a gorchmynnodd y barnwr iddo dalu iawndal o 40 swllt (£2) i Oliver Parry, a'r costau.

Yn ddi-os, yr oedd canlyniad o'r fath yn siom o'r mwyaf i Elis. Bu'n dadlau ers dechrau'r helynt nad oedd ei erthygl ar Cadwalad y Clogwyn yn ceisio bychanu unrhyw un, nac ychwaith yn ymdrech i gyffelybu'r un cymeriad cyfoes â'r dihiryn hwnnw. Byddai wynebu costau sylweddol yr achos yn sicr o fod yn boen meddwl iddo, yn ogystal â'r gwarth o golli'r achos i un nad oedd, yn amlwg, yn un o'i hoff bobl ac i wneud pethau'n waeth, yn Eglwyswr a Thori!

Erys ambell gwestiwn parthed rhan Elis yn yr achos yn gyffredinol. Yn ddiau, roedd wedi gwneud mwy nag un gelyn yn ystod ei flynyddoedd fel gohebydd i'r gwahanol bapurau a chylchgronau, a'i safbwynt radicalaidd ar nifer o bynciau gwleidyddol wedi tynnu blewyn o drwy ei wrthwynebwyr. Soniwyd eisoes nad ymataliai rhai mynegi ei deimladau pigog tuag at yr Eglwys Anglicanaidd a'i haelodau; dywedai ei farn yn hollol glir am yr annhegwch cymdeithasol a fodolai yng nghymunedau Dyffryn Conwy a'r tu hwnt, gan ddangos ei atgasedd ar fwy nag un achlysur at fonedd y cyfnod. Roedd yn tynnu blewyn o drwyn Arglwydd Penrhyn, ei arch-elyn Torïaidd mwyaf, yn gyson a châi bleser yn ceisio tanseilio grym y gŵr hwnnw bob cyfle a gâi yn ei ohebiaeth. Nid yn y Gymraeg yn unig yr ysgrifennai ei ddarnau sarhaus amdano ychwaith. Yn ei golofn '*Dolyddelen and Vicinity*' yn y *Cambrian News* dywedodd: '*Hard times are in store for the home producers. Landlords like Lord Penrhyn and others who find that they can demand any price they like for a farm when it becomes tenantless, will find it difficult to rent it at all.*'

Roedd yn chwyrn ei farn ar fater datganoli'r eglwys a helynt y tir, ac roedd yn bleidiol i hawliau'r unigolyn yn gyffredinol. Wrth reswm, byddai'n cael penrhyddid gan Thomas Gee a'i deulu, perchenogion *Baner ac Amserau Cymru* i ddatgan ei farn yn glir yn ei golofn reolaidd yn y papur newyddion hwnnw. Yr oedd Gee ei hun, fel cefnogwr brwd i'r Blaid Ryddfrydol, wedi corddi'r dyfroedd ar sawl achlysur gyda'i sylwadau pendant yn erbyn Ceidwadaeth, ac o blaid datganoli a deddfau'r tir, a'r holl faterion radicalaidd yr oedd Elis yn eu cefnogi. Byddai'r geiriau chwyldroadol a welid yn erthyglau gohebwyr y *Faner* at ddant miloedd o ddarllenwyr y papur a gyhoeddwyd ddwywaith yr wythnos, ar ddydd Mercher a dydd Sadwrn. Roedd yr hyn a adroddid yn sicr o ddylanwadu ar ddarllenwyr anghydffurfiol yr oes honno, ac yn fodd i hybu safbwyntiau radicalaidd, Rhyddfrydol blynyddoedd olaf y bedwaredd ganrif ar bymtheg.

Roedd y boneddigion, gan gynnwys Arglwydd Penrhyn, yn sylweddoli peryglon dylanwad papurau megis y *Faner* ar feddylfryd dosbarth gweithiol y cyfnod. Roedd teulu'r Penrhyn yn ddi-os wedi bod yn hogi eu harfau ac yn disgwyl am unrhyw gyfle i dalu'r pwyth yn ôl i Gee, gyda'i holl rym newyddiadurol. Roedd cefnogaeth Gee i'r Rhyddfrydwyr a'i newyddiaduriaeth ymfflamychol wedi costio'n ddrud i'r cwmni cyhoeddi o Ddinbych rai blynyddoedd ynghynt. Yn dilyn etholiad cyffredinol 1868 roedd y *Faner* wedi cyhoeddi erthyglau gydag ensyniadau ynddynt am ymddygiad asiant neu oruchwyliwr i dirfeddiannwr o Langollen. Yr oedd un erthygl yn adrodd hanes honedig goruchwyliwr i dirfeddiannwr o Langollen a oedd wedi bygwth troi tenant a'i deulu allan o'u fferm oherwydd iddo bleidleisio dros y Rhyddfrydwr Osborne Morgan yn hytrach na'r Tori Syr Watkin Williams-Wynne. Gwadwyd ensyniadau'r *Faner* a daeth y goruchwyliwr, John Williams, ag achos o enllib yn erbyn cwmni Thomas Gee. Yn y *Faner* ar y 14eg o Awst, 1870 ymddangosodd adroddiad hirfaith, dros ddwy dudalen o hyd, o hanes yr achos yn erbyn y cyhoeddwyr. Er i'r cwmni gyflogi'r bargyfreithwyr o fri, Morgan a Horatio Lloyd, gyda'r cyfreithwyr Gold Edwards yn eu cynorthwyo, colli fu eu hanes ac fe enillodd yr achwynydd £50 o iawndal a chostau – ond nid oes gofnod o'r union swm hwnnw.

Ond nid dyna'r unig dro i gyhuddiadau o enllib gael eu cyflwyno yn erbyn cyhoeddwyr y *Faner*. Aeth gweinidog o sir Aberteifi â'r cwmni i gyfraith oherwydd i ddau ohebydd gofnodi sylwadau enllibus amdano yn 1899.

Felly mae'n ddigon hawdd dehongli rhesymau cwmni Thomas Gee dros geisio trosglwyddo'r baich o orfod wynebu'r cyhuddiadau o enllib ar ysgwyddau Elis o'r Nant. Gwelir yn amlwg, wrth ddarllen rhwng y llinellau, mai Gee a'i bapur dylanwadol *Baner ac Amserau Cymru* ac nid Elis oedd targed cynrychiolwyr cyfreithiol Oliver Parry. Ond er mai yn erbyn cwmni Gee yr oedd cyhuddiadau'r erlyniad, y gohebydd o Ddolwyddelan a orfodwyd i dalu'r ddirwy a holl gostau'r achos hwnnw ym Mrawdlys Caer ym mis Gorffennaf 1882. Yr oedd yr adroddiad am yr achos a gyhoeddwyd ar yr 2il o Orffennaf yn cydnabod mai yn erbyn y *Faner* yr oedd y cyhuddiad, gyda'r is-bennawd 'YR ACHOS O GABLDRAETH YN ERBYN Y "FANER" '... Fel y soniwyd eisoes, fe ailgofnodwyd yn yr adroddiad hwnnw mai perchenogion y *Faner* a gyhuddid o gabldraeth, 'oherwydd iddynt gyhoeddi erthygl am *Cadwalad y Clogwyn* yn y rhifyn am Mawrth 4ydd diweddaf.'

Mae'n anodd dirnad sut y digwyddodd y fath sefyllfa, wrth weld mai yn erbyn Gee a'i gwmni yr oedd y cyhuddiadau gwreiddiol. Tybed a bwysodd Gee ar Elis yn y llys i dderbyn y cyfrifoldeb am y camwedd? A wnaed cytundeb rhwng teulu Gee ac Elis, i Elis dderbyn y bai am ysgrifennu'r erthygl am Gadwalad y Clogwyn a'r ensyniadau am Oliver Parry? A fu trafodaeth rhwng Morgan Lloyd a Thomas Gee, dau o'r un anian wleidyddol, i wyrdroi'r cyhuddiadau yn erbyn cyhoeddwyr y *Faner* a gwneud bwch dihangol o Elis?

Er ei sefyllfa fregus ar ôl gorfod wynebu cyhuddiadau mor ddifrifol yn ei erbyn, a gorfod derbyn y fath gywilydd o golli'r achos, yr oedd Elis yn ôl gyda'i golofn wythnosol yn y *Faner* ymhen dim o dro. Gwelir yr adroddiad cyntaf wedi'r achos llys dan y pennawd 'Llanrwst a'r Cylchoedd' yn rhifyn dydd Sadwrn y 19eg o Awst, 1882 ac wrth reswm, nid oes sôn am yr helyntion. Ac felly y bu am gyfnod maith, heb ddim o'r gohebu tanllyd a nodweddai Elis o'r Nant. Tybed a oedd y gohebydd bychan yn atgoffa ei hun o'r geiriau a gafwyd ganddo yn ei golofn wythnosol oddeutu dwy flynedd cyn ei ymddangosiad yn y llys hwnnw yng Nghaer? Trueni na fyddai wedi gwrando ar ei gyngor ei hun, yn ddi-os. Ar y 25ain o Awst, 1880 cyflwynodd adroddiad ar 'Helynt yr Eneth Golledig ym Mhenmachno' ac ar ddiwedd yr erthygl dywed, 'Dylem oll ofalu am rodio y dydd, ac yna ni thramgwyddwn; a dylem hefyd fynu sicrwydd cyn llefaru ymadroddion a bardduent gymmeriadau personol.'

Fel petai i arddangos tegwch tuag at Elis yn ei awr o angen ac i geisio perswadio darllenwyr y *Faner* o'u teyrngarwch tuag ato, cyhoeddodd Gee hysbyseb wythnosol yn y papur yn gofyn i'r darllenwyr gyfrannu tuag at dysteb i gynorthwyo Elis i dalu costau'r achos. Ymddangosodd yr hysbyseb cyntaf ar dudalen ôl rhifyn y 23ain o Fedi, 1882 ac ymhlith enwau llu o garedigion mae enw Thomas Gee, a gyfrannodd £10, a Howel Gee, gyda'i rodd o £5, yn flaenllaw i gychwyn ymgyrch i gasglu rhoddion ariannol tuag at gostau cyfreithiol

Elis o'r Nant a oedd 'tua £250'. Nodir enwau aelodau'r pwyllgor apêl yn yr hysbyseb, gyda nifer o ddynion amlwg y cyfnod yn gwasanaethu arno, ynghyd ag enwau'r cyfranwyr. Cyhoeddwyd yr hysbyseb yn rheolaidd am dros flwyddyn yn nau rifyn wythnosol y papur, hyd at ddydd Sadwrn y 27ain o Hydref, 1883.

Ar fwy nag un achlysur roedd Elis wedi bod y taranu yn ei golofnau yn y wasg yn erbyn tystebau ac roedd yn feirniadol iawn o'r drefn honno o gasglu arian i gynorthwyo unigolion. Tueddai Elis i gyffelybu'r cymhorthdal hwn i gardod, gan nodi na ddylid cyfrannu tuag at y fath gasgliadau. Yr oedd yn hollol glir ei farn am dystebau yn ei golofn wythnosol yn y *Faner*, 'Llanrwst a'r Cylchoedd' ar y 27ain o Fai 1876:

> 'T*ysteb etto*' – Yr wyf yn hollol wrthwynebol i'r tystebau. Hen ffasiwn newydd? ydyw i gardota. Dull mwy boneddigaidd na'r hen drefn o fegio. Gwneyd cais i argraphu ar feddyliau pobl fod y dyn wedi gwneyd rhywbeth heb gael tâl am dano, ac y dylid gwneyd hyny trwy y cynllun o dysteb cyn iddo fyned a'n gadael; ond cardota yw wedi y cyfan. Galwer pob tysteb o hyn allan yn gardota, ac yna, bydd yn llai yn barod i'w chymmeryd.

Byddai'n llawer gwell petai Elis wedi ailystyried ei eiriau cyn datgan ei farn mor bendant am dystebau dros y blynyddoedd. Er ei fod yn ystyried ei hun yn gyfaill i Trebor Mai, yr un oedd ei farn parthed tysteb i'r diweddar fardd adnabyddus hwnnw o Lanrwst ym mis Mehefin 1879:

> *Tysteb y diweddar Trebor Mai* oedd pennawd *balance sheet* a ddaeth i'm llaw yr wythnos ddiweddaf. Y mae llawer byd o draul wedi mynd gyda'r symmudiad hwn. Y mae, fel lliaws o symmudiadau tystebol, wedi mynd yn ryt ac yn floneg. Y mae uwchlaw pedair punt wedi eu talu am hysbysiadau, yr un swm am argraffu, ac yn agos i ddwy bunt am stampiau a phapyr ysgrifennu. Hysbysebir hefyd fod dwy bunt a dau swllt ar bymtheg o'r addewidion heb ddyfod yn arian. Y mae y swm o ugain punt wedi eu cyflwyno i weddw y diweddar Trebor Mai. Ymddengys mai cyfanswm yr arian a sicrhawyd mewn cysylltiad â'r symmudiad hwn ydyw trigain a thair o bunnoedd, ond y gwir amdani yw, y mae cryn anhawsder ar hyn o bryd i gasglu arian at wahanol ysgogiadau gan fod tysteb erbyn heddiw wedi dod yn boenedigaeth ar y wlad.

Byddai Elis yn siŵr o fod wedi edifarhau ysgrifennu erthygl arall wrthwynebus i dystebau yn y golofn 'Llanrwst a'r Cylchoedd' ar y 6ed o Ragfyr, 1879. Ychydig a wyddai ar y pryd y byddai ef ei hun yn wrthrych tysteb ar dudalennau'r *Faner* lai na thair blynedd yn ddiweddarach. Yn sicr, byddai ganddo le i ddiolch i nifer fawr o danysgrifwyr y dysteb honno ac i'r hyn a alwai ei hun yn 'gardod'. Ond ni fyddai greddf y gohebydd unllygeidiog hwn yn cydnabod ei ddewis annoeth o eiriau ar hyd y blynyddoedd parthed tystebau. Mor fuan y bu i'r olwyn fawr honno droi!

Fel y soniwyd eisoes, pan ymddangosodd yr hysbyseb yn gwahodd darllenwyr y *Faner* i gyfrannu tuag at dysteb i Elis o'r Nant yn y papur am y tro cyntaf, yr oedd enwau nifer o bwysigion Dyffryn Conwy wedi eu cynnwys fel aelodau o'r pwyllgor apêl. Ynddo hefyd gwelir enwau'r cyfranwyr cyntaf a chyfanswm o £28.7.6 (£28.37c) a oedd eisoes wedi ei gasglu. Yr wythnos ganlynol, ymysg y llythyrau yng ngholofn gohebiaeth y papur, cafwydd llythyr gan 'Ap Eidda' yn canmol yr ymdrechion i gasglu arian i Elis:

> Y mae yn dda genyf feddwl fod ei gyfeillion wedi bwriadu rhoddi cyfleusdra i'r cyhoedd i ddangos eu cydymdeimlad ag ef yng ngwyneb y cwbl, a disgwylir gan lawer y bydd y dysteb yn un anrhydeddus. Beth am y miloedd sydd wedi darllen ei ohebiaethau blasus yn rhoddi ychydig bob un – byddai hyny yn llawer tuag at ddwyn ei draul. Y mae yn analluog i weithio, fel y gwyr llawer o ddarllenwyr y FANER. 'Rwy'n siwr y byddai yn dda

> gan y pwyllgor weled llu o ddarllenwyr ffyddlawn y FANER, os nad yr oll, yn bwrw eu hatling i'r drysorfa ... Hyn yw dymuniad ei gyfaill, iddo gael tysteb anrhydeddus.

Fesul wythnos, fe gododd cyfanswm y casgliad i £60 ac 8 swllt dros gyfnod o flwyddyn, swm digon anrhydeddus yn yr oes honno, ond roedd Elis ymhell o gyrraedd y nod o £250 (neu £500-£600) a oedd ei angen i glirio'r holl gostau. I geisio cymharu'r hyn a gyfrannwyd fel cymorth i Elis o'r Nant yn ei argyfwng, ystyriwn y canlynol. Ychydig ddyddiau wedi cau apêl Elis, gwelid hysbyseb yn y *Faner* am dysteb i gynorthwyo Michael D. Jones, un o sefydlwyr mudiad gwladfaol Patagonia, a oedd wedi mynd i drafferthion ariannol gyda'i ymdrechion i gynnal y sefydliad hwnnw. Yn yr hysbyseb cyntaf a ymddangosodd ar dudalennau'r *Faner* yn nechrau mis Tachwedd 1883, gwelid fod cyfanswm o bron i £200 wedi ei gyfrannu tuag at achos Michael D. Jones.

Efallai bod y ffeithiau hyn yn awgrymu bod yr hyn a adroddwyd am gymeriad pigog Elis yn ddigon gwir. Yn sicr, nid oedd wedi anwylo'i hun o gwbl gyda nifer o'i gyfoedion, na chyda rhai o ddarllenwyr y *Faner*. Byddai wedi gwneud llawer o elynion trwy ei 'ysgrifau beiddgar' ys dywed y *Bywgraffiadur Cymreig*, a'r cyfan wedi effeithio'n arw ar swm ei dysteb.

Cyfeiriwyd eisoes at y nifer o gwestiynau parthed y gŵr a oedd dan gyhuddiad o enllib yn y llys yng Nghaer. I gadarnhau hyn anfonwyd llythyrau gan Charles A. Jones, Caernarfon, cyfreithiwr Oliver Parry, i rai o wythnosolion Cymru i brofi nad yn erbyn Elis yr oedd y cyhuddiadau. Cynddeiriogwyd Thomas Gee a'i gwmni cymaint nes iddynt gyhoeddi amddiffyniad yn rhifyn y 25ain o Hydref, 1882:

> Mr CHARLES A. JONES, Cyfreithiwr, Caernarfon.
> MR. ELLIS PIERCE A NINNAU.
> Y mae y llythyr canlynol wedi ei anfon gan Charles A. Jones i rai o'r newyddiaduron, a chan ei fod yn dwyn perthynas âg achos sydd eisoes gebron ein darllenwyr, yr ydym yn ei gyhoeddi yma:
>
> TYSTEB I GYNNORTHWYO Ellis Pierce (Elis o'r Nant), Dolwyddelen.
> SYR,
> Dyma bennawd hysbysiad, gydag appeliad, a ymddengys yn y FANER, yr wythnosau hyn. Y mae yr hysbysiad, gyda'r appeliad, a thuedd ynddo i gamarwain y darllenydd, trwy y dywedir fod y dysteb yn cael ei gwneyd 'i dalu traul cynghaws a ddygwyd yn ei erbyn (sef, yn erbyn Elis o'r Nant) yn sesiwn ddiweddaf Caer am gabldraeth, gan Mr

O.E.Parry, Dolwyddelen, traul yr hwn (sef y cynghaws) fydd, tua £250. Yn awr, gwybydded y cyhoedd na ddarfu i Mr O. E. Parry ddwyn 'cynghaws' yn erbyn Mr Ellis Pierce, ond yn unig yn erbyn y Meistri Thomas Gee a'i Fab, perchenogion a chyhoeddwyr y FANER; ac yn erbyn y Meistri Gee a'i Fab y dyfarnwyd yr iawn a'r costau trymion yn unol a chyfreithiau ein gwlad. Wrth gwrs, nid wyf fi yn gwybod pa gyttundeb cyfrinachol sydd rhwng Mr Ellis Pierce a'r Meistri Thomas Gee a'i Fab, os oes un hefyd; ond hyn sydd yn sicr mai nid Elis o'r Nant a ddyfarnwyd i dalu'r iawn a'r costau uchod, ond y Meistri Thomas Gee a'i Fab. Fel cyfreithiwr Mr O.E.Parry, yn y cynghaws uchod, y mae yn ddyledswydd arnaf ddadgan mai nid yn erbyn Mr Ellis Pierce ond yn erbyn Y Meistri Gee a'i Fab y bu rhaid i Mr Parry ddwyn y cynghaws dan sylw. Pa eglurhâd a ddichon y naill neu y llall ei roddi ar y dysteb hon, fel ei cyflwynir i'r cyhoedd, nis gwn; ond yr wyf ynrhoddi y ffeithiau uchod fel na chamarweinir neb.

Yr eiddoch, &.,

Caernarfon, Hydref, 1882. CHAS.A.JONES.

Wrth ymateb i honiadau'r cyfreithiwr mai'r cwmni a gafwyd yn euog o enllib ac mai Gee yn hytrach nag Elis oedd i fod yn gyfrifol am dalu'r treuliau, roedd Thomas

Gee yn daer am weld y gohebydd yn ysgwyddo'r baich. Ceisiodd ddatgan y rhesymau pam y cafodd Ellis Pierce ei ddwyn o flaen ei well, gan wadu mai'r wasg a gyhudwyd o enllib. Aeth ymlaen i amddiffyn ei gwmni, gan barhau i bardduo Elis: 'Gallwn dybied fod yr uchod yn ddigon o attebiad i'r awgrymiadau angharedig sydd yn ei lythyr; a bydded hysbys iddo ef, a Mr O. E. Parry, mai Ellis Pierce sydd i dalu yr holl gostau, a bod y pwyllgor yn dywedyd yn gywir mai i'w gynnorthwyo ef y mae y dysteb.' Ac wedi ceisio pwysleisio'r ffaith nad oedd a wnelo'r wasg ddim i'w wneud â'r cyhuddiadau, gorffenna'r llythyr gyda'r troednodyn, 'Oddi wrth ryw aï oedd yn y gwynt, a ffaith a ddigwyddodd tua mis yn ol, yr ydym o'r braidd yn tybied fod gan y Torïaid ryw law yn "gwthio y cwch i'r dwfr," a bod llawenydd yn eu mysg bod *Elis o'r Nant*, am ei fod yn Rhyddfrydwr selog, wedi syrthio dan y fflangell. Digon tebyg!'

Ni wyddom heddiw sut y talodd Elis holl gostau'r llys. A gafodd fenthyciad gan rywun i dalu gweddill y costau a'r iawndal, neu a geisiodd glirio'r ddyled fesul wythnos neu fis? Beth bynnag yw'r ateb, ymddengys na fu i'r holl helynt amharu dim ar ei gyfraniadau gohebu i'r gweisg Cymreig. Daliai ati i ohebu'n rheolaidd i'r *Faner* ac i'r *Cambrian News*, gydag eitemau achlysurol i'r *Genedl Gymreig*, *Llais y Wlad* a *Cymru* (coch) a mân gyhoeddiadau eraill. Yn fuan iawn ar ôl ei holl helbulon gydag achos Cadwalad y Clogwyn roedd Elis a'i ysgrifbin yn ôl gyda'i golofn reolaidd yn y *Faner* ar ddydd Sadwrn y 19eg o Awst, 1882 ond y tro hwn, ac am sawl wythnos wedyn, ni chafwyd mo'r eitemau tanbaid arferol yn ei golofn 'Llanrwst a'r Cylchoedd', heb air croes am wleidyddiaeth y Toriaid, yr eglwys wladol a'i chlerigwyr na'r bonedd o gwbl. Ond dyddiau cynnar wedi'r storm oedd y rheiny; dychwelodd y dymestl yn ddigon buan!

Pennod 9

Cynrychiolydd y werin

Yn ogystal â bod yn gynghorydd a chlerc cyngor plwyf Dolwyddelan, byddai Elis yn mynychu llu o bwyllgorau a chyfarfodydd eraill hefyd, yn y pentref a thu hwnt, a'i farn bendant yn rhan annatod o'r gweithgareddau. Wrth reswm, fel un a ymddiddorai mewn gwleidyddiaeth, byddai'n bresennol yng nghyfarfodydd y Blaid Ryddfrydol yn Nyffryn Conwy a gweithiodd lawer gyda'r Gymdeithas Ryddfrydig yn ei ardal ac fel cynrychiolydd y blaid honno yn rhanbarth Arfon. Mynychai gyfarfodydd i'r un perwyl yn rheolaidd ym Mangor a Chonwy hefyd.

Nodwyd eisoes fod Elis wedi cael ei ethol yn

gynghorydd dros blwyf Dolwyddelan ar enedigaeth y cynghorau hynny yn 1894. Fodd bynnag, cael a chael oedd hi iddo gael ei ethol a dweud y gwir, o sylwi ar ganlyniadau etholiad y cyngor plwyf cyntaf hwnnw yn Nolwyddelan a gynhaliwyd ar y 18fed o Ragfyr, 1894. Yr oedd angen tri ar ddeg o gynghorwyr i wasanaethu dros y plwyf a daeth 34 ymgeisydd o'r ardal i gynnig eu hunain fel darpar gynghorwyr. Derbyniodd Elis 53 pleidlais, gan grafu ei le yn drydydd aelod ar ddeg y cyngor hwnnw; Richard Jones, *Ellens Castle* a ddaeth i'r brig, gyda 101 pleidlais. Cyn bo hir penodwyd Elis yn glerc a bu'n gwasanaethu yn y swydd honno yn ddi-dâl am ddeunaw mis, hyd nes i'r cyngor ddechrau rhoi cydnabyddiaeth ariannol am y gwaith clercio. Daeth pwnc cyflog y clerc i sylw cyfarfod o Gyngor Plwyf Dolwyddelan ar y 29ain o Fehefin, 1896 gydag Elis yn cwyno bod y cyflog a benodwyd yn llawer rhy fychan, 'yn llai o fwy nag un rhan o dair o'i gymharu a chyflog ardaloedd lle yr oedd llai o waith.' Dywedodd fod clerc cyngor plwyf Betws-y-coed yn derbyn £7 am ei drafferth, a chlerc cyngor plwyf Penmachno yn cael £26 neu £27. Cynigiodd y Cynghorydd John R. Jones, gyda chefnogaeth Owen Evans, 'fod y cyflog i gael ei chwanegu i £4'. Arhosodd y cyflog hwnnw yn £4 hyd at fis Mawrth 1906, pan basiwyd i'w godi i £6 y flwyddyn.

Ymysg cofnodion cyfarfod blynyddol y cyngor plwyf yn 1907, dan y pennawd 'Ethol Clerc', hysbysai Ellis

Pierce 'nad oedd yn gosod ei hun o gwbl ar y maes am Etholiad'. Yr oedd wedi gwasanaethu'r cyngor yn y swydd honno am ddeuddeng mlynedd a hanner, gan wneud hynny am y flwyddyn a hanner gyntaf fel aelod a chlerc heb fath o gydnabyddiaeth ariannol, a hynny ers dechreuad y cyngor yn 1894. Yn ei araith ymadawol, diolchodd Elis am bob cymorth a dderbyniodd. Erys ei gofnodion manwl, yn ei lawysgrifen daclus, yn gofeb deilwng o'i ymroddiad i'w blwyf.

Etholwyd Robert Parry Hughes yn glerc yn ei le ac islaw'r pennawd 'Ymddiswyddiad yr Hen Glerc', nodir rheswm Elis dros ymddiswyddo o swydd yr oedd yn amlwg wedi mwynhau ei gwneud, a hynny'n hynod gydwybodol:

> Oherwydd sefyllfa anfoddhaol ei iechyd, Hysbysodd y Clerk ei fod wedi dod i benerfyniad i dori ei gysylltiad ar Cynghor – wedi 12 ml. o wasanaeth – Diolchai am bob sirioldeb a chyhorthwy a gafodd oddiar eu llaw tra yn gwasanaethu. Wedi sylwadau gan nifer or aelodau – Ar gynnygiad y Parch J. Ll. Richards, a chefnogiad Mr Robert Williams, Bryntirion, pasiodd y Cynghor eu bod gyda gofid dwfn yn derbyn ei ymddiswyddiad gan ddatgan eu diolchiadau diffuant iddo am ei ffyddlondeb gyda pha un y darfu eu gwasanaethu er pan ddaeth y Cynghor cyntaf i rym; gan ddymuno iddo adferiad

> iechyd a nerth, a thawelwch i fwynhau y seibiant a haedda y llafur a gyflawnodd ar ran y Cynghor.

Gweithiodd hefyd fel aelod o Gyngor Gwledig Geirionydd am gyfnod o tua phedair blynedd. Gwelir ei enw am y tro cyntaf ar gofnodion y cyngor hwnnw ar yr 17eg o Chwefror, 1903 gyda dim ond tri chynghorydd arall yn bresennol. Tua phythefnos ynghynt, yn ei golofn 'Ebion o Nant Gonwy' ar y dydd olaf o Ionawr 1903, dan y pennawd 'Ethol aelod dros Ddolyddelen i lenwi y cyfrwng gwag ar Gynghor Dosbarth Gwledig Geirionydd', bu'n athronyddu ynghylch pwysigrwydd cael yr un iawn i lenwi'r swydd, gan ganfasio drosto'i hun ar yr un pryd:

> ... yr ydwyf yn gobeithio y dygir yr etholiad yn mlaen yn dawel. Argymhellwyd fi i sefyll etholiad, ac ar ol dwys ystyriaeth yr ydwyf wedi gadael fy enw gael ei roddi ger bron. Taer erfynais ar un arall sefyll, ac yna y buaswn yn gadael y maes iddo ac yn gwneyd cais i gael pob un i bleidleisio iddo.

Yn ei gyfarfod cyntaf o Gyngor Geirionydd, manteisiodd Elis ar y cyfle i godi hen sgwarnog Ffordd Bwlch y Groes, y llwybr mynyddig rhwng plwyfi Dolwyddelan a Phenmachno. Cwynai nad oedd y ffordd yn cael y sylw haeddiannol gan yr awdurdodau a bu'r cyswllt hwn rhwng y ddau blwyf yn bwnc llosg gan Elis ar sawl achlysur yn ystod ei wasanaeth fel cynghorydd.

Anaml y ceid cynulliad llawn o'r cyngor hwnnw a gynhelid yn fisol yn y *Board Room* yn Llanrwst, ac eithrio cyfarfodydd brys, ond yn sicr, yr oedd enw Elis i'w weld yn bresennol yn rheolaidd ar y cofnodion, bron bob mis, a'i gyfraniad i weithredoedd y cyngor yn llawn mor ffrwythlon â'i bresenoldeb. Unwaith yn unig y cafodd y fraint o gadeirio cyfarfod o Gyngor Geirionydd a hynny ar y 4ydd o Awst, 1903, yn niffyg presenoldeb y cadeirydd etholedig. Dim ond tri arall a drafferthodd fynychu'r cyfarfod hwnnw hefyd. Naw oedd y cyfrif uchaf a gafwyd mewn cyfarfod; ar brydiau, rhaid oedd ceisio cynnal trafodaethau Cyngor Gwledig Geirionydd gyda dim ond tri yn bresennol, ond, ys dywedwyd, yr oedd Elis yn hynod ffyddlon. Materion yn ymwneud â chynlluniau dŵr a charthffosiaeth a drafodwyd amlaf gan aelodau Cyngor Dosbarth Geirionydd y cyfnod hwnnw, ac fe welid Elis yn ymroi ei hun yn llwyr i'r trafodaethau yn rheolaidd.

Diddorol oedd ei gyfraniad i drafodaeth parthed llythyr a ddaeth i law mewn cyfarfod o'r cyngor dosbarth ym mis Tachwedd 1906. Gohebiaeth oddi wrth Robert Pierce, Hendre Buarthau, Dolwyddelan oedd y llythyr, yr hwn a gwynai fod Mr O. E. Parry yn codi toiled ar fin aber nant yr oedd ef yn ei defnyddio ar gyfer cael dŵr yfed i'w gartref. Ymateb Parry oedd ei fod wedi ateb gofynion y ddeddf, gan ychwanegu fod cwyn Robert Pierce yn deillio o ddrwgdeimlad tuag ato ef yn bersonol, a bod Pierce yn cael ei 'hysio gan rywrai eraill y tu ol iddo'. Roedd yn fodlon symud y geudy pe gellid profi ei fod yn achosi '*nuisance*' meddai, ond neidiodd Elis o'r Nant i'r ddadl gan ddweud y dylai'r cynllun fod wedi ei drafod gan y cynllun i ddechrau. Aeth y dadlau ymlaen am beth amser, hyd nes i arolygwr y *nuisances* benderfynu nad oedd perygl i iechyd neb, a gollyngwyd y mater.

Roedd gan Elis reswm dros geisio cosbi O. E. Parry am osod y tŷ bach yn rhy agos i gyflenwad dŵr glân Robert Pierce. Dyma'r union Oliver Parry a gostiodd mor ddrud iddo, mewn mwy nag un modd, yn ystod achos 'Cadwalad y Clogwyn' bron i chwarter canrif ynghynt. Er nad oes modd profi bod unrhyw sail i gyhuddiadau Parry fod Robert Pierce wedi cael ei siarsio gan rywun i wneud y cwynion, fe all fod Elis yn dal dig o hyd yn ei erbyn ac yn gyrru'r cwch i'r dŵr, fel petai. Tybed hefyd a oedd perthynas deuluol rhwng y ddau Pierce?

Ar ddiwedd y 1880au cododd helyntion mewn sawl ardal yng ngogledd Cymru wrth i nifer fawr o ffermwyr wrthod talu'r degwm i'r Eglwys Anglicanaidd. Roedd yn orfodol i amaethwyr drosglwyddo degfed rhan o werth eu cynnyrch blynyddol tuag at gynnal yr eglwys a'i chlerigwyr. Yn dilyn protestiadau yn erbyn y taliadau annheg hyn mewn sawl ardal, galwodd yr awdurdodau ar ugeiniau o blismyn a milwyr i gadw trefn ac fe garcharwyd nifer o ffermwyr yn dilyn achosion o derfysgaeth. Gelwid hyn yn 'Rhyfel y Degwm' gan rai fel Thomas Gee a oedd yn gefnogol i'r ffermwyr yn eu brwydr am gyfiawnder, ac a oedd, fel anghydffurfiwr selog, yn wrthwynebus i'r Anglicaniaid. Cynhwysid erthyglau yn wythnosol yn y *Faner* am hynt a helynt y 'rhyfel' ac am ymgyrch a aeth o nerth i nerth dros y blynyddoedd canlynol i ddatgysylltu'r Eglwys Anglicanaidd yng Nghymru. Byddai hynny'n fêl ar fysedd gohebwyr fel Elis o'r Nant ac yntau fel Methodist â'i fryd ar danseilio grym Eglwys Loegr yn ei fro.

Nid helynt y degwm yn unig oedd yn peri poendod i aelodau cymdeithas anghydffurfiol y cyfnod ychwaith; byddai'r ymgyrch honno yn cryfhau'r galwadau gan y cyhoedd i ddatgysylltu'r Eglwys Anglicanaidd yng Nghymru. Ym mis Rhagfyr 1886, a'r ymgyrch datgysylltu wedi codi ei phen o ddifrif yng Nghymru, dyma ddywedodd Elis o'r Nant yn ei golofn wythnosol 'Llanrwst a'r Cylchoedd':

> *Dadsefydliad yr Eglwys yn Nghymru* ydyw testyn y siarad yn mhob man yn Nghymru ar hyn o bryd. Dyma, o'r hyn lleiaf, ydyw y cwestiwn sydd yn cynnhyrfu meddyliau pobl o fewn terfynau y

> cylchoedd. Y mae pobl wedi hen flino ar y Sefydliad, ac nid oes neb wedi blino mwy ar y Sefydliad na'r rhai sydd yn talu y degwm ... nid yw y wlad, yn enwedig yn y parthau pellenig ac anghysbell hyn, mor oleuedig ag y gallasent fod ar gwestiynau o fath y rhai hyn. Tâl yr amaethwr y degwm am mai hyny ydyw yr arfer er cyn côf. Math o lindys wyf fi yn cofio 'gwr yr urddau', wedi dyfod i'r ardal i fwyta pob peth, heb roi dim yn gyfnewid am y degwm. Os bu ysbeilio erioed, ni fu erioed waeth ysbeilio na'r ysbeilio gyda'r degwm.

Cynhaliwyd cyfarfod i drafod pwnc datgysyllu a dadwaddoliad yn y Neuadd Gynnull yn Nolwyddelan ar yr 8fed o Dachwedd, 1889, gyda nifer dda o'r trigolion lleol, gan gynnwys Elis o'r Nant, yno i wrando ar ddarlith gan y Parch. John Thomas. Wrth adrodd hanes y noson, rhaid oedd i Elis gael dweud ei ddweud, fel arfer, ar y pwnc llosg:

> Y mae llu o honom wedi dechreu gweithio er yn foreu, ac ar y maes yn llafurio o blaid lledaeniad egwyddorion mawrion rhyddid, cyfiawnder, a chwareu teg, cyn erioed glywed sôn am Mr Rathbone, na gwybod am fodolaeth y fath foneddwr ... Nid Sais, Ysgotyn, na Gwyddel a wnaeth i un o honom feddwl, na chael ei hargyhoeddi y dylai y fath

beth a chydraddoldeb crefyddol ddyfod yn elfen lywodraethol yn ein gwlad.

Cynhaliwyd nifer o gyfarfodydd yn ymwneud â datgysylltu yn Nolwyddelan, fel mewn sawl cymuned arall ledled Cymru yn ystod blynyddoedd olaf y bedwaredd ganrif ar bymtheg a dechrau'r ugeinfed ganrif, fel yr atgoffodd Elis ddarllenwyr ei golofn: 'Datgysylltiad a Dadwaddoliad sydd yn cynnhyrfu pobl yr ardaloedd hyn o bant i bentan. Y mae yr Eglwyswyr yn gwingo na fu erioed y fath beth,' meddai, gan ychwanegu hanes y cyfarfod diweddaraf iddo ei fynychu yn y pentref a chanmol areithiau rhagorol y siaradwyr oedd o blaid yr ymgyrch. Daethai ficer y plwyf i dorri ar draws yr areithio a cheisio cael rhan yn y drafodaeth ond fe'i hataliwyd rhag siarad gan lu o fechgyn ifainc ac aeth allan yn ddrwg ei dymer. Er iddo ddangos ei ddicter tuag at yr eglwys a'i hoffeiriad ar nifer o achosion, yr oedd Elis yn daer yn erbyn ymddygiad o'r fath. Fel petai wedi cael tröedigaeth ac yn cydymdeimlo â'r offeiriad eglwysig, o bawb, datgana Elis:

> Nid yw hyny yn deg. Chwareu teg i bob un i draethu yr hyn a ddymuno a'r hyn y mae yn ei gredu, pe byddai hyny yn groes i'r gwirionedd ag y gall unrhyw beth fod ... Gellid yn hawdd anghymmer-

adwyaeth, ond gwneyd hyny mewn trefn; ond nid oes genym hawl i attal neb ddarllen y *Riot Act* a'n dwyn i benbleth flin ... Gellir dangos faint a fynir o *siarad.*

Rhwng yr adroddiadau am bynciau llosg y dydd megis datgysylltu, rhyfel y degwm a phwnc y tir, yr oedd Elis yn ei elfen yn ceisio tanseilio'r sefydliad bonedd ac eglwysig ar bob cyfle posibl. Cyfeiriodd yn ei golofn wythnosol at ffermwyr Penmachno ac Ysbyty Ifan yn ceisio cael ad-daliad o ychydig sylltau o'r dreth a dalwyd ganddynt i'r landlord, Arglwydd Penrhyn, ym mis Rhagfyr 1885. Yr oedd, yn ôl ei dystiolaeth ei hun, wedi ysgrifennu llythyr i'r *Faner* gyda chwynion am 'sefyllfa yslafaidd tenantiaid Arglwydd Penrhyn'. Manteisiodd ar y cyfle i fwrw'i ddig ar y Lord ar ddiwedd ei sylwadau: 'Nid ydym yn gwybod fod ei arglwyddiaeth wedi galw gydag un o'i denantiaid, fel y gwnai Job – mwy tirfeddiannydd a boneddwr nag ef, i chwilio i mewn i a holi eu cwynion.'

Codai helynt y degwm ei ben yn achlysurol yn ei adroddiadau i'r wasg ac ym mis Medi 1886, manteisiodd Elis ar ei golofn yn y *Faner* unwaith yn rhagor i geisio tynnu sylw'r darllenwyr at y dreth annheg honno:

Nid ydyw gofyn am ddegwm i bobl nad ydynt byth

yn tywyllu dor yr Eglwys yn deg yn yr ystyr foesol o'r gair. Ynfydrwydd ydyw sôn fod y degwm wedi cael ei roi er's oesau gan hen dywysogion anwaraidd a choelgrefyddol. Pa le cafodd y cyfryw yr eiddo? O ba le y daeth y cyfoeth? Pwy a wnaeth ein tiroedd yr hyn ydynt mewn gwerth? Y llafurwyr a'r ffermwyr. Nid oes gan un brenin hawl i wneyd cyfreithiau, ac i'w gosod o dan hualau caethiwed. Paham y rhaid i neb fyned o dan iau caethiwed i gynnal i fyny yn y wlad sefydliad ddiffrwyth? Paham na chaem ni yr un hawl ag oedd gan y gwinllanydd gyda'r ffigysbren ddiffrwyth – ei ddiwreiddio, neu ei dori i lawr?

Roedd Thomas Gee yn gefnogwr brwd i'r ymgyrch i ddileu'r degwm a chyhoeddai'r *Faner* golofn wythnosol dan y pennawd 'Rhyfel y Degwm yng Nghymru' a gynhwysai adroddiadau am yr helyntion ym mhob rhan o Gymru. Cyfrannai Ellis eitemau achlysurol yn sôn am ddigwyddiadau yn ymwneud â phrotestiadau'r ymgyrch a'r amrywiol gyfarfodydd a gynhelid yn Nyffryn Conwy. Ym mis Ionawr 1887 cafwyd adroddiad ganddo am denantiaid Arglwydd Penrhyn ym Mhenmachno ac Ysbyty Ifan yn derbyn gwŷs i ymddangos o flaen yr awdurdodau i lofnodi eu henwau ar gytundeb i dalu'r degwm i'r tirfeddannwr. Anufuddhaodd rhai o'r tenantiaid i'r gorchymyn, gan ysbrydoli Ellis i ddatgan:

Ymddengys fod ei arglwyddiaeth wedi penderfynu myned yn darian rhwng ei denantiaid a'r parsoniaid. Addewir gostwng pymtheg y cant yn lle deg yn yr ardreth yn y dyfodol. Nid wyf yn gweld fod hyn yn deg. Paham na adewid i'r tirddeiliaid y rhyddid i ymladd eu brwydrau â'r clerigwyr, yn lle bod y tirfeddiannwyr yn neidio fel hyn i'r adwy[?]

Oherwydd ei gefnogaeth lwyr i Rathbone, ymgeisydd y Rhyddfrydwyr yn etholiad cyffredinol 1886, cafwyd adroddiad manwl o'r digwyddiadau gan Elis ar ddiwrnod yr etholiad yn Nolwyddelan. Dyma ddywedodd ar y dyddiad tyngedfennol hwnnw wrth i'r ddau Sais, Rathbone y Rhyddfrydwr a Platt, ar ran y Ceidwadwyr, ymrafael am gael eu hethol yn aelod seneddol dros etholaeth Arfon, gan fanteisio ar y cyfle i atgoffa'r darllenwyr o'i ddaliadau gwleidyddol ei hun: 'Yn mhell cyn i'r etholfa agor boreu ddydd Llun, gwelid llu yn ymgasglu at y ddôr, gan wneyd arwyddion eu bod yn barod i fyned i mewn i gofrestru eu pleidlais. Y cyntaf i'r Uwchgadben Platt oedd Arthur Wood Jones, Ysw., un o berchenogion Chwarel Tywysog Llewelyn, a'r cyntaf i Mr Rathbone oedd Elis o'r Nant.'

Etholiad arall, ar raddfa lai, oedd yr un a gynhaliwyd yn un o gyfarfodydd y festri plwyf yn Nolwyddelan ym mis Mawrth 1890, pan enwebwyd Elis i ymgeisio i fod yn un o gynrychiolwyr y tlodion yn ei fro. Toc cyn hynny roedd y gohebydd bychan wedi bod yn traethu am ddiffygion ariannol, a gorwario ar ran Gwarcheidwaid Dyffryn Conwy. Mae'n eithaf tebygol iddo fod â'i lygaid ar swydd o'r fath ers tro, gan ddatgan ei farn wrth y darllenwyr yn ei erthyglau i'r wasg, felly pan ddaeth yn amser ethol cynrychiolwyr i'r swydd ddi-dâl, gyfrifol honno, fe'i perswadiwyd i ymgeisio. Rhoddodd Elis yr argraff nad oedd yn rhy awyddus i fod yn un o'r ddau gynrychiolydd o bentref Dolwyddelan ac mai'n groes i'r graen y rhoddai ei enw gerbron:

> Gofynwyd a wnawn sefyll yn un o oruchwylwyr y tlodion a chyda gradd o anfoddogrwydd cydsyniais gan hysbysu ar yr un pryd, nad oedd arnaf o'm rhan fy hun awydd nac ewyllys am unmath o swydd blwyfol. Yr wyf yn ddiolchgar i'm caredigion am eu hewyllys da tuag ataf, ac nid mewn ysbryd edliwgar chwaith, yr wyf yn dyweyd ddarfod agos i'r oll, o aelodau y Gymdeithas Ryddfrydig bleidleisio dros i Geidwadwyr yn Nolyddelen gael y swydd o oruchwlwyr y tlodion ... ie, pleidleisiodd y Rhyddfrydwyr, chwareu teg iddynt bob un agos i'r Ceidwadwr ... Ni chymerais y drafferth i edrych dros na chyfrif y pleidleisiau; a phan ddadganodd y cadeirydd fy mod wedi fy ngosod o'r neilldu, nid

ynganais air; ond mor fuan ag y daethum allan, dadleuai fy nghefnogwyr nad oeddwn wedi cael chwareu teg.

Un o'r gwŷr a etholwyd yn oruchwyliwr y tlodion yn y cyfarfod hwnnw oedd neb llai na'r Ceidwadwr Oliver Parry, arch-elyn Elis a'r gŵr a ddygodd achos o enllib yn ei erbyn wyth mlynedd ynghynt. Ac yntau'n teimlo bod cefnogaeth lwyr iddo ef a'i syniadau radicalaidd ymysg trigolion Dolwyddelan, yn enwedig ymysg Rhyddfrydwyr blaenllaw y plwyf, gellir uniaethu ag Elis yn ei siomedigaeth fawr o fethu â churo Parry. Yr wythnos ddilynol, ac yntau'n amlwg wedi cael cyfle i bwyso a mesur y rhesymau dros ei fethiant, cyhoeddodd Elis erthygl bigog yn ei golofn 'Llanrwst a'r Cylchoedd' yn y *Faner*. Roedd yn cwestiynu hawl y ddau Dori a etholwyd i ymgeisio fel goruchwylwyr, gan ddadlau nad oeddynt yn gymwys am nad oeddynt yn berchen eiddo. Gwnaeth gyhuddiadau hefyd nad oedd amryw o'r rhai a bleidleisiodd yn y festri yn drethdalwyr lleol. Cofnododd, air am air bron, hanes y drafodaeth a gynhaliwyd mewn cyfarfod arall rhyngddo'i hun ac ysgrifennydd llys ynadon Betws-y-coed i ymholi dilysrwydd yr etholiad. Wrth i Mr James, yr ysgrifennydd, ymholi pa hawl oedd gan y ddau ymgeisydd llwyddiannus i ymgeisio am swyddi goruchwylwyr y tlodion, a hwythau heb fod yn drethdalwyr, cafwyd ychydig o wybodaeth parthed yr etholiad. Roedd Elis yn ei elfen yn cyfrannu at y drafodaeth ac yn cywiro nifer o fanylion. Dywedodd un o'r ddau a etholwyd, sef Richard Evans, fod Ellis Pierce a Thomas Williams wedi eu henwebu hefyd, yn ogystal ag Oliver Parry ac yntau, 'ond ni gafodd fwyafrif' meddai'n orfoleddus. Dywedodd yr ysgrifennydd wrtho nad oedd ganddo ef na Parry yr hawl i'r swyddi, am y rhesymau a danlinellwyd gan Elis, gan ychwanegu 'Pa beth sydd gennych chi yn erbyn Ellis Pierce?'. Aeth Evans ati i annerch y fainc, gan estyn 'traethawd mawr' o'i boced, yn ôl Elis. Er iddo gael ei gywiro ar faterion o brotocol y llys gan Elis, aeth Evans yn ei flaen i wrthdystio yn erbyn y posibilrwydd o benodi Elis o'r Nant i'r swydd. Ategodd Mr James ei rybudd nad oedd gan Evans na Parry yr hawl, yn ôl y gyfraith, i fod yn oruchwylwyr y tlodion, gan ofyn i'r tyst a oedd yn dymuno enwebu rhywun arall ac fe dderbyniodd yr ateb mai enwi ei dad a wnâi. Gofynnodd Mr James i Elis a oedd ganddo rywbeth i'w ddweud ac fe atebodd yntau, 'Eich urddas, yr ydych wedi clywed, oddi wrth yr hyn a ddywedwyd, fod genyf achos gwirioneddol i wrthwynebu i'r rhai hyn gael eu penodi' ac yna cyflwyno ei enwebiadau ei hun, sef Thomas Pierce, Bwlch, a Daniel Williams, Lledr Villa ac i geisio profi ei degwch gwleidyddol, ategodd, 'Y mae Mr Williams yn Geidwadwr'. Ar hynny, fe'i cynghorwyd gan aelod o'r fainc, 'dim *politics* yma'!

Pwnc llosg arall a fu'n dân ar groen trigolion Dolwyddelan ar y pryd oedd y broblem yn ymwneud â chael mynwent newydd, anenwadol i'r plwyf. Codwyd y mater yn y cwrdd plwyfol un nos Sadwrn yn niwedd mis Tachwedd 1889. Roedd Elis, wrth reswm, yn ymgyrchydd brwd dros weld y fynwent newydd yn cael ei hagor ac yn ei adroddiad i'r *Faner* yr wythnos ddilynol, rhoddodd gefndir yr ymgyrch. Roedd yr hen fynwent eglwysig y orlawn a phobl yn cael eu claddu mewn beddau nad oedd yn perthyn i'w teulu hwy; ambell dro deuai esgyrn dynol i'r wyneb hefyd. Wrth orffen ei adroddiad gyda'r geiriau proffwydol 'Bydd genyf, hwyrach, chwaneg i'w ddyweyd ar bwngc helaethiad y fynwent mewn rhifynau dyfodol', roedd Elis yn ymwybodol o'r helyntion yn ymwneud â mynwentydd eglwysig a oedd yn codi drwy Gymru gyfan yn y cyfnod hwnnw.

Roedd tueddiad ymysg llawer o gyfoedion Elis i gredu mai drwy gyfrwng y Saesneg y dylid cyfathrebu ac nad oedd dyfodol i'r iaith Gymraeg. Bu hyn yn destun erthygl newyddiadurol gan Elis yn y *Faner* tua'r cyfnod hwn. Adlewyrchir ysbryd y feddylfryd hon (a oedd, ac sydd wedi bod mor gyfarwydd ar hyd y degawdau hyd at ein dyddiau ni) yn ei eiriau:

'*Saeson a Saesneg*', ydyw yr hyn a glywir gan bron

bawb sydd yn preswylio yr ardaloedd yma y dyddiau hyn; y rhai mwyaf Cymreig, gallwn feddwl, yng Nghymru – nid amgen Nant Conwy. Y maent yn penderfynu nad oes dim ond Saesneg a llyfrau Saesneg yn fuddiol i'r bobl. Nis gwn am ba hyd y parhâ y Gymraeg yn iaith yr aelwyd, ac yn iaith cymdeithas ... Yr wyf wedi teithio cryn lawer, o bryd i bryd, a pha fwyaf a deithiaf, mwyaf ydwyf yn cael fy nwyn dan argyhoeddiad mai goreu pa bellaf i ni, yn yr ystyr fasnachol, i fod oddi wrth 'Gymru, Cymro, a Chymraeg.' Nid fy syniad personol i ydyw hwn, ond syniad llu o lenorion o'r radd flaenaf.

Nid ymdroi yng nghylchoedd gwleidyddiaeth leol a chenedlaethol a wnâi Elis bob amser ychwaith. Treuliodd oriau lawer mewn pwyllgorau yn ymwneud â llên a diwylliant y dyffryn dros y blynyddoedd a bu ei gyfraniad tuag at gynnal eisteddfodau'r fro yn enfawr. Roedd cynlluniau ar y gweill yn Nolwyddelan yn ystod haf 1890 i gynnal eisteddfod aruchel yn y pentref ac roedd Elis yn flaenllaw ar y pwyllgor i'w sefydlu. Yn ôl ei adroddiad am yr achlysur yn ei golofn wythnosol yn y *Faner* ar y 14eg o Fehefin, 1890, yr oedd ambell un yn amau beth oedd ei amcanion ynglŷn â'r eisteddfod honno:

...ond yn ddamweiniol, sylwodd un o'r pwyllgor, yn

hollol ddifeddwl, ei fod yn gobeithio y ceid elw da oddi wrthi, a thybiai ef y dylasai ei hen gyfaill, Elis o'r Nant, gael ei gydnabod; ond fel y mae yn naturiol i un gasglu, bu agos i hyn eilwaith ladd yr ysgogiad. Ni daeth y pwyllgor ynghyd mwy; ond rhag i neb feddwl y gwna Elis o'r Nant elw o'r mudiad, dichon y byddai yn weddus iddo ddyweyd na wna un ddimau goch mewn unrhyw ystyr. Cafwyd llawer o arian o wahanol fanau at ddwyn y draul. Fe gafwyd gini gan Mr Dunlop; pum gini gan Mr Rathbone, A.S., a dwy gini gan Mr Fisher Jones, perchenog chwarel Tywysog Llewelyn. Yr ydym yn hwylio am babell...

Er ei holl brysurdeb ac yn hollol ddirybudd i'w gyfoedion, llwyddodd Elis i gael amser i briodi Gwen Jones, merch y diweddar Owen Jones, Hafod-y-fraith, Cwm Penmachno, yn 1891. Ac yntau'n hanner cant oed erbyn hynny, bu'n dipyn o sioc i'w gyfeillion i gyd glywed bod yr hen lanc wedi penderfynu cymryd gwraig. Digwyddodd yr achlysur pwysig hwn yn ei hanes trwy drwydded yn Swyddfa'r Cofrestrydd yn Llanrwst ar yr 28ain o Chwefror, 1891. Cafwyd ymateb difyr rhai o'i gyfeillion mewn ysgrif a osodwyd yn gynffon (ddiarwybod i Elis) i'w golofn 'Llanrwst a'r Cylchoedd' yn y *Faner* yr wythnos ddilynol. Dyma ddywedodd un a alwai ei hun yn 'Moel Siabod':

Priodas Eich Gohebydd. – Nid ydyw o gwbl yn debyg y gwna fy hen gyfaill, Ellis, anfon i chwi hanes y parch a dalwyd iddo ddydd ei briodas, yr wythnos ddiweddaf, gan ei liaws caredigion a chyfeillion. Byddai lledneisrwydd naturiol yn ddigon i'w luddias i wneyd, pe dim arall. Am hyny, goddefwch i mi ddyweyd gair yn ei le. Yn y lle cyntaf, gallaf eich sicrhau fod gan bawb o honom, heb wahanaieth credo crefyddol, na syniad politicaidd, syniad uchel am Ellis, ac fel un o frodorion mwyaf dawnus 'ardal y Gôg.' Yr ydym, ar lawer cyfrif, yn falch o hono. Ni fynem, er dim, ei golli o'n plith. Teimlem yn chwith gorfod hebgor cymmeriad mor wreiddiol, ac annhebyg i bawb arall. Pan y bu sï, fisoedd yn ol, ei fod ef am gymmeryd ail wib dros y Werydd, pruddhaodd ein teimladau yn ddirfawr. Ond chwalwyd ein hofnau pan y clywsom ei fod wedi penderfyu cymmeryd gwraig. Llonwyd pawb gan y newydd; canys, gwelem yn y ffaith 'argoel goleu,' ei fod ef, yn ol pob tebyg, am aros yn ein plith, a chario ei fasnach fel llyfr-werthydd, a masnachwr cyffredinol, ymlaen. Nid wyf yn gwadu fod llawer yn synu fod Elis o'r Nant, o bawb, yn myned i briodi. Credem ei fod wedi ymwreiddio mewn hen-langcyddiaeth mor ddwfn fel nad oedd modd syflyd arno i winllan ffrwythlawn y bywyd priodasaol.

Priodi a wnaeth, bid a fyno, a bydded pob dedwyddwch yn rhan iddo ef a'i briod, Dydd y briodas – Mercher – wele mynason ddangos ein serch tuag ato. Ar ol priodi yn y boreu, aeth ef a'i briod gyda'r trên. Pan ddychwelasant yn yr hwyr, yr oedd torf fawr wedi ymgynnull yn yr orsaf, a phawb am y cyntaf i ysgwyd llaw, a gwaeddi 'Lwc dda i chwi eich dau'. Yr oedd y banllefau yn diaspedain nes deffro holl adseiniau Moel Siabod. Lluchiwyd tân gwyllt i fyny i uchelderau yr awyrgylch, nes goleuo y wlad. Taniwyd magnelau, trwst pa rai a glywid am filldiroedd. Dywedir eu bod yn clywed swn canons yn ymyl capel Nant Bwlch-yr-heiyrn. Yr oedd y llawenydd yn un hollol ddiffuant; a phawb, fel y dywedwyd, yn dymuno yn y modd mwyaf calonog hap dda ac hir oes i'r gŵr a'r wraig ifangc.

Yn ychwanegol i'r uchod cafwyd ysgrif arall, ynghyd ag englynion cyfarch i'r ddau ar eu priodas, gan un a gyfansoddai dan y ffugenw 'Hen Langc'. Caed gwybodaeth ganddo fod y mis mêl wedi ei drefnu i fynd ar y trên i Fangor gan ddychwelyd i Ddolwyddelan ar yr un diwrnod. Wedi iddynt gyrraedd yn ôl i orsaf drenau Dolwyddelan, croesawyd hwy gydag englyn o waith yr Hen Langc:

Mewn cwlwm nad oes cilio – o'i afael
Nes dyfod i'r amdo;
Ar air rhwydd y rhoddir o,
Ei ddattod nid rhwydd etto.

Yna trefnwyd gorymdaith gan nifer o gyfeillion Elis i arwain y pâr priod o'r orsaf i'w cartref, Willoughby House, lle darllenwyd dau englyn arall gan y bardd lleol Glan Cledwen yn gyfarchiad iddynt:

Yr Ellis gaed yn rowlio – i'r undeb
O randir Meudwyo (!)
Y fenyw fwyn fynai fo
Yn addas asen iddo.

Dygwyd yr holl gymmydogaeth – i wylio
Ddwyn Ellis i'r arfaeth;
O lwyn cudd hen-langcyddiaeth
Wedi myn'd mae'r hen ffrynd ffraeth!

Wedi iddo dalu'r diolchiadau am y croeso a'r cyfarchion cynnes, a hynny 'mewn anerchiad doniol', troes Elis a'i wraig newydd dros riniog eu cartref i gyfeiliant llongyfarchiadau trigolion y pentref yn canu'n iach iddynt.

Er dewis, mor hwyr yn ei oes, i ymroi ei hun i fywyd

priodasol, ni laesodd Elis o'r Nant ddwylo o gwbl wedi'r penderfyniad mawr hwnnw. Yr oedd yn dal i fod mor brysur ag erioed gyda'i ddyletswyddau cyhoeddus ac fel masnachwr a gohebydd. Ymrwymai ei hun yn gyson i ddangos ei gefnogaeth i ymgeiswyr Rhyddfrydol mewn etholiadau seneddol a sirol, a hynny drwy ei ohebiaeth yn y wasg Gymreig. Ni fyddai'n ymatal rhag beirniadu unrhyw un a fentrai sefyll yn enw'r Blaid Geidwadol, gyda'i bropaganda Rhyddfrydol yn ceisio dylanwadu ar y darllenwyr. Er hynny, gwelir peth anghysondeb yn ei eiriau adeg etholiad y cyngor sir yn 1892, a McIntyre, goruchwyliwr stâd Gwydir – y tirfeddianwyr mawr yn Nyffryn Conwy – yn ymgeisydd Annibynnol, yn herio'r ymgeisydd Rhyddfrydol, y Parch. Eli Evans. Er i Elis fanteisio ar ei golofnau newyddiadurol wythnosol, yn Gymraeg a Saesneg, i gollfarnu'r bonedd ar bob cyfle, roedd yn garedig iawn ei eiriau am landlordiaid Gwydir, pa bynnag mor Geidwadol oedd y teulu hwnnw. Roedd McIntyre wedi dangos ei gefnogaeth i sawl mudiad lleol ac wedi cefnogi'r ymgyrch i gael mynwent newydd yn Nolwyddelan yn frwd. Ond roedd ei wleidyddiaeth yn peri poendod i Elis o'r Nant: 'Ceidwadwr, modd bynnag, ydyw Mr McIntyre, ond un lled ryddfrydig – un o olynwyr Arglwydd Randolph Churchill – yn llawn awydd am ddiwygiadau a hawliau poblogaidd i lywodraethu pob achos lleol, fel y gwelir oddi wrth ei anerchiad.' Ac wrth drafod canlyniadau'r etholiad hwnnw, dywed, gyda'i dafod yn ei foch: 'Yr oeddwn wedi meddwl myned fy hun i mewn; a gwnaethum anerchiad barddonol; a dyma i chwi un pennill o hon:

Rwy'n ddyn o synwyr, medda nhw,
A beth sydd eisieu'n rhagor?
A dyna fydd, af ar fy llw,
'R peth prinaf yn y Cynghor.'

McIntyre, yr ymgeisydd Annibynnol, fu'n llwyddiannus yn yr etholiad i gynrychioli'r fro ar Gyngor Sir Arfon ond er methiant yr ymgeisydd Rhyddfrydol, nid oedd Elis i'w weld mor siomedig â hynny, sydd yn codi'r cwestiwn – a fu i Elis droi ei gôt yn yr etholiad hwnnw?

> Drwg genyf nad wyf yn rhyw lawer o ddyn plaid gyda chwestiwn y Bwrdd Sirol, ac er ein bod yn Rhyddfrydwyr i'r carn yn y Bettws a Dolyddelen, trodd allan, er fod tugel gan y bobl gyda'r bleidlais, fel nad allai un dewin wneyd allan pa sut y byddai nac y darfu iddynt bleidleisio, er anfantais ryw ychydig o ran iaith yn yr ymgeisydd dan y *Faner* amhleidiol – efe a aeth i mewn. Y mae, mewn gwirionedd, yn un o honom ni ym mhob peth, ond

yn unig ei fod yn analluog i siarad Cymraeg ... Y mae yn cael ei adnabod fel Ceidwadwr; ond Ceidwadwr nad ydwyf wedi ei wneyd allan ydyw.

Mewn cyfarfod o Festri Flynyddol Dolwyddelan ym mis Mawrth 1892, er, yng ngeiriau Elis yn ei golofn newyddion lleol, i lu o enwau gael eu cynnig i fod yn ysgrifennydd y festri, 'ond un a etholwyd – er iddo daer erfyn arnynt beidio ei ddewis – ydyw Elis o'r Nant.'

Yn y cyfarfod hwnnw trafodwyd a phleidleisiwyd i gael cynrychiolwyr fel wardeiniaid a goruchwylwyr y tlodion, arolygwyr y ffyrdd ac ati. Un a ddewiswyd yn swyddog lleol oedd Oliver E. Parry, y dyn a gostiodd mor ddrud i Ellis Pierce ddegawd ynghynt gydag achos Cadwalad y Clogwyn. Ni wastraffodd Elis y cyfle i daro'r post i'r pared glywed yn ei ohebiaeth dros y blynyddoedd yn dilyn yr achos ond fe ofalai ar yr un pryd na châi Parry gyfle i godi cyhuddiad arall o enllib yn ei erbyn. Felly hefyd yn dilyn y cyfarfod hwnnw. Meddai, yn awgrymog: 'Cwynir yn lled gyffredin fod nifer mawr o warcheidwaid y tlodion, yn mhob man, yn cynnrychioli y rhai sydd yn eu hethol i wasanaethu buddiannau y plwyfolion, yn gwneyd eu hunain yn is-wasnaethagar i unigolion sydd wedi myned i'r bwrdd i amcanion a dybenion personol.'

Roedd Oliver Parry ei hun yn gymeriad digon gweithgar yn ei gylchoedd eglwysig, yn ymhél â materion plwyfol a'i enw'n ymddangos yn aml mewn adroddiadau newyddiadurol, gan gynnwys rhai gan Elis o'r Nant, ond mae'n rhaid darllen rhwng y llinellau yng ngohebiaeth Elis i weld y gwenwyn yn y geiriau. Ym mis Mehefin 1891, roedd Parry wedi cael ei ddewis i gadeirio cyfarfod yn Ysgol Rhiwddolion uwchben Betws-y-coed ac fe adroddodd Elis, yn fyr, am yr achlysur yn ei golofn newyddion lleol yn y *Faner* yr wythnos ddilynol. Ymddengys yr adroddiad yn un digon cywir a phob gair yn ei le ond yr eitem sydd yn dilyn yr adroddiad hwnnw yng ngholofn Elis sydd yn dangos bod gwrychyn y gohebydd bychan wedi ei godi gan hunanbwysigrwydd honedig Oliver Parry. Dyma'r cofnod cyntaf am y cyfarfod: 'Cynnaliwyd cyfarfod yfed tê, ac un adloniadol ar ei ol, yn Mhenrhiwddolion, lle y cafwyd gwasaneth Mr O. E. Parry yn gadeirydd, a Mr Thomas Williams, Pistyll, yn arweinydd. Cyfarfod i wneyd elw at yr ysgol ddyddiol sydd yn cael ei chynnal yma ydoedd, ac yn arfer cael ei gynnal er's llawer o flynyddoedd.' I ddilyn daw geiriau dychanol, gwenwynllyd a oedd wedi eu cyfeirio, yn ddi-os, at Parry a rhan hwnnw fel cadeirydd yn y 'cyfarfod yfed tê', chwedl Elis. Y mae'r nifer o gyffyrddiadau cyfrwys yma tuag at ran Parry yn y gymuned, gydag awgrymiadau mai trwy 'brynu' ei boblogrwydd y daeth hwnnw i'r amlwg yn ei blwyf. Beth bynnag am hynny, ni ellir cuddio'r drwgdeimlad a fodolai rhwng Elis o'r

Nant ac Oliver Parry:

> Parchus a phoblogaidd fydd fy nôd o hyn allan. Ni waeth genyf, deallwch, pa beth fydd natur y parch a'r anrhydedd a delir i mi; yr wyf am fynu ei gael pe bae raid i mi dalu am dano. Yr wyf am wneyd a allwyf i gael gan bob un a'm cyfarwyddo i'm galw yn Mr. P----- yn lle fy ngalw yn Ellis, neu yn hytrach 'Rhen Ellis.' Yn hytrach nag i mi gael fy nibrisio a'm gostwng îs-law fy ngwir werth, fe fyddai yn llawn cystal genyf dalu am i bobl fy mharchu, fel am rhyw nwydd arall. Ni fyddai allan o le i mi bysgota, chwaith, am gael myned yn gadeirydd mewn gwahanol gyngherddau, a chyfarfodydd o wahanol fathau, a chyfranu yn helaeth at achosion da, er mwyn cael fy anrhydeddu. Gan nad oes dim allan o le yn hyny, a bod hyny yn ffasiwn ar hyn o bryd, yr wyf yn credu y byddi yn well i minnau ddilyn y ffasiwn, rhag i mi fyned o dan gwmmwl, ac yn brin fy mharch. Ceir fy ngweled o hyn allan, ond odid, yn gwisgo modrwyau ar fy mysedd, ac yn ymwisgo fel pe bawn yn ŵr o foneddion, ac yn troi mewn llawnder
>
> 'Does dim byd fel aur coeth
> Am wneyd y dyn yn ddoeth.'

> Yr wyf am ben-grymu a chyfarch pob gŵr mawr a welaf yn mhob man, pe na byddai un gydnabyddiaeth wedi bod rhyngom yn flaenorol. Gwnaf hyny er twyllo rhyw ddyliaid o'm deutu i gredu fod fy nghysylltiadau yn barchus. Bydd i mi wibio yn ol ac yn mlaen, a mynegu fy mod, er pob ymgais, yn methu yn deg a dyfod i ben â phrysurdeb fy masnach. Ni fydd un cymmundeb, o hyn allan, rhyngof â rhyw fân swyddogion; ond er mwyn gwneyd enw i mi fy hun, a gwneyd fy hun yn hysbys, ysgrifenaf i lygad y ffynnon. Byddaf o hyn allan, fe gewch weled, nid yn ŵr boneddig, ond yn unig yn cael fy nghydnabod felly am y tâl a dalaf.

Efallai mai uchafbwynt gyrfa Elis fel cynrychiolydd y werin oedd ei ymddangosiad gerbron aelodau o'r Comisiwn Brenhinol a sefydlwyd yn 1893 i archwilio i ddaliadaeth tiroedd yng Nghymru. Penodwyd naw comisiynwr ym mis Mai y flwyddyn honno a chyhoeddwyd saith cyfrol drwchus o ganlyniadau'r archwiliad yn ddiweddarach. Ymwelodd y comisiynwyr â hanner cant a naw o ganolfannau ledled Cymru i gasglu eu tystiolaeth, gan holi dros fil o dystion ar eu teithiau. Dyletswydd pennaf y Comisiwn oedd astudio tirddaliadaeth ac felly perchenogion, stiwardiaid a thenatiaid yr ystadau oedd y mwyafrif o'r tystion. Er na chafwyd unrhyw ddeddfwriaeth yn dilyn y Comisiwn

Tir, bu'n gyfle i wyntyllu llawer o broblemau a oedd yn bodoli yn y Gymru wledig – ac fe roddwyd llwyfan i Elis o'r Nant gael trafod rhai o gwynion ffermwyr Nant Conwy yn gyhoeddus.

Er iddo deithio i Lanrwst i dystiolaethu yn y neuadd gyhoeddus yno ar ddydd Gwener yr 22ain o Fedi, 1893, ni chafodd ei alw gerbron naw gŵr y Comisiwn Brenhinol tan y dydd Sadwrn canlynol, a hynny yn Neuadd y Dref yng Nghonwy. Pan ofynnodd Arglwydd Kenyon iddo pam nad oedd wedi rhoi ei dystiolaeth yn Llanrwst, wedi iddo gael gwahoddiad i fynd yno, atebodd Elis nad oedd wedi cael ei alw ymlaen. Rhoddodd fai ar ysgrifennydd y Comisiwn, D. Lleufer Thomas, ac fe gyfaddefodd y gŵr hwnnw ei gamgymeriad.

Ar ddechrau ei groesholiad, darllenwyd datganiad gan Elis o'r Nant a oedd yn dechrau gyda'r geiriau, '*Farmers are afraid to state what they will.*' Dywedwyd sut yr ysgrifennodd gyfres o lythyrau ac erthyglau ar ddiwedd 1881 a dechrau 1882 yn adleisio cwynion ffermwyr-denantiaid yr ardal, gan gynnwys y rhai ar stâd Arglwydd Penrhyn ym Mhenmachno ac Ysbyty Ifan. Yn dilyn yr eitemau hynny anfonwyd cylchlythyr gan rywun i chwech o denantiaid y Lord, gan honni mai celwyddau noeth oedd yr hyn a adroddodd Elis. Gofynnwyd i'r ffermwyr lofnodi'r llythyr ar ran y tenantiaid, a chytunodd y chwech. Aeth ymlaen i ddatgelu rhai o gwynion yr amaethwyr yr oedd yn eu cynrychioli. Tanlinellodd sut yr oedd y tirfeddianwyr yn anwybyddu cwynion y tenantiaid am ddiffygion amlwg ar ran asiant stâd Arglwydd Penrhyn, y landlord. Cyfeiriodd at gyflwr rhai o'r ffermydd, ym Mhenmachno yn benodol, a'r ffaith nad oedd yr asiant yn cymryd dim sylw o anghenion y tenantiaid, gan enwi'r amaethwyr hynny'n bersonol.

Un mater arall a oedd yn destun pryder yn y fro, ac yn sicr yn achos pryder i Elis o'r Nant, oedd y ffaith fod yr asiant yn ceisio cael y tenantiaid i lofnodi cytundeb yn datgan eu bod yn barod i dalu'r degwm fel rhan o'r rhenti blynyddol i'r stâd. Datgelodd Elis fod tenant Talargerwin, Penmachno, a wrthododd lofnodi cytundeb o'r fath, wedi derbyn gair gan un o gynrychiolwyr Penrhyn y bore dilynol yn ei hysbysu y byddai'r fferm yn cael ei gosod i rywun arall os na fyddai'n dilyn y cyfarwyddiadau. Dywedodd hefyd sut y bu i'r stâd drosglwyddo rhai o gaeau gorau fferm Bryn'ddraenen, Eidda, i'w hychwanegu at fferm gyfagos, heb fath o ostyngiad yn rhent y tenant.

Ymysg nifer o ddatganiadau a chyhuddiadau gan Elis o'r Nant yn erbyn y tirfeddianwyr yn gyffredinol, yr oedd rhai yn awgrymu sut yr oedd tenantiaid ambell i stâd yn gorfod rhoi eu llafur am ddim i'r tirfeddiannwr, neu wynebu'r canlyniadau. Yn ôl Elis:

> *The landlords, or at least the agents, are in a position to get the tenants to commit suicide in some sense. They can get them to do any work for the landlords as well as for themselves, free of charge. If they refuse, they have to face the consequences. The tenants of Col. Wynne Finch are in ther habit of carting all the coals for Voelas Hall, but nobody carts for them unless they pay for the cartage. It is the same with every other labour.*

Mewn ateb i gwestiwn gan Arglwydd Kenyon yn gofyn pam yr oedd yn dod â'r cwynion gerbron y Comisiwn, dywedodd Elis ei fod yn ymateb i gais y tenantiaid iddo wneud hynny ond bu bron iddo â chreu trafferthion iddo'i hun gydag ambell gyhuddiad a wnaed yn erbyn rhai o'i elynion yn ei adroddiad. Yn ei ddatganiad ysgrifenedig i'r Comisiwn, cyfeiriodd Elis at ddigwyddiad yn ymwneud ag un o asiantwyr stâd Penrhyn, E. J. Williams a oedd, yn honedig, wedi ceisio pwyso ar un o denantiaid Penrhyn, Henry Williams, i fenthyca £200 iddo. Wrth ei groesholi, gofynnodd un o'r comisynwyr, Syr John Llewelyn, i Elis am fwy o wybodaeth parthed y cyhuddiad hwnnw. Holodd a fyddai Henry Williams yn barod i ddod gerbron y Comisiwn ynglŷn â'r mater. Ateb Elis oedd nad oedd yn gwybod. 'Yr unig beth a wn,' meddai, 'ei fod yn wybodaeth cyffredinol, a hynny wedi ei ddweud gan weinidog yr ardal.' Pwysodd y comisiynwr arno, 'Felly, dim ond drwy stori y clywsoch chi?' ac Elis yn ymateb, 'Gan y gweinidog,' fel petai geiriau'r gweinidog i fod yn ddeddfol gredadwy. Gofynnodd Syr John iddo a oedd ganddo brawf personol o'r hyn a ddywedwyd am y cyhuddiad difrifol hwnnw ac meddai Elis, yn amddiffynnol, '*Well, I cannot say positively about this: but I can say positively about other things.*'

Yr oedd yr asiant E. J. Williams, Rhydlanfair, Padog, yn dra adnabyddus i Elis. Roedd hwn yn gynghorydd sirol Ceidwadol a drechodd yr ymgeisydd Rhyddfrydol dros Benmachno mewn etholiad ychydig ynghynt. Bu Elis o'r Nant, fel radical gwrth-Doriaeth penboeth, yn ymgyrchu'n frwd dros y Rhyddfrydwr ac yn ei gefnogi yn ei golofn yn y *Faner*. Yr oedd Williams wedi bod o dan ei lach yn rheolaidd oherwydd ei ddaliadau gwleidyddol ac am ei fod yn asiant i'w arch-elyn, Arglwydd Penrhyn. Roedd Elis wedi gwneud nifer o sylwadau atgas am Williams, cyn, ac ar ôl, yr etholiad hwnnw, a'r byd a'r betws yn ymwybodol o'r atgasedd.

Yn dilyn yr holl gwestiynau a ofynnwyd iddo yr oedd Elis, yn sicr, ar ben ei dennyn ond roedd un Mr Vincent, James Edmund Vincent mae'n debyg, sef ysgrifennydd Cymdeithas y Tirfeddianwyr yn ne Cymru, wedi anfon llythyr i'r comisynwyr gyda chwestiynau ynddo i'w gofyn i Elis. Yn rhinwedd ei swydd, byddai Vincent wedi bod wrth ei fodd yn cael cyfle i amddiffyn y dosbarth tiriog a chael cyfle i ddinoethi un o brif wrthwynebwyr y dosbarth hwnnw ar y pryd, Elis o'r Nant. Y cwestiwn a anfonwyd gan Vincent oedd, '*Have you had an action for libel brought against you?*' ac Elis yn ateb, '*Yes*'. Gofynnwyd iddo gan aelod o'r Comisiwn beth oedd y canlyniad ac atebodd yntau ei fod wedi colli'r achos, gan geisio rhoi ei farn ef ei hun o'r hyn a ddigwyddod ond ataliwyd ef rhag dweud rhagor am y peth.

Yn ogystal â llythyr Vincent, roedd y Cyrnol Sackville West, prif asiant Arglwydd Penrhyn, wedi anfon gair i holi a fyddai Elis yn barod i wneud datganiad cyhoeddus, y tu allan i'r adeilad, yn cyhuddo E. J. Williams o geisio rhoi pwysau ar denant i gael £200 ganddo. Roedd ateb Elis yn ddigon aneglur: '*That I could not say--no.*'! '*No?*' gofynnodd Kenyon, ac Elis yn ychwanegu'n fwy aneglur fyth, '*No; I stated that at first as far as I could say.*' Ar hynny, daeth yr Athro Rhys, aelod arall o'r Comisiwn, i achub rhan Elis gan esbonio mai dim ond '*common talk*' oedd y cyfan.

Fodd bynnag, parhau i geisio cael Elis i ddweud y byddai'n barod i ddatgan ei farn yn gyhoeddus, fel y gwnaeth yn ei adroddiad i'r Comisiwn, wnaeth Kenyon, gan ailadrodd ei gwestiwn, '*Are you prepared to say outside this Court what you have stated inside?*' gan dderbyn yr ateb gan y tyst na fedrai wneud hynny a'i fod wedi clywed y cyfan gan glerigwr. Yn amlwg, yr oedd rhai o aelodau'r Comisiwn yn gyfarwydd â safbwynt radical Elis o'r Nant ynglŷn â'r helyntion yn ymwneud a materion y tir ac yn awyddus iawn i geisio'i fychanu'n gyhoeddus. Wedi'r cyfan, datgan teimladau nifer o amaethwyr rhan uchaf Dyffryn Conwy wnâi Elis, gan ddod yno i siarad ar eu rhan.

Roedd gan Elis achos i wneud hynny, yn sicr, o ddarllen tystiolaeth un Owen Owen a oedd newydd ymddangos o flaen y comisynwyr yn Llanrwst y diwrnod cynt. Datgelodd Owen fod ei dad, Elias Owen, wedi bod yn denant i deulu Willoughby D'Eresby, stâd Gwydir, yn Nhanycastell, Dolwyddelan am flynyddoedd nes iddo ymadael oddi yno yn ddisymwth. Pan ofynnwyd iddo am y rhesymau dros ei ymadawiad, atebodd Owen i'w dad gael ei droi ymaith oherwydd ei egwyddorion. Pan ofynnwyd iddo '*What were those principles?*', atebodd y mab, '*He was a Liberal.*'

Nid y papurau wythnosol Cymraeg yn unig a gymerai ddiddordeb yn rhan Elis o'r Nant gerbron y Comisiwn Brenhinol hwnnw. Caed adroddiadau yn y wasg Brydeinig ar y pryd, gyda'r papur dyddiol The Times hyd yn oed yn ei gweld yn stori ddigon deniadol i'w chynnwys ar ei thudalennau:

> *A witness, named Elis o'r Nant, then made a number of charges against the Penrhyn estate, including one*

serious charge against the sub-agent of the Penrhyn estate, of having extorted £200 from a tenant. It turned out, however, had only heard, from somebody unnamed, that the clergyman had made the accusation; and, in answer to a written question by Mr Vincent, the witness admitted that an action for libel had been brought against him, and that he had lost it.

Y syndod mawr yw na chyhoeddwyd dim o gwbl gan Elis yn y *Faner* am hanes yr ymchwiliad cyhoeddus hwnnw tra bu'r Comisiwn ar ymweliad â gogledd Cymru. Ni chafwyd gair am ei ymddangosiad ei hun, na neb arall ychwaith, gerbron yr aelodau. Ond er mai digon negyddol oedd canlyniadau'r Comisiwn, ar y cyfan, dal i rygnu ymlaen am wendidau 'pwngc y tir' ac am anghyfiawnderau'r tirfeddianwyr bonheddig a wnâi Elis o'r Nant. Serch hynny, roedd ganddo ddigon o bynciau eraill i gadw diddordeb darllenwyr ei golofnau wythnosol yn y *Faner*, y *Cambrian News* a phapurau a chylchgronau Cymraeg a Chymreig eraill.

Byddai ei ohebiaeth am ddigwyddiadau yn Nyffryn Conwy yn amrywio o hanesion marwolaethau ei gyfoedion i drafodaethau am fasnach, ac am ddamweiniau rheolaidd yn y chwareli llechi oddi amgylch. Soniai hefyd am effeithiau'r tywydd ar gynaeafau gwair a chnydau ac am economi'r ardal yn gyffredinol. Byddai cyfarfodydd llenyddol ac eisteddfodau yn cael lle blaenllaw yn ei ohebiaeth, ynghyd â llên gwerin ei gynefin yn y dyddiau a fu. Fel y nodwyd eisoes, gwnaeth Elis gymwynas fawr â haneswyr heddiw ac yfory wrth gofnodi llawer o'r hanesion a fyddai wedi mynd ar ddifancoll oni bai am ei gyfraniad ef. Cofnododd ddyddiadau rhai digwyddiadau o bwys, megis dyfodiad y rheilffordd trwy ei ardal ac effeithiau'r chwyldro hwnnw ar ei gymuned, a hanesion cyrhaeddiad y teliffon, neu'r 'pellebr' i Ddolwyddelan. Trafodai gyflwr y diwydiant chwarelyddol yn y cylch yn achlysurol hefyd.

Tra gwelai ardaloedd eraill dalgylch y papurau wythnosol hyn nifer fawr o ohebwyr lleol yn mynd a dod yn y bedwaredd ganrif ar bymtheg a dechrau'r ugeinfed ganrif, bu cymunedau pen uchaf Dyffryn Conwy yn ffodus o gael un gohebydd arbennig, Ellis Pierce – Elis o'r Nant, a anfonodd ei bytiau o newyddion i'r gweisg am dros hanner canrif. Tybed pa bapurau newyddion mewn ardaloedd eraill fedrai hawlio'r fath wasanaeth gan ohebydd? Do, dangosodd erwinder ei eiriau ffiaidd ar nifer o achosion ond nid gohebydd ffugbarchus a ysgrifennai'n unswydd i blesio'r darllenwyr mohono, fel y mwyafrif o'i gydnewyddiadurwyr. Natur Elis oedd 'dweud ei ddweud' yn union fel ag yr oedd hi, heb ofni'r un gwrthdystiad – a dyna a'i gwnâi mor wahanol i'r mwyafrif o ohebwyr ei gyfnod. Serch hynny, dioddefodd lawer o erledigaeth yn ystod ei yrfa fel gohebydd ac fe gostiodd dewrder ei safiadau egwyddorol yn ddrud iawn iddo, mewn sawl modd.

Rhaid cofio hefyd nad dim ond y bonedd, yr eglwys a'r Blaid Geidwadol fyddai'n wynebu ei feirniadaeth. Gwnaeth elynion iddo'i hun droeon ymysg y werin bobl hefyd drwy ysgrifennu'n hallt yn rhai o'i adroddiadau i'r wasg am ei fod yn anghydweld â safbwyntiau ambell un o'i gyfoedion. Roedd ei wrthwynebiad i sawl agwedd ar gymdeithas y cyfnod yn ymylu ar gasineb. Byddai colofn lythyrau'r *Faner* yn chwilboeth yn aml, wrth i Elis a'i gydlythyrwyr ymateb i gyhuddiadau a safbwyntiau ei gilydd a hynny at daro, bron, yn aml. Datganai ei farn yn glir yn erbyn unrhyw sefydliad na fyddai'n rhan o'i ddelwedd ef o gymdeithas onest, ddiwylliedig a gwerinol. Un o'r sefydliadau hynny, yn amlwg, oedd Cymdeithas Sioe Amaethyddol Llanrwst a fu'n destun gwawd Elis o'r Nant ar fwy nag un achlysur. Gwelai ef y sioe yn ddim byd ond ffenestr i fasnachwyr werthu eu cynnyrch ac i 'ddangos eu hunain' ar yr un pryd, ac fe ddywedodd hynny'n ddychanol am sioe 1892 yn y dref:

> Y mae lliaws ohonom yn analluog i ganfod fod eisteddfod y bustych, mewn gwirionedd, yn ddim amgen na gradd uwch o Dichon y tala i rhyw

> ychydig nifer o drigolion pob lle, sydd yn dilyn rhyw fath o fywyd cyhoeddus, wneyd eu hunain yn hysbys ar draul yr arddangosfa, ac ar draul y werin wirion sydd yn mynychu yr arddangosfa. Y mae yn fantais neillduol i rai sydd yn borthmyn, yn gigyddion neu yn fasnachwyr, i ddwyn rhyw fath o anifeiliaid neu ddaoedd – megys dofednod neu nwyddau eraill, er i'r cyfryw gostio llawer mwy na'u gwerth, a chymmeryd i mewn y wobr, a'r hyn oll a ennillir. Y mae cael eu henwau, ac enwau eu masnach, yn y gwahanol newyddiaduron, yn talu ond odid fwy na dengwaith y draul. Fu erioed gynllun rhatach i un wneyd ei hun a'i fasnach yn gyhoeddus, a hyny heb osod ei hun yn y brofedigaeth o bwffio eio hun a'i fasnach ... Y mae lliaws o honom yn analluog i ganfod fod eisteddfod y bustych, mewn gwirionedd, yn ddim amgen na gradd uwch o *Punch and Judy*, &c., neu rhyw gynllun arall, i gasglu mêl i'r cwch ... Rhyw fath o Sais-Addoliaeth a chrach-fonedd-addoliaeth ydyw yr arddangosfa mewn gwirionedd. Nid oes neb i gael ei weled a'i gydnabod, os na fydd iddo ben-grymu yn wasaidd i'r crach-foneddigion.

Beirniadai bentrefwyr cyffredin ei fro yn gyson hefyd, yn enwedig os oeddent wedi bod mewn tafarnau ac wedi mynd dros ben llestri ar ôl yfed gormod. Yn dilyn ffair Llanrwst ym mis Mai 1889, roedd dau o Benmachno wedi bod yn camymddwyn yn y dref ac wedi cael eu harestio. Roedd Elis yn ddigyfaddawd ei farn ar sut i ddelio â'r math hwn o ddrwgweithredu; cyfeiriodd at yr hen drefn o gosbi yn y plwyf, sef gosod yr euog rai yn y stocs, i'w gwawdio gan y pentrefwyr: 'Gresyn i'r cyffion gael eu malu yn yr ardal. Purion fuasai rhoddi coesau a breichiau y ddau ynddynt, hyd nes y buasent yn cael eu hadfer i'w hiawn bwyll.' Fel y gwelwn, ni wastraffai Elis ei eiriau o gwbl wrth ddangos ei wrthwynebiad i dueddiadau cymdeithasol nad oedd yn cyd-fynd â'i ddaliadau radical ef.

Wrth weld y mân newidiadau i feddylfryd y boblogaeth wledig yng Nghymru, a chefnogaeth i wleidyddion radical Rhyddfrydol yn cynyddu, roedd hyder Elis o'r Nant yn nyfodol cymunedau cefn gwlad ar gynnydd hefyd. Wrth drafod helyntion yn ymwneud ag ysgol eglwysig Penmachno yn y *Faner*, roedd ganddo weledigaeth am Gymru well:

> Daw llawer tro ar fyd yn fuan etto. Daw dadgyssylltiad a dadwaddoliad, a daw yr ysgolion oll yn rhydd. Ni raid i ni neidio o'r badell ffrio i'r tân, trwy fyned i feichio ein hunain â threthi trymion na ddichon neb eu dwyn. Gall y mwyafrif hawlio bwrdd ysgol yn mhob plwyf, ond bydd y dreth i'w thalu, a dyledion yn aros am lawer o flynyddoedd. Bydd y

baich yn sicr o fod yn llawer mwy na'r budd. Daw rhyddid yn fuan, ac fe ddryllir hualau gorthrwm heb fesur seneddol, nac un math o fesur arall. Pan ddaw y goleuni yn ddigon disglaer a thanbaid, fe gilia adar y nos a bwystfilod ysglyfgar i'w lloches.

Ond roedd rheswm arall dros deimlo'n hyderus am ddyfodol disglair i Ddolwyddelan hefyd, fel y gwelir yn ei golofn a gyhoeddwyd ym mis Rhagfyr 1892:

> Y mae *telephone* wedi ei hagor rhwng Dolyddelen a Bettwsycoed ddydd Mercher, Tachwedd 23ain. Y mae teimlad er's tro yn cael ei goledd y dylem gael y fraint yma sydd wedi ei hestyn i ardaloedd llawer llai. Yr ydym wedi gwneyd llawer ymgais; ond o'r diwedd, dyma ni wedi llwyddo. Gobeithio y bydd o fendith, yn gystal ag o les i ni fel trigolion. Pa un a fydd i ni lwyddo i gael y gwcw yma o hyn allan sydd yn ammheus.

Cafodd Elis achos arall i ddathlu ychydig yn ddiweddarach. Adroddodd yn ei golofn, gyda thinc o orfoledd yn ei eiriau, am fethiant Oliver Parry, un o'i elynion lleol, i gael ei ethol yn un o warcheidwaid y tlodion yn Nolwyddelan. Wrth gloi ei adroddiad, rhaid oedd atgoffa'r darllenwyr o'i lwyddiant ef ei hun yn cael ei ddewis yn 'ysgrifennydd y plwyf'.

Ymhen ychydig ddyddiau, cawsai Parry reswm i dalu'r pwyth yn ôl, er nad yn orfoleddus. Mewn cyfarfod arall o'r plwyfolion ar ddechrau mis Ebrill, 1893, cynhaliwyd etholiad i ddewis aelodau ar gyfer Bwrdd Claddu oedd yn cael ei sefydlu. Roedd llawer o drafod wedi bod ers peth amser i gael mynwent newydd yn y plwyf, a dyna fyddai un o orchwylion aelodau'r bwrdd newydd, sef penderfynu lleoliad y fynwent arfaethedig. Yr oedd deuddeg o ddynion lleol wedi rhoi eu henwau gerbron ar gyfer yr etholiad, gyda saith sedd i'w hennill ac Elis yn gobeithio bod yn un o'r etholedig rai. Ond, er loes mawr iddo, dim ond tri ar ddeg o etholwyr Dolwyddelan a roes groes gyferbyn â'i enw, gan ei osod yn ddegfed ar y rhestr. Siom fawr i Elis oedd sylweddoli nad oedd yn ddigon poblogaidd ymysg ei gyfoedion i gael ei ethol ar bwyllgor yr oedd ef ei hun wedi galw am ei sefydlu ers tro. Byddai'r nifer fechan o bleidleisiau a dderbyniodd wedi ei frifo ond poen mwy iddo, yn sicr, oedd gweld Oliver Parry yn cael un bleidlais yn fwy nag ef. Er i Elis geisio tanseilio offeiriaid yr eglwys ar bob cyfle a gawsai, byddai wedi bod yn ddiflas iddo orfod derbyn y ffaith mai ficer y plwyf, y Parch. Robert Williams, a ddaeth i frig y pôl, gyda 38 o etholwyr y pentref anghydffurfiol, ar y cyfan, wedi pleidleisio drosto. Rhaid oedd i Elis gael y gair olaf yn ei adroddiad i'r *Faner*, drwy ddangos ei ddicter amlwg:

> Ceir gweled pa waith a wneir gan y bwrdd newydd. Bydd gwylio manwl ar ei weithrediadau. Wrth gwrs, bydd yn ormod dyweyd fod pawb yn dawel eu meddyliau ar ei gyfansoddiad. Na: y mae yma liaws o siomedigion am aelodaeth eu hunain, a chyfeillion yn galaru gyda hwy, am na chawsid hwy – 'y rhai goreu o ddigon', i mewn.'

Erbyn mis Chwefror 1899 ac etholiadau'r cynghorau plwyf ar gychwyn, roedd Elis yn datgan ei farn yn agored yn ei golofn newyddion lleol yn y *Faner*. Ac yntau'n glerc ar gyngor plwyf Dolwyddelan ers ei sefydlu yn 1894, anogai'r pleidleiswyr ym mhob plwyf i ofalu am 'beidio ethol neb sydd yn ddiddiwedd yn ystrangcio, yn troi, ac yn trosi yn y wedd.' Geiriau un oedd wedi ei suro gyda'r drefn wleidyddol yn lleol, ac un a oedd wedi cael ei wrthod gan ei gyfoedion ei hun i gyflawni'r gwaith o fod yn gynrychiolydd pentrefol ar fân bwyllgorau oedd y cyfan. Gellir teimlo min y bensel yn torri i mewn i gydwybod y ddarllenwyr wrth iddo geisio'u hatgoffa o'u camgymeriadau yn y gorffennol drwy beidio ymddiried ynddo ef i'w cynrychioli.

> Ni wiw i chwi ddisgwyl dim oddi wrth y rhai sydd yn erfyn ac yn carthu am i chwi eu hethol, gan awgrymu y gwnânt y môr a'r mynydd ... Gocheler y

> rhai sydd, gyda gwên deg, yn rhannu eu rhoddion, ac yn proffesu y daw rhyw fendithion fyrdd o'u hethol hwy. Chwiliwch a holwch pa beth a wnaethant yn y gorphenol ... Nis gwn pa fodd na fyddai i bobl allu dysgu, bellach, pwy ydyw eu gwir gyfeillion ... Gofalwch am gael aelodau ym mhob man ag y gallwch ymddiried ynddynt. Rhai a wnant eu dyledswydd yn briodol; ac nid personau i ddial ar y rhai nad ydynt yn teimlo yn garedig tuag atynt, ac i ffafrio y rhai y maent ar ammodau cyfeillgar â hwynt.

Ategwyd yr uchod yn y rhifyn nesaf o'r *Faner* ar y 4ydd o Fawrth, 1899, union ddydd yr etholiad, gyda'r un cynghorion i bleidleiswyr Dyffryn Conwy. Yn rhifyn y dydd Sadwrn dilynol a gyhoeddwyd ar yr 11fed o Fawrth, rhoddodd Elis adroddiad manwl o hanes canlyniad yr etholiad yn Nolwyddelan, gan enwi pob un o'r tri ar ddeg a etholwyd i'r cyngor plwyf yno.

Pennod 10

Y blynyddoedd olaf

Er ei anabledd, mentrai Elis fynd ar deithiau ledled Prydain, ac Iwerddon yn achlysurol. Ceir ei hanes yn ymweld â Llundain ambell waith ac yn 1888 rhoddodd adroddiad manwl yn y *Faner* o hanes ei ymweliad â Belfast, Glasgow a Chaeredin. Er mor drylwyr ei nodiadau am yr hyn a welodd ar y daith honno, ni wyddwn pam yr aeth i'r dinasoedd hynny, na phwy oedd yn cyd-deithio ag ef, os oedd unrhyw un o gwbl.

Er ei anturiaethau i fannau anghyfarwydd, byddai hefyd yn hoff iawn o ymweld â'i gyfeillion yn ei filltir sgwâr. Yr oedd yn gyfarwydd iawn â'r llwybr 'dros y mynydd' o Ddolwyddelan i Benmachno a byddai'n ymweld â'r pentref hwnnw yn eithaf rheolaidd. Yno fe alwai heibio Owen Gethin Jones ac amryw gyfoedion eraill, gan ymgolli'n llwyr mewn sgwrs neu drafodaeth ar faterion y dydd nes anghofio cadw llygad ar y cloc. Ar un o'r achlysuron hynny collodd ei ffordd wrth groesi'r mynydd rhwng y ddau bentref yn hwyr un noson a syrthio dros graig. Bu'n rhaid iddo aros i'r lleuad ymddangos cyn llwyddo i gario ymlaen ar ei daith.

Taith arall fyddai'r un i Dremadog i ymweld ag Alltud Eifion (Robert Isaac Jones, 1815-1905), gŵr o'r un anian ag Elis a oedd yn llenor adnabyddus ac yn ymwneud â'r byd cyhoeddi. Ef a sefydlodd y papur Cymraeg *Y Brython,* papur wythnosol yn wreiddiol ond fe'i cyhoeddid yn fisol yn ddiweddarach, o ganlyniad i ddiffyg cefnogaeth. Fel y dywedodd Elis amdano, 'Un rhyfedd ydyw Alltud, ac un y byddaf yn cael llawer o ddifyrwch gydag ef pan yn galw gydag ef yn Nhremadog.' Ac yntau dros ei bedwar ugain oed, cyhoeddodd Alltud ryw lun o bennill disgrifiadol o Elis o'r Nant; yn amlwg, roedd y bardd yn eithaf cyfarwydd â natur Elis:

Y bythgofiadwy Ellis
Sy'n tramwy dros y wlad,
O Gymru a'r Amerig
Y ceir o'n cadw nâd;
Yn rhedeg ar y Cymry
A theulu bôn y glêr,

Merthyru y boneddion,
A'u galw'n orthrwm gêr;
Yn gweled bai ar eraill,
Oes neb a rwng dy fodd?
Ail ana'r byd ar unwaith,
Ail boba nhw's oes modd;
Neu gâd pob un yn llonydd,
Cheir dyn ond fel y bydd,
Rho arno'r tro a fynych
Aiff teiliwr byth yn grydd!

Ym mis Chwefror 1899 cododd helynt yn ymwneud ag erthygl a ymddangosodd yn un o wythnosolion yr Unol Daleithiau, y *Poultine Journal,* dan y pennawd '*The Penrhyn Family*'. Mae'r awdur yn amlinellu hanes teulu nad oedd yn amlwg â llawer o gariad tuag ato mewn tair colofn hir o eiriau sydd yn llawn gwenwyn. Yn sicr, mae ambell beth a ddywedir yn ymylu ar enllib ac yn wir, yn atgof o'r atgasedd a gaed o ysgrifbin Elis o'r Nant wrth iddo drafod teulu'r Penrhyn yn ei ohebiaeth dros y blynyddoedd. Cyhoeddwyd yr erthygl mewn print papur newydd arferol ond ar waelod y dudalen gwelir enw 'Ellis Pierce, (Elis o'r Nant.)' mewn teipysgrif. Sut bynnag y daeth yr ysgrif i gael ei chyhoeddi mewn papur newyddion dros yr Iwerydd, ymddengys i nifer o gopïau o'r dudalen a oedd yn cynnwys yr erthygl gyrraedd Dolwyddelan ac iddi gael ei gwasgaru ymysg trigolion y fro. Roedd y feirniadaeth ar deulu Castell Penrhyn yn ddeifiol ac yn nodweddiadol o farn Elis am Arglwydd Penrhyn a'i dylwyth.

Yn y Llyfrgell Genedlaethol yn Aberystwyth ceir casgliad sy'n cynnwys llythyrau yn ymwneud â phapurau stadau perthynol i deulu Wynne-Finch, Foelas, Pentrefoelas a Chefnamwlch, Tudweiliog. Yn eu mysg gwelir erthygl Elis, ynghyd â'r ohebiaeth a fu rhwng y Cyrnol Wynne-Finch ac ysgrifennydd y *North Wales Property Defence Association*, Charles. A. Jones, cyfreithiwr adnabyddus o Gaernarfon. Roedd Jones ac Elis o'r Nant yn dra chyfarwydd â'i gilydd. Dyma'r cyfreithiwr a gynrychiolodd Oliver Parry yn yr achos o enllib yn erbyn Elis yn helynt Cadwalad o'r Clogwyn ac un a wyddai'n iawn am natur chwyldroadol y gohebydd bychan. Roedd ymdeimlad Charles A. Jones tuag at Elis yr un mor elyniaethus.

Yn ôl pob golwg, anfonwyd copi o'r erthygl i gartref Wynne-Finch ym Mhentrefoelas a bu cryn ddigelwch ynglŷn â sut yn union y cyrhaeddodd y Foelas. Mewn llythyr a anfonwyd ddiwedd mis Chwefror 1899 i swyddfa'r cyfreithiwr, dywed y Cyrnol:

North Wales Property Defence Assoc.
Charles A.Jones, Secretary
5 High St.
Carnarvon.

From Colonel Wynne Finch
Voelas
Bettws-y-Coed
North Wales

I inclose the wrapper wh. contained a printed document I rec'd on the 17th inst and which you will see has not been through the P.Office, or has not been stamped. It reached me in my private bag – for which I pay rent to the P.Office. On Friday – the bag was locked on arrival & the document can only have been put inside by the Post Office authorities at Bettws or with their convivance.

The printed matter wh. it contained was a libel on Ld Penrhyn but what concerns me is the manner in which it reached me through the Post Office.

The handwriting is known to me & I have in my possession a similar cover which was sent with another copy of the printed matter to a neighbour of mine with his letters near Bettws-y-Coed on the same day.

I hope you will make inquiry as to how the

inclosed found it's way into my bag, and also return it to me, as I should like to keep the wrapper with it's contents.

Anfonodd Charles A. Jones lythyr at Wynne-Finch o swyddfa'r cyfreithiwr ar yr 20fed o Chwefror, 1899 a oedd yn cynnwys cyhuddiadau yn erbyn Elis o'r Nant:

Dear Sir,

I am in receipt of your letter with enclosures. I was consulted not very long ago about a very similar matter. A paper, purporting to be printed in America containing libellous matter was circulated in your neigh'hood with reference to Mr O. E. Parry of Dolyddelen. There was nothing definite in that case to connect Elis o'r Nant with it, but I have not the slightest doubt it emanciated from him & that the paper you received came from the same source, indeed his name appears at the foot. The address, moreover, is in his own handwriting, as I have compared it with letters from him. I consider that the paper contains a libel upon Lord Penrhyn & it of course rests with him to say whether he will notice it or not.

Some years ago I brought action against Gee of Denbigh for a libel in the 'Baner' which had been sent by Elis o'r Nant, but Gee declined to give up the name of the writer & the action, which went against him, cost him £500 or £600. In the present case the man ought to be prosecuted criminally, as he is not worth 2d. and of course he knows perfectly well that no one would think of bringing a civil action against him. The paper has no doubt been circulated wholesale in your neighbourhood at Bangor & it would be a good plan to get hold of some of them.

It appears to me that the stamp has passed through the post before it was used for the wrapper, the object being to lead you to suppose that it has been posted from America.

Mr O. E. Parry knows a great deal of this man & has been watching him for some time, & if you would give me permission, I would ask him whether anything has recently come to his knowledge with regards to the circulation of documents by Ellis.

I think the postmistress is seriously to blame & it is a question whether the Inland Revenue Authorities should not take the matter up against her.

Yours ...

Chas A. Jones

Er mor ddifrifol oedd y cyhuddiadau a wnaed yn erbyn Elis gan Jones, ac er ei fod yn swnio'n daer o'i weld o flaen y llysoedd yn wynebu cyhuddiad o enllib unwaith yn rhagor, ni welir unrhyw sôn am ganlyniad i'r helynt uchod yn unman. A lwyddodd Elis i wadu'r holl gyhuddiadau, neu a benderfynodd Wynne-Finch, Arglwydd Penrhyn a'u cyfreithwyr nad oedd digon o dystiolaeth i gael dedfryd yn erbyn Elis o'r Nant? Beth bynnag yr atebion, yn sicr byddai Elis wedi cael modd i fyw wrth wybod i'r erthygl a ddinoethai deulu'r Penrhyn gael ei chyhoeddi mewn papur wythnosol yn America.

Wedi bron i chwarter canrif o ohebu i'r *Faner* dan bennawd newyddion lleol 'Llanrwst a'r Cylchoedd', penderfynodd Elis ddod â'i golofn i ben ar ddiwedd mis Rhagfyr olaf y bedwaredd ganrif ar bymtheg. Dywedodd wrth ei ddarllenwyr ei fod wedi blino bod yn bigyn yn ystlys y Sefydliad. Dyfynnir isod ei ffarwél, a roddai'r argraff i'w ddarllenwyr mai dyna ei eiriau olaf atynt, am byth, gyda thinc anobeithiol i orffen ei lithoedd i'r wasg:

> Tueddir fi, ar ol gwasanaethu am y fath nifer o flynyddoedd, i daflu o'r neilltu fy ysgrifell. Y mae pob dyn i benderfynu ei hun pa hyd, ac am ba nifer o flynyddoedd y gwasanaetha y cyhoedd. Nid ydyw yn credu y deiliai i un barhau i flino y cyhoeddwyr na'r darllenwyr gyda syniadau a sylwadau nad ydyw y wlad yn eu gwerthfawrogi nac yn eu cefnogi. Nid wyf o blaid codi arfau na rhyfela ... Y mae ein beichiau yn trymhau, yn lle ysgafnhau; a drygau yn

cynnyddu, a chynlluniau gwaethygol ar droed. Terfynu y mae pob ysgogiad, digwyddiad, a bywyd; a chyda therfyn y flwyddyn, tueddir finnau i derfynu; ond nid heb ddymuno i bawb o waelod fy nghalon flwyddyn newydd dda!

Fodd bynnag, er i'w golofn 'Llanrwst a'r Cylchoedd' ddirwyn i ben yn rhifyn y 30ain o Ragfyr, 1899, dychwelyd i'w hen arferion yn y *Faner* a wnaeth Elis o'r Nant, a hynny gwta fis yn ddiweddarach. Fodd bynnag, y tro hwn, atgyfodi pennawd colofn a ddefnyddiai'n achlysurol yn ystod blynyddoedd cynnar ei ohebiaeth a wnaeth, sef 'Ebion o Nant Gonwy', gyda'r 'Gonwy' yn newid i 'Conwy' yn ddiweddarach. Er iddo roi'r argraff ei fod yn ymddiswyddo fel gohebydd yn gyfan gwbl am ei fod wedi ei ddadrithio oherwydd y diffyg cefnogaeth a gawsai ei sylwadau yn y papur, dychwelodd Elis ar y 27ain o Ionawr, 1900 ond ni fentrodd, neu fe anghofiodd gynnwys ei ffugenw adnabyddus dan y golofn honno.

Pwnc arall agos at ei galon oedd addysg yng Nghymru ac yn enwedig yn ardaloedd gwledig Dyffryn Conwy. Loes iddo oedd y ffaith mai ysgolion gwladwriaethol oedd y mwyafrif o ysgolion y dyffryn, gyda'r eglwys wladol yn ddylanwad mawr ar addysg yno. Traethai'n groch yn erbyn trefn addysg ei fro yng ngholofnau'r *Faner* a newyddiaduron ei gyfnod. I Elis a'i gyfoedion anghydffurfiol, roedd yn hollol groes i'w hegwyddorion weld plant aelodau enwadau anghydffurfiol yn cael eu trwytho yn athroniaeth yr eglwys yn nosbarthiadau'r ysgolion hynny. Yr oedd ambell Ysgol Fwrdd ac ysgolion Prydeinig wedi eu sefydlu yma ac acw ond ar y cyfan, i'r *National Schools* yr anfonai rhieni'r ardal eu plant i dderbyn eu haddysg ar ddiwedd y bedwaredd ganrif ar bymtheg a dechrau'r ugeinfed ganrif. Yn ei golofn newydd 'Ebion o Nant Gonwy' ar y 27ain o Ionawr, 1900, yr oedd Elis yn dweud ei ddweud o ddifrif am y sefyllfa:

> Addysg ac hyfforddiad ydyw yr hyn sydd yn angenrheidiol yn mhob cymmydogaeth ... Nid oes amser maith wedi llithro ymaith ar pan fyddai gorfod i'r holl blant a fynychent yr ysgolion Eglwysig fynychu yr eglwys ar y Sul, ac adegau neillduol ... Nid ydyw yr Eglwyswyr yn gallu dygymmod ag ysgolion rhydd. Y mae oll o'r athrawon, yr is-athrawon, a'r dysgybl athrawon, i fod yn Eglwyswyr; ac os canaiteir i ambell ddysgybl-athraw ddal ei aelodaeth yn y capel, rhaid iddo ymfoddloni, wedi y cyfan, i gymmeryd ei egwyddori yn athrawiaeth y 'Fam Eglwys.' Ffolineb ydyw meddwl am un wreichionen o ryddid ond o fewn ei hualau! Rhaid i bob plentyn a fynycho yr ysgol ymfoddloni i dreulio cyfran o'i amser bob dydd i gael ei egwyddori yn yr

hyn a gredir fel y wir athrawiaeth.

Â ymlaen i atgoffa ei ddarllenwyr o'i lwyr ymroddiad wrth ymgyrchu ynglŷn â phynciau llosg ei ddydd:

> Yr wyf wedi gweithio hyd fy eithaf, yn ddewr ac yn rheolaidd, o blaid egwyddorion mawr rhyddid, cyfiawnder, a chwareu teg ar hyd fy mywyd. Yr ydwyf wedi llwyddo i ryfela ac i ddal fy nhir yn lew. Nis gallaf beidio adgoffa y rhai sydd yn 'newyddion yn y ffydd' – y rhai na fu ganddynt mewn gwirionedd erioed un ffydd ond yr un o wrthwynebu y rhai na feddent ddim am wir frwydro ... Y mae yn adeg i ni wylio a gofalu. Dylwn fynu addysg, ond nid mynu addysg o fath yr un a geir yn yr ysgolion Eglwysig, na rhoi ein hysgwyddau i hyrwyddo Eglwysyddiaeth yn mlaen.

Gorfoledd i Elis fu gweld agor ysgol anenwadol yng nghapel Methodistiaid Calfinaidd Cyfyng, nid nepell o'i fan geni yng Nghwm Wybrnant, a lle bu ei deulu ac yntau'n addoli ar y Suliau tra oeddent yn byw yn Nhanyclogwyn gerllaw. Roedd Elis yn un o'r siaradwyr gwadd pan agorwyd yr ysgol honno ym mis Awst 1900.

Bu Elis yn ddigon ffodus hefyd i gael byw i weld agor Ysgol y Cyngor ym mhentref chwarelyddol Rhiw-bach yn 1908, ac ym mis Ionawr 1909 fe agorwyd Ysgol y

Cyngor ym Mhenmachno ar gyfer dros 180 o ddisgyblion. Byddai hynny wedi bod yn bleser pur i Elis ac yntau wedi derbyn addysg mewn rhyw lun o ysgol a gynhaliwyd gan yr eglwys am gyfnod yn y pentref. Balchder pur iddo, yn sicr, oedd cael gwahoddiad i annerch yn agoriad swyddogol Ysgol y Cyngor ym Mhenmachno.

Bu Elis yn gweithio yn hynod ddewr 'o blaid egwyddorion mawr rhyddid a chyfiawnder', fel y nodwyd uchod, yn ei ohebiaeth yng nghyfnod Rhyfel y Boer yn Ne Affrica. Fel un a ymfalchïai mewn bod yn wrthryfelwr yn erbyn pob gormes ac yn heddychwr o'r iawn ryw, byddai'n athronyddu'n gyson yn erbyn rhyfeloedd. Gyda Rhyfel y Boer yn ei anterth ar ddechrau'r ugeinfed ganrif, poerodd Elis ei ddicter tuag at y garfan o bobl â thueddiadau rhyfelgar a ddaeth dros Fwlch Gorddinan o Flaenau Ffestiniog i ddangos lluniau o'r rhyfel gwaedlyd hwnnw. Meddai yn ei golofn 'Ebion o Nant Gonwy' yn y *Faner* ar y pryd:

> *Y Rhyfel.* – Bu mintai o Flaenau Ffestiniog, nos Sadwrn diweddaf, yn dangos darluniau o faes y gwaed gyda'r peiriannau arferol. Gan fod ysbryd rhyfel yn lled uchel, a phobl oll agos yn dda ganddynt ryfel, yr oedd y cynnulliad yn llawer mwy lliosog nag a fuasai un yn disgwyl yng ngwlad y breintiau mawr, fel y cam enwir hi. Nis gall un lai

nag anobeithio a thaflu i fyny y syniad y gwelir heddwch byth tra y ceir y bobl yn meddu y fath awydd ac ysbryd gwyllt gwallgof am ryfel.

Dair wythnos yn ddiweddarach a'r ohebiaeth newyddiadurol am hanes y rhyfel yn Ne Affrica'n dwysáu, cofnododd Elis ei farn dros resymau am y rhyfela yn ddiflewyn-ar-dafod, gyda geirfa a fyddai'n gwbl groes i farn ymeroldrol a Phrydeinig mwyafrif ei ddarllenwyr, yn ddi-os. Mewn oes pan oedd yr Ymerodraeth Brydeinig wedi lledaenu ei gafael dros rannau helaeth o'r byd, a'r werin bobl Gymreig, ar y cyfan, wedi eu trwytho mewn teyrngarwch iddi hi a'r frenhiniaeth, roedd Elis o'r Nant yn troedio tir peryglus iawn. Ond ar yr un pryd, yr oedd hefyd yn ddigon dewr i gadarnhau ei egwyddorion heddychol ac i feirniadu Lloegr – yn groes i'r farn gyffredinol yn Nyffryn Conwy bryd hynny:

> Y mae Lloegr wedi tywallt gwaed yn mhob man, a phleidio gorthrwm yn mhob congl o'r byd. Nid ydyw y rhai sydd yn ymladd am eu hannibyniaeth ond cenedl fechan. Nid ydyw nifer yr holl drigolion yn cynnwys cynnifer ag sydd yn rhai o drefydd mawrion Lloegr. Gofidus ydyw gweled hanes hen wŷr penwyn a bechgyn ieuaingc pedair ar ddeg oed, yn ymladd yn nerthol a gwrol am eu rhyddid, yn

> syrthio i grafangau ysglyfaethus y rhai ydynt wedi myned heb amcan uwch mewn golwg ganddynt nag ysbeilio eu gwlad. Dyna ydyw hanes Lloegr yn mhob man.

A chan anelu ei eiriau i gyfeiriad ei ddarllenwyr, gan geisio, yn amlwg, godi eu hymwybyddiaeth o'r hyn a ystyriai ef yn anghyfiawnder y rhyfel, ychwanega:

> Y mae yn aflwydd o'r mwyaf fod mintai o anturiaethwyr masnachol yn gallu hud-ddenu y genedl i ryfel hollol ddianghenrahid, ac yn rhwyfo am fudr elw lladronllyd trwy foroedd o waed y dynion goreu a dewraf a syrthiasant erioed mewn rhyfel. Yr wyf, o'm rhan fy hun, yn ffieiddio y bobl sydd mor dra awyddus i weled ein gwlad yn mathru iawnderau eu cyd ddynion o dan draed ... Ai tybed na ddylem gydymdeimlo â'r gwan ag sydd yn ymladd mor ddewr o blaid yr hyn a ystyria ef yn achos da, ond yn erbyn mwyafrif nerthol?

Er i Elis ddatgan ei wrthwynebiad tuag at unigolion, sefydliadau ac awdurdodau dros gyfnod maith o ohebu, a chreu sawl gelyn yn sgil ei adroddiadau beiddgar, roedd ganddo hefyd nifer fawr o edmygwyr a darllenwyr a gefnogai ei ddaliadau. Yr oedd rhywrai a alwai ei hun yn 'Min y Mynydd', mewn llythyr i'r *Faner* a gyhoeddwyd ar y 19eg o Fai, 1900 yn amlwg yn pryderu am y gostyngiad yng ngohebiaeth Elis o'r Nant. Yn ieithwedd y cyfnod nododd, 'Mawr foddhâd wyf wedi ei gael, o bryd i bryd, wrth ddarllen ei ysgrifau dawnus ... a gaf i, yn ostyngedig, awgrymu i'm hen gyfaill fod etto angen am ddyrchafu llef.'

Fodd bynnag, crebachu'n raddol o golofnau'r wasg wnaeth yr ohebiaeth finiog, ddiflewyn-ar-dafod yr oedd darllenwyr papurau newyddion megis *Baner ac Amserau Cymru* a'r *Cambrian News* wedi eu trwytho ynddi, er colled iddynt. Er mai pur anaml yr ymddangosodd ei ohebiaeth wythnosol yn rhifynnau ddydd Mercher y *Faner* wedi troad y ganrif, cyhoeddid ei golofn o newyddion lleol 'Ebion o Nant Gonwy' yn achlysurol yn y rhifynnau dydd Sadwrn. Efallai y gellid barnu mai ymdrech perchenogion *Baner ac Amserau Cymru* i israddio cynnwys Elis oedd y symudiad hwnnw, ond beth bynnag oedd y farn gyffredinol amdano ef a'i ohebiaeth, ac er cyhoeddi llai o'i erthyglau, parhau gyda'i arferiad o gorddi'r dyfroedd wnaeth Elis o'r Nant. Dros y blynyddoedd dilynol cafwyd cyfnodau o wythnosau, neu fisoedd, heb weld enw'r gohebydd o Ddolwyddelan o gwbl yn y *Faner* a hynny, ar y cyfan, yn rhifynnau dydd Sadwrn y papur. Gan fod Elis wedi cael ei ethol yn aelod o Fwrdd Gwarcheidwaid Llanrwst, a hefyd o Gyngor Dosbarth Geirionydd yn 1903, efallai bod hynny wedi cyfrannu tuag at y lleihad yn ei ohebiaeth i'r wasg ac yntau'n sicr o fod yn ceisio cyflawni gofynion trigolion Nant Conwy ar y cyngor hwnnw.

Diddorol yw darllen ei ohebiaeth parthed etholiad Cyngor Dosbarth Geirionydd yn y *Faner* ddiwedd mis Ionawr 1903. Roedd David Evan Davies, yr aelod dros yr etholaeth, wedi marw a galwadau yn y pentref am gynrychiolydd newydd. Wrth hysbysu'r darllenwyr o'i fwriad i ymgeisio am y sedd wag, dywed Elis: 'Argymmhellwyd fi i sefyll etholiad; ac ar ol dwys ystyriaeth, yr wyf wedi gadael i fy enw gel ei roddi gerbron. Taer erfynais ar un arall sefyll, ac yna y buaswn yn gadael y maes iddo, ac yn gwneyd cais i gael pob un i bleidleisio iddo.' Ar ddiwedd ei golofn ychwanega'r newyddion mai dim ond un oedd am ymgeisio am y sedd wag, sef 'Mr Ellis Pierce (Elis o'r Nant)'. Ni wastraffodd ofod wrth rwbio halen i friwiau rhai o'i wrthwynebwyr, gan ddatgan yn orfoleddus sarhaus, 'Felly, efe a etholwyd. Yr oedd eraill yn troi o ddeutu, ond rhyw "gogio", gan ofni trechfa a fyddai iddynt ei gael. Brwnt ydyw i un a ystyriai ei hun yn gawr lleol gael ei guro.'

Manteisiodd ar ei golofn wythnosol yn y *Faner* yr wythnos ddilynol i orfoleddu mwy ar ei ddyrchafiad fel Cynghorydd Dosbarth, gan gyhuddo ei wrthwynebwyr o fod yn gachgwn am beidio ymgeisio yn ei erbyn. Yn amlwg, yr oedd wedi anghofio'n fuan iawn mai dim ond cael a chael oedd hi iddo lwyddo i gael ei ethol, fel y trydydd ar ddeg ar restr o dri ar ddeg fel aelod o'r cyngor plwyf ychydig flynyddoedd ynghynt.

Serch hynny, bu ei wasanaeth fel cynghorydd ar Gyngor Dosbarth Geirionydd yn un ffrwythlon iawn ac fe weithiodd yn galed dros ei blwyf. Dros gyfnod y gwasanaeth hwnnw, roedd ei bresenoldeb mewn cyfarfodydd bron yn ddi-feth, er i'r cyngor gynnal cyfarfodydd cyffredinol ddwywaith y mis, ar gytartaledd, gydag ambell gyfarfod ychwanegol neilltuol – y *special meetings*, fel y'u cofnodwyd yn y Saesneg arferol.

Cofnododd clerc y cyngor hwnnw enw Elis yn aml wrth iddo roddi sawl cynnig a gwelliant gerbron er budd trethdalwyr Dolwyddelan a chymunedau eraill Nantconwy. Yn ei gyfarfod cyntaf fel aelod o'r Cyngor Dosbarth, ar yr 17eg o Chwefror, 1903, gyda dim ond Elis a'r cadeirydd a'r is-gadeirydd yn bresennol, rhaid oedd iddo gael dweud ei ddweud. Roedd cyflwr truenus yr hen ffordd dros Fwlch Carreg y Frân o Ddolwyddelan i Benmachno wedi bod yn destun loes i Elis; bu'n traethu ar y pwnc yn ei golofnau yn y *Faner* yn gyson. Derbyniwyd ei sylwadau yn garedig gan y ddau arall yn y cyfarfod yn y *board room* yn Llanrwst. Ceir tystiolaeth o nifer o gynigion gan Elis yng nghofnodion taclus clerc Cyngor Dobarth Gwledig Geirionydd dros y pedair blynedd y bu'n gwasanaethu ar y cyngor.

Mewn cyfarfod o'r Cyngor Dosbarth ar y 3ydd o Fawrth, 1903 ac Elis yn un o bedwar aelod a oedd yn bresennol, daeth mater difrifol gerbron y cynghorwyr, sef cyhuddiad o esgeulustod yn erbyn meddyg poblogaidd Penmachno, Dr William Michael Williams. Roedd y meddyg wedi methu rhybuddio'r awdurdodau meddygol o farwolaeth un o'i gleifion ym Mhenmachno o dân iddwf (*erysipelas*), trosedd anfaddeuol i feddyg, yn ôl aelodau'r cyngor. Cynigiodd yr aelod Torïaidd dros Benmachno – am resymau personol, gwleidyddol yn ddiau – y dylid condemnio Dr Williams, a oedd yn Rhyddfrydwr blaenllaw iawn, a syndod yw gweld bod Elis o'r Nant, radical o Ryddfrydwr arall, wedi eilio'i gyd-gynghorydd o Geidwadwr o Benmachno! Gorfodwyd Dr Williams i ymddangos gerbron aelodau'r cyngor ymhen ychydig ddyddiau ac fe ddaeth i ymddiheuro, ac i'w ddarostwng gan y cynulliad ymlidgar hwnnw.

Fel aelod brwd o Fwrdd Gwarcheidwaid Llanrwst, roedd Elis yn daer o'r farn fod angen newidiadau i drefn gweithredu'r bwrdd. Manteisiodd ar ei golofn 'Ebion o Nant Conwy' i leisio'i farn yn gyhoeddus ar y gwendidau hyn. Teimlai mai gwastraff amser oedd Byrddau Gwarcheidwaid ar y cyfan, am eu bod yn ceisio bod yn bopeth i bawb ac yn ddim byd i neb yn y pen draw:

Rhyw ymgais i roddi gwaith i'r symmudiad, i greadigaeth ddi-enw, ddi-awdurdod, ddi-fudd, ddi-gynnyrch, ddi-ffrwyth, a llymrig, a barodd i mi, fel aelod o Fwrdd Gwarcheidiol, ddwyn ymlaen gynnigiad gyda geiriad tebyg i'r un â ddilyn:
'Fod yr amser yn awr wedi dyfod, yn ol tyb Bwrdd y Gwarcheidwaid hwn, yn Undeb Llanrwst, oherwydd dygiad i fod Gwrdd Plwyf, Cynghor Plwyf, Cynghor Dosbarth, Gwledig, a Dinesig na ddylai y gwaith o gofrestru genedigaethau, marwolaeth, a phriodasau ddim yn hwy gael aros ynglŷn â gweinyddiaeth Deddf y Tlodion ..., ac fod copi o'r penderfyniad hwn i gael ei anfon i aelodau Seneddol cysylltiol a'r Undeb, i'r Cynghorau Sirol, i'r Cynghorau Plwyf, i'r Cynghorau Dosbarth Gwledig, a Dinesig, i Fwrdd y Gwarcheidwaid, ac i David Lloyd-George A.S.' ... Canmolid y cynnigiad gan bawb y tu allan, a chaffai gefnogaeth wresog.

Er i'r golofn 'Ebion o Nant Conwy' barhau i ymddangos yn rhifynnau dydd Sadwrn y *Faner* am beth amser, gwelwyd y rhai olaf yn rhifynnau dydd Mercher y papur. Nid oedd y rhifynnau dydd Sadwrn ond megis atodiad i'r prif bapur, yn ddim ond wyth tudalen o'i gymharu â'r prif rifyn 16 tudalen a gyhoeddid pob dydd Mercher.

Efallai i Elis gael ryw awgrym fod ei ddyddiau fel colofnydd rheolaidd ym mhrif rifynnau'r papur yn dirwyn i ben. Ac yntau'n dal i drafod dadwaddoliad a datgysylltu'r eglwys, aeth ymlaen i ddatgan yn athronyddol ac yn hollol ddidwyll, 'yr wyf, wrth edrych yn ol ar yr hyn sydd wedi mynd heibio o'm hoes, yn gallu sugno cysur wrth feddwl i mi wneyd fy rhan i ryfela yn erbyn pob twyll-hoced a gorthrwm o bob math.' Yn sicr, ni fedrai neb ddadlau yn erbyn y geiriau hynny.

Wedi ei gyfyngu, ar y cyfan, i rifynnau Sadyrnol y *Faner*, mae'n debyg i Elis bwdu gyda golygydd y papur ac ni welwyd gair ganddo mewn unrhyw golofn, ysgrif na llythyr o'i eiddo o'r 3ydd o Fawrth, 1906 hyd at ymddangosiad ei 'Ebion o Nant Conwy' ar yr 8fed o Fedi y flwyddyn honno.

O hynny ymlaen cafwyd cyfraniad eithaf rheolaidd ganddo, heb iddo arbed dim ar ei eiriau ymfflamychol arferol. Parhau i dynnu'n groes yn erbyn y sefydliad a wnâi Elis a'i athroniaeth radicalaidd yn dueddol o gael y gorau arno'n aml.

Pan ddaeth cyfarfod cyffredinol Cyngor Dosbarth Gwledig Geirionydd heibio ar y 9fed o Ebrill, 1907 roedd haint y dwymyn goch wedi taro Ysgol Wladwriaethol Penmachno a'r ysgol wedi cael ei gorfodi i gau am bythefnos. Byddai'r ysgol honno, a phob ysgol debyg arall yn y dalgylch, yn destun gwawd

Elis yn rheolaidd yn y wasg, ynghyd â swyddogion a llywodraethwyr yr ysgolion hynny, a'r drefn addysg eglwysig yn gyffredinol. Byddai materion iechyd o'r fath yn cael eu cyfeirio i'w trafod gan aelodau'r Cyngor Dosbarth, a'r cynghorwyr yn gorfod rhoi sylw manwl i faterion o'r fath. Oherwydd i Elis fod mor wrthwynebus i'r drefn addysg wladwriaethol ar y pryd, byddai'n manteisio ar unrhyw gyfle i feirniadu'r system honno yn aml. Roedd yr 'Hen Ysgol' wladwriaethol yn Llan Penmachno yn fwy na gorlawn o ddisgyblion, wrth i boblogaeth y plwyf gynyddu'n gyflym yn sgil y bwrlwm chwarelyddol yn y Cwm, ym mhen uchaf y plwyf. Gwelir ar dudalennau llyfrau log yr ysgol honno, sydd ar adnau yn Archifdy Sir Conwy, Llandudno, fod problemau gorlenwi yn cael eu cofnodi'n rheolaidd gan yr ysgolfeistri. Byddai hynny'n arwain at heintiau nad oedd meddyginiaeth ar eu cyfer ac oherwydd sefyllfa druenus y gorlenwi, byddai'r heintiau'n gwasgaru'n gyflym ac yn aml, ac yn achosi marwolaethau ymysg y disgyblion.

Yng nghyfarfod olaf Elis fel aelod o'r Cyngor Dosbarth, ac yntau wedi penderfynu ymddiswyddo ar ddiwedd y cyfarfod hwnnw, mêl ar ei fysedd oedd cael codi pwnc cyflwr gwael adeilad yr Hen Ysgol. Dyma sut y cofnododd y clerc gynnig Elis, yn Saesneg fel arfer: '*On the motion of Mr Ellis Pierce, seconded by the vice-chairman it was resolved that a notice be served upon the managers of the above school to abate the nuisance caused by the overcrowding of same as well as by the want of certain repairs thereon.'*

Ar ddiwedd y cyfarfod hwnnw, mynegodd y cadeirydd ei ddiolchiadau ar ran y cyngor i'r pedwar aelod oedd yn ymddiswyddo, gan gynnwys Elis, a chyfeiriodd at y gwasanaeth rhagorol a roddwyd ganddynt ar ran eu plwyfolion. Yn ddi-os roedd y geiriau hynny'n addas iawn ar gyfer cynrychiolydd plwyf Dolwyddelan, Ellis Pierce, ac yntau wedi mynychu pob un cyfarfod ac eithrio un ers cael ei ethol yn Gynghorydd Dosbarth bedair blynedd ynghynt. Yr oedd hefyd wedi codi sawl pwnc llosg yn ymwneud â materion perthnasol i'w filltir sgwâr, ac ymhellach, dros y cyfnod hwnnw. Yn sicr, fe adawodd ei farc ar Gyngor Dosbarth Gwledig Geirionydd, fel y dengys llyfrau cofnodion y cyngor o'r cyfnod hwnnw.

Mae'n debygol mai cyflwr gwael ei iechyd oedd rheswm Elis dros gwtogi ei weithgareddau tua'r adeg honno. Ceir awgrym o hynny yng nghofnodion Cyfarfod Blynyddol Cyngor Plwyf Dolwyddelan ar y 19eg o Ebrill, 1907, y cofnod llawysgrifen olaf i Elis ei gynnwys yn y llyfr hwnnw. Dywed y nodyn rhagarweiniol 'Ymddiswyddiad yr Hen Glerk Mr Ellis Pierce', gyda'r cofnod atodol wedi ei ysgrifennu fel a ganlyn:

> Oherwydd sefyllfa anfoddhaol ei iechyd; Hysbysodd y Clerk ei fod wedi dod i'r Penderfyniad i dori ei gysylltiad a'r Cynghor – wedi 12 mlynedd o wasanaeth – Diolchai am bob sirioldeb a chynorthwy a gafodd oddiar eu llaw tra yn eu gwasanaeth. Wedi sylwadau gan nifer o'r Aelodau: Ar gynigiad y Parch T. L. Richards, a chefnogiad Mr Robert Willians, Bryntirion; pasiodd y Cynghor eu bod gyda gofid dwfn yn derbyn ei ymddiswyddiad, gan ddatgan eu diolchgarwch diffuant iddo am y ffyddlondeb gyda pha un y darfu eu gwasanaethu er pan ddaeth y Cynghor gyntaf i rym; gan ddymuno iddo adferiad iechyd a nerth, a thawelwch i fwynhau y seibiant a haedda y llafur a gyflawnodd ar pan ar y Cynghor.

Yn y rhifyn dilynol o'r *Faner,* cynhwysa Elis ei resymau dros ymddiswyddo o'i ddyletswyddau ar y cynghorau. Roedd ei eiriau athronyddol yn ei golofn wythnosol yn gymysg ag elfen o chwerwder, wrth iddo greu darlun o'r hyn a welai yn hunan-aberth ar ran yr etholwyr lleol:

> ... ond y mae pob llwybr, pob ffordd, a pob cymdeithas yn terfynu. Mae iechyd ambell un, fel fy hunan, yn pallu, fel nas gellir gwneyd gwaith fel cynt. Gyda gofid y bu raid i mi ddadgan nas gallwn

mwy fod yn eu plith; a pha un bynag a ddymunid i mi aros am hwy, mi fyddai hyny ond ofer, gan fy mod wedi llwyr benderfynu mai hyd yn hyn, a dim cam yn mhellach, y parhâai fy nhaith a'm cysylltiad. Yn iach i'r holl helyntion gynt, i'r helynt a'r trybini, i'r trafferthion lu o rai di-dâl a llawn mor ddi-ddiolch. Gweriais lawer o fy ennillion. Yr wyf agos yn sicr y buaswn yn well allan yn yr ystyr arianol pe buaswn wedi ymgadw yn ddigon pell o'r holl gynnulliadau. Nis gallaf lai na diolch, wrth ganu yn iach am y gweddill o'm hoes, i'r rhai hyny o'm cyfeillion a fuont yn fraich i mi yn nydd aball a thrallawd.

Yr oedd un gohebydd, nad oedd yn ddigon dewr, mae'n amlwg, i gynnwys ei enw na'i ffugenw dan ei erthygl yn y papur newyddion gyda'r teitl hirwyntog *Llangollen Advertiser, Denbighshire, Merionethshire, and North Wales Journal,* yn ddigon sarhaus o Elis. Mewn erthygl a oedd yn ymylu ar fod yn enllibus, dyma oedd ganddo i'w ddweud yn rhifyn y 15fed o Fawrth, 1907:

Doniol odiaeth ydyw gwaith y llenor gwych, Elis o'r Nant, yn canu ffarwel i'r Cynghorau Plwyfol a Dosbarthol yn y *North Wales Weekly News,* ar ol deuddeng mlynedd o wasanaeth. Ar y cyntaf yr oedd chwildroad hollol i'w ddwyn o amgylch drwy y Cynghorau Plwyfol a Dosbarthol – byddai digon o waith i bawb, gwell cyflogau a llai o oriau, ac angen ar neb. Yn anffortunus yr oedd ef yn dipyn o sceptic, a prin oedd ei addewidion, dim bron, ac o ganlyniad aeth i mewn wrth gynffon y lleill, aeth i mewn felly mewn modd nas gallai neb o'i gefnogwyr ofyn iddo roddi cyfrif o'i oruchwyliaeth. Mewn gwirionedd, fe aeth i mewn gyda'r bwriad o wneyd gymaint ag a allai drosto ei hun. Prin y meddyliodd ar ol myned i mewn am undyn arall ond ef ei hun. Masnachwr bychan, fel eraill, mewn pentref anghysbell ydoedd, a thybiodd ond iddo fod mewn safle i ddyweyd ei fod yn Gynghorwr y caffai bethau ar goel gan y ffirms Llundeinig hyny fyddai byth a hefyd eisiau arian parod neu "two London references," ac y cai godi "over-draft" hefyd yn y banc, ond yn lle hyny, pan y brolia wrth y rhai nad adwaenent mo hono ei fod yn glerc y Cynghor Plwyfol ac wedi bod yr un pryd yn aelod ohono, yn ddiwahaniaeth collai ei barch ac edrychid yn is arno. Llwyddodd drachefn i fyned yn aelod o'r Cynghor Dosbarth, ac yn Warcheidwad, gan feddwl y buasai hyny yn sicr o'i ddyrchafu yn gymdeithasol, ond trodd yn siomedigaeth arall. Yr oedd yr etholiadau y plwyf a'r dosbarth eto wrth y drws, a'r pleser mwyaf iddo ef oedd peidio ceisio ail-etholiad, gan ei fod yn mynd i lawr yr ysgol pan y tybiai ei fod yn ei dringo. Disgwyliai i'r swyddi hyny ei gynorthwyo i ddringo i ben yr ysgol, ond er ei ofid cafodd ei hun yn sydyn, yn ddiarwybod, yn y gwaelod, yn gorwedd megys ar ei hyd ar y llawr!

Er ei bod yn ymddangos fel petai wedi cael rhyddhad o gael gwared â'r cyfrifoldeb o fod yn glerc y cyngor plwyf ac yn gynghorydd dosbarth, nid oedd natur Elis o'r Nant yn caniatáu iddo fod yn dawedog ar faterion llosg ei ddydd. Wrth i ddegawd gyntaf yr ugeinfed ganrif dynnu i'w therfyn, digon anaml y gwelid ei golofn o newyddion lleol dan y pennawd 'Ebion o Nant Conwy'. Serch hynny, roedd yn parhau i dynnu blewyn o drwynau aelodau'r sefydliad bonheddig ac unrhyw un nad oedd yn rhannu ei ddaliadau radical ef, ond yn y golofn honno yn rhifyn cyntaf y *Faner* yn y flwyddyn 1910, ar ddydd cyntaf y degawd newydd, cafwyd awgrym ganddo mai digon bregus oedd ei iechyd, wrth iddo orffen ei ohebiaeth gyda'r geiriau 'Ceir sylwadau eraill y tro nesaf, os gellir cael cryfder a hamdden'. Am y tro cyntaf ers peth amser, ac am y tro olaf, cynhwysid yr un adroddiad yn rhifyn dydd Mercher hefyd.

Ar ôl cyfrannu i'w golofn mewn dau rifyn arall o'r *Faner* yn 1910, daeth ei ohebu i ben am gyfnod maith yn rhifyn y 26ain o Chwefror. Digon chwerw ei eiriau oedd Elis wrth drafod pwnc a oedd erbyn hyn yn wrthun ganddo, sef llywodraeth leol a sirol. Roedd etholiadau i'w cynnal i ddewis cynrychiolwyr ar gyfer y cynghorau sir, dosbarth a dinesig, ac yng ngeiriau Elis 'ac un gallu di-allu plwyfol – dim amgen na morthwyl singc i gadw plant drwg, anfelus a dilywodreath yn ddiddig.' Yn ei lith, ceisiai gynghori'r darllenwyr ym mha fodd i bleidleisio ac i bwy ac ar yr un pryd manteisiodd ar y cyfle i ymffrostio yn ei gyfraniad ei hun dros etholwyr ei ardal:

> Fel un fu ar y maes am faith flynyddoedd yn ddiwyd ac ymdrechgar gyda chryn lawer o fedr, y fath fedr na lwyddodd neb i gael bai o gwbl, er i aml un wneyd un ac ail ymgais at hyny, yr wyf yn ysgrifenu hyn ... Bum am faith flynyddoedd yn teithio i'r cyfarfodydd a phwyllgorau y Gymdeithas Ryddfrydig yn gwbl ar fy nhraul fy hun.'

Aeth sawl mis heibio cyn gweld rhagor o ohebiaeth Elis o'r Nant yn y *Faner*. Yn rhifyn dydd Sadwrn y 10fed o Fedi, 1910 cafwyd eglurhad am absenoldeb y golofn 'Ebion o Nant Conwy' yn ystod y misoedd blaenorol, gydag Elis yn agor ei gyfraniad trwy ddyfynnu cwpled adnabyddus:

> 'Baich ar ben holl feichiau y byd yw baich un heb

> iechyd.' Yr wyf wedi treulio fy nyddiau y misoedd aethant heibio allan o'r byd, am y rheswm syml fy mod dan afiechyd. Nid wyf hyd yn hyn chwaith allan o'r coed. Disgwyliais yn fawr y buaswn allan o'r coed fel i allu myned i'r Arwest ar yr unfed ar ddeg o Awst diweddaf. Yr oeddwn yn orawyddus am fyned rhyw wythnos neu naw niwrnod cyn dyddiad yr Arwest. Tybiais yn sicr y byddai i mi gasglu digon o nerth i fyned iddi. Rhoddais gyfeillion ac eraill ar waith i chwilio am ful, fel yr un gefais i fyned i Llanrhaeadr yn Mochnant yn 1887 ... Y mae rhyw ychydig fywyd yn aros er yr holl flinder fu arnaf.

Yn nes ymlaen yn ei lith, ni chollodd y cyfle i atgoffa'r darllenwyr o'i gysylltiadau enwog:

> Y Gwir Anrhydeddus D. Lloyd George, Canghellydd y Trysorlys, a dalodd ymweliad a mi yr wythnos o'r blaen, pan oedd yma nodachfa, i leihau dyled capel y Methodistiaid ... Y mae y boneddwr gwir anrhydeddus wedi gweithio i fyny, fel nad oes neb yn Lloegr yn mhlith aelodau y senedd yn gyfartal iddo. Y tro cyntaf i mi ei gyfarfod oedd yn Mlaenau Ffestiniog, pan yn gweithio dros Tom Ellis ... Daethum yn fuan yn hoff o Mr Lloyd George. Pan yn Mhorthmadog, yn fuan ar ol y gyfraith enllib a ddygwyd yn fy erbyn, gelwais gydag ef, ac heb fawr

o drafferth, cefais ei enw am gopi o 'Gruffydd ap Cynan'. Byddwn yn galw yn ei swyddfa bob tro yr awn ar fy nhaith i a thrwy Borthmadog.

Bu'n rhaid aros hyd ddiwedd mis Hydref 1910 am y cyfraniad nesaf ganddo i'r 'Ebion', pan ddywedodd ei fod wedi bod mewn cyfarfod i benderfynu ar safle Eisteddfod Genedlaethol 1912, gyda Wrecsam, Lerpwl a Bangor yn awyddus i groesawu'r ŵyl y flwyddyn honno. Manteisiodd ar y cyfle i ganmol cefnogaeth arglwyddi'r de i'r eisteddfod, i'w chymharu â diffyg cefnogaeth Arglwydd Penrhyn, gan ychwanegu'r geiriau chwerw canlynol:

> Synwn nad oedd Arglwydd Penrhyn ar y rhestr o enwau yn cefnogi yr eisteddfod i ddyfod i Fangor ... a hi yn dref iddo ei hun, ac yntau yn cael yr holl ardreth o honi bron ... Hysbysid fi ei fod oddi cartref; ond ar ol chwilio, cafwyd allan mai yn yr Ysbytty Ifan yr oedd ei arglwyddiaeth, yn saethu petris!

Fel y gwelwn, er ei salwch a'i flinder, nid oedd Elis o'r Nant wedi anghofio sut i fwrw ei lid ar ei hen elyn, Arglwydd Penrhyn! Serch hynny, dim ond un cyfraniad arall oedd i ddod i golofnau'r *Faner* o'r bensel finiog honno. Ar ôl bron i hanner can mlynedd o ohebu i'r

Faner ac i nifer o wythosolion a chylchgronau eraill, cyhoeddwyd ei golofn olaf i bapur newyddion poblogaidd cwmni Gee ar yr 28ain o Ionawr, 1911. Yn yr 'Ebion o Nant Gonwy' olaf mae Elis yn bwrw ei ddicter ar nifer o unigolion a sefydliadau ac fe geir hefyd erthygl fer, ganmoliaethus, am William Jones, aelod seneddol Arfon. Byddai'n golled fawr i ddarllenwyr y *Faner* a phapurau newyddion a chylchgronau Cymru wedi diflaniad adroddiadau difyr a dadleuol Elis o'r Nant o'u tudalennau.

Gydag Elis wedi cymryd rhan flaenllaw yng ngweithgareddau ei gymuned am gyfnod maith, ac wedi gohebu ar bron bob symudiad yno yn ei adroddiadau wythnosol i'r wasg Gymreig, mae'n amlwg i gyflwr gwael ei iechyd ei orfodi i gilio o fywyd cyhoeddus ei fro. Yr oedd wedi gwasanaethu fel cynghorydd a chlerc ar y cyngor plwyf, fel cynghorydd ar Gyngor Dosbarth Geirionnydd, ac fel cynrychiolydd ei ardal fel Gwarcheidwad y Tlodion. Bu'n gefnogwr cydwybodol i Ryddfrydiaeth y cyfnod, gan deithio i nifer o fannau i fynychu pwyllgorau a chyfarfodydd y blaid honno. Roedd yn ddadleuwr brwd dros achos y ffermwyr yn ystod cyfnod 'pwnc y tir'. Yn wir, fe'i penodwyd yn gomisiynydd tir ar gyfer sir Gaernarfon yn 1906, *'for executing the Acts granting a Land Tax and other Rates and Taxes'* chwedl y *London Gazzette* ar y pryd. Cyfrannodd yn helaeth tuag at gynnal

Arwest Glan Geirionydd a chael ei benodi'n gofiadur yr ŵyl adnabyddus honno ymhen amser. Rhaid peidio anghofio ei gyfraniad gwerthfawr i lenyddiaeth ei gyfnod, wrth iddo gyhoeddi sawl cyfrol o nofelau a rhamantau, ynghyd â llyfrau eraill yn ymwneud â hanes ei ardal. Rhoddodd wasanaeth amhrisiadwy yn ei siop lyfrau yn Willoughby House, ar ei amryfal deithiau o amgylch gogledd Cymru ac o'i stondin reolaidd ar feysydd yr Eisteddfod Genedlaethol drwy werthu llyfrau i ddarllenwyr na fyddent wedi cael cyfle i wneud hynny fel arall. Fel y dywedodd un o'i gyfeillion anhysbys yn ei deyrnged i Elis ar dudalen flaen *Y Brython*, ddyddiau wedi ei farwolaeth: 'Yn enciliad Elis o'r Nant i gysgodion marwolaeth, fe gollwyd un o lyfrwerthwyr pereriniol mwyaf nodedig ei oes yng Nghymru ... Gwelid ef, a'i ffon a'i fag, fel rhyw "gwmni cyfyngedig" bychan, yn teithio drwy'r wlad. Gwnaeth lawer o ddaioni wrth wasgar llenyddiaeth Gymreig iachus ymhlith gwerin Cymru.'

Ond yn sicr, ei gyfraniad pwysicaf fu codi ymwybyddiaeth y werin bobl o anghyfiawnderau'r oes, a hynny drwy gyfrwng ei ohebiaeth, ynghyd â'i gofnodion hynod werthfawr am ddigwyddiau ei fro yn ystod ail hanner y bedwaredd ganrif ar bymtheg a dechrau'r ugeinfed ganrif. Bydd haneswyr lleol yn fythol ddiolchgar iddo am ei frwdfrydedd hynod a'i ddarluniau o weithgareddau'r oes a greodd drwy ei eiriau difyr ar dudalennau'r gweisg.

Pan fu Ellis Pierce farw ar ddydd olaf Gorffennaf 1912, collodd Dolwyddelan, Dyffryn Conwy a Chymru un o'r cymeriadau hynotaf a welwyd erioed. Er na fu'n annwyl yng ngolwg nifer fawr o'i gydoeswyr, roedd carfan dda o gyfeillion yn galaru ar ei ôl – ond nid pob un o'r cyfeillion hynny a gafodd y fraint o dalu'r gymwynas olaf i'r hen gyfaill. Ymhell cyn ei farw roedd Elis wedi penderfynu ar y math o angladd y dymunai ei gael, a phwy oedd i fod yn bresennol; dim ond y dyrnaid o'r dethol rai hynny a ddewisodd Elis o'r Nant a oedd i'w hebrwng ar ei daith olaf. Roedd wedi gorchymyn nad oedd yn dymuno i neb ddangos unrhyw arwydd o alar ar ddydd yr angladd, ac i'r ychydig rai a oedd yn bresennol droi oddi wrth y bedd, gan yngan y geiriau 'Wel, dyna'r hen Elis wedi mynd' a dim mwy. Yn anffodus, ni chyhoeddwyd yn unman, hyd y gwyddom, enwau'r rhai a ffarweliodd â'r gŵr bychan 71 oed y diwrnod hwnnw.

Ymddangosodd teyrngedau lu i Elis o'r Nant mewn nifer o wythnosolion a chylchgronau. Er nad oes enw ar waelod y deyrnged yn *Cymru*, Hydref 1912, mae'n eithaf sicr mai'r golygydd, O. M. Edwards a luniodd y geiriau teimladwy:

> Bu farw Elis o'r Nant ddydd Mercher, Gorffennaf 31. Pan welais y nodiad teimlais, a theimlodd llawer un

> yr un fath, fod Cymru'n wacach hebddo ... Yr oedd yn wr o argyhoeddiadau cryfion, ac yr oedd yn ymwingo dan anghyfiawnder a wnaethid ag ef ... yr oedd yn werinwr i'r carn ... Huned yn dawel rhwng clogwyni Dolyddelen. Ni welir neb yr un fath ag ef; ac ymysg pawb a'i hadnabyddai'n dda y mae chwithdod a hiraeth ar ei ol.

Ymhen mis wedi marwolaeth Elis cyhoeddodd *Y Drych*, yr wythnosolyn Cymraeg yn America, deyrnged iddo yn rhifyn y 29ain o Awst, 1912. Un a alwai ei hun yn 'E.C.R.' a luniodd y deyrnged sy'n dechrau gyda'r geiriau: ' "Ar ol gofidiau dyrys daith a gorthrymderau – filoedd" – hunodd yr hen wron yn dawel yn ei gartref yn Nolwyddelen, G.C., wedi gwaeledd mawr a bod yn orweddog am yn agos i flwyddyn, Gorffennaf 31, 1912.' Cynhwysa E.C.R. lawer o fanylion am gefndir Elis, gan gyfeirio at y ffaith fod yr ymadawedig wedi ysgrifennu i'r *Drych* am 'gyfnod maith.' I gloi fe ddywed: 'Bydd yn chwith iawn genym golli arabedd a chymdeithas yr hen gymrawd gwreiddiol a dyddorol ... Gwr a gair garw iddo, a diameu i'w ddull dramgwyddo rhai, ond i'r cyfryw o'i gydnabod a'i hadwaenent oreu, yr oedd gwaelod rhagorol iddo, a llawer o dynerwch dan y gerwinder ymddangosiadol.' Mae E.C.R. yntau yn cadarnhau yr hyn a nodwyd eisoes parthed y gwasanaeth yn y fynwent: 'Daearwyd ei weddillion yn mynwent Bryn y Bedd, gan ychydig gyfeillion oedd wedi ei ddethol fisoedd yn ol.'

Llanwodd un o gyfoedion Elis o Ddolwyddelan, Ellis Williams, wyth colofn ar dudalennau *Y Geninen* i lunio teyrnged gofiadwy iddo, ac fe orffennodd yntau gyda hanes ei angladd:

> Gwyddai pwy fyddai yn ei hebrwng i 'fan fechan ei fedd,' gan iddo ysgrifenu enwau rhestr ohonynt yn amlygu mai ei ddymuniad oedd ar i nifer o gyfeillion a pherthnasau ei hebrwng i gladdfa newydd Bryn y Bedd, ac wrth droi yn ol tuag adref ddywedyd: 'Wel dyna'r hen Ellis wedi myn'd"; ac felly y bu. Heddwch fyddo i'w lwch. "Gwel ei fedd: gwylia'i faeddu.'

Clustnodwyd y dudalen flaen yn gyfan ar gyfer teyrnged i Elis gan bapur wythnosol *Y Brython*. Crisialwyd ei gymeriad yn llawn gan y gohebydd:

> Un Elis o'r Nant a fu ac a fydd ... Daeth yma i sefyll ar ei wadnau ei hun, i wneud lle iddo ei hun, ac i ddweyd ei farn am nef a daear yn ei ffordd ei hun ... Mynnai Elis fod yn Elis yng nghanol y miloedd fel wrtho ei hun. Buasai gyda'r olaf ar y ddaear i glicyddiaeth. Nid oedd bair digon gwresog ei thán i'w doddi i ffurf cwmniaeth o'r fath. Ofer fuasai

ceisio ei rwymo i amodau unrhyw glwb na chlymblaid ... Hen gyfaill iddo sy'n ysgrifennu, ac un a'i hedmygai yn fawr ar amryw gyfrifon – yn enwedig am ei wreiddioldeb a'i annibyniaeth, ei unplygrwydd a'i ddewrder, ei wladgawch brwd a'i gyfeillgarwch ffyddlon.

Yn ei ewyllys, a brofwyd ar y 5ed o Hydref, 1912, gadawodd Elis gyfanswm o £431.17.6, gyda £200 ar gyfer Gwen, ei wraig a'r gweddill mewn symiau yn amrywio o £5 i £30 i aelodau eraill ei deulu. Diddorol yw sylwi i £10 gael eu hewyllysio i nith iddo, Lizzie Edwards, 24 Kemble St., Utica, NewYork, U.S.A. a £5 i nith arall, sef Maggie Jones, 225 North Fourth St., Bangor, USA. Cawn wybod hefyd mai ei gyfeillion, yr asiantwr tai, Thomas Roberts, Gwydr Uchaf, Llanrwst, a'r gwerthwr glo o DeEresby House, Betws-y-coed, Henry Roberts, fu'n gweithredu fel ysgutoriaid yr ewyllys.

Un a oedd yn edmygydd mawr o Elis oedd y bardd poblogaidd o Flaenau Ffestiniog, Bryfdir, a gyfansoddodd y penillion canlynol i gofio amdano, tua phum mlynedd wedi ei farw:

ELLIS O'R NANT

Cymeriad rhamantus oedd Elis ddi-frad;

Ni welir ei hafal byth mwy yn ein gwlad;
Bu'n coledd llenyddiaeth dan lwydni y wawr,
Cyn geni oraclau sy'n ddeddfau yn awr.

Bu'n llyfrgell symudol, heb reol na threfn, –
Ei ffon dan ei law, a'r hen fag ar ei gefn;
Hysbysai'i ddynesiad yn hynod o blaen;
Cyrhaeddai ei FLOEDD rai milldiroedd o'i flaen!

Os cloff oedd o'i glun, ac os gwyrgam ei goes,
Bu'i dafod yn ystwyth, drwy gydol ei oes;
Dywedai ei feddwl heb gysgod o drais,
A'i glychau yn canu ar binacl ei lais.

Os gelyn adwaenai mewn dyn ('doedd waeth pwy),
Ni fynnai gymodi â hwnnw byth mwy;
Rhoi lygad am lygad a dant roi am ddant, –
Un felly yn hollol oedd Elis o'r Nant.

Os cyfaill – wel cyfaill drwy'r teneu a'r tew;
Ni fynnai'r 'Hen Elis' hel dail na hel blew,
Ychwaneg o'i debyg groesawem yn llon;
Bu'n wreiddiol mewn oes arwynebol fel hon.

Dros Arwest Geirionydd bu'n ffyddlon a brwd,
A chadwodd ei chleddyf yn gleddyf di-rwd;
Mae'r Meini'n amddifad ar erchwyn y llyn,

A Chowlyd ac Ellis dan blygion y glyn.

Ei gôf oedd yn gronfa o geinion ein hiaith;
Mae llewyrch rhai gemau yn wrid ar ei waith;
Ond gwrando ar Elis gyfrifem yn wledd,
A'r fflam yn ei lygad a'r cuwch ar ei wedd.

Ei anadl oedd fyr a Glyn Moab yn faith,
Pan welais ei rudd ryw brydnawnddydd yn llaith;
Bydd adgof 'mhen blwyddi yn taro ei dant
I alw am bennill i Elis o'r Nant.

Dan y pennawd 'MARW ELIS O'R NANT' yn *Y Genedl Gymreig* ar y 6ed o Awst, 1912, wythnos wedi ei farw, dywedwyd amdano mai 'Gwr garw ei leferydd oedd, wrth natur, ond o dan y gerwinder hwnw, yr oedd haen dda o garedigrwydd a maddeuant yn llechu ... Camgymerodd llawer un ddull naturiol Elis o ymgomio, neu ddadleu, a throisant eu cefnau mewn soriant bythol arno.' Wrth derfynu'r deyrnged, dyma ddywed y gohebydd: 'Hawdd gallesid ysgrifenu cyfrolau dyddorol am yr hen Gymrawd, pe gofod yn caniatau, ond rhaid gadael hynny i'w gofiantydd, pwy bynnag fydd hwnw.'

Er bod ambell erthygl fer am Elis o'r Nant wedi ymddangos mewn cylchgronau ar hyd y blynyddoedd, aeth dros ganrif heibio cyn i fywgraffiad llawn o'r gŵr hynod hwn weld golau dydd. Gobeithio'n arw y bydd hyn o eiriau amdano yn crynhoi hanes un y gellir ei alw, fel y cyfeiriwyd ato eisoes, yn wir gynrychiolydd y werin.